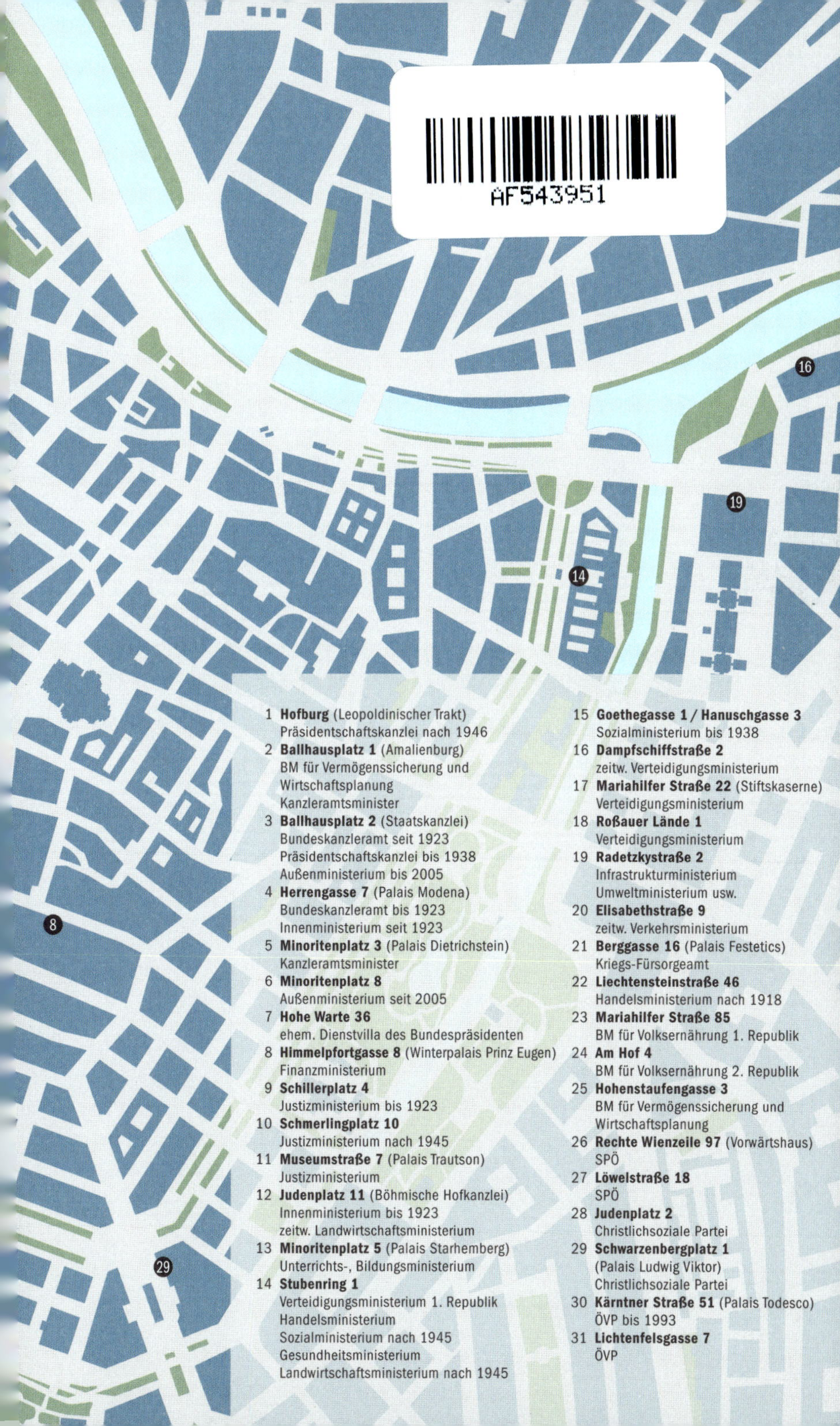
AF543951
16
19
14
8
29
1 Hofburg (Leopoldinischer Trakt)
Präsidentschaftskanzlei nach 1946
2 Ballhausplatz 1 (Amalienburg)
BM für Vermögenssicherung und Wirtschaftsplanung
Kanzleramtsminister
3 Ballhausplatz 2 (Staatskanzlei)
Bundeskanzleramt seit 1923
Präsidentschaftskanzlei bis 1938
Außenministerium bis 2005
4 Herrengasse 7 (Palais Modena)
Bundeskanzleramt bis 1923
Innenministerium seit 1923
5 Minoritenplatz 3 (Palais Dietrichstein)
Kanzleramtsminister
6 Minoritenplatz 8
Außenministerium seit 2005
7 Hohe Warte 36
ehem. Dienstvilla des Bundespräsidenten
8 Himmelpfortgasse 8 (Winterpalais Prinz Eugen)
Finanzministerium
9 Schillerplatz 4
Justizministerium bis 1923
10 Schmerlingplatz 10
Justizministerium nach 1945
11 Museumstraße 7 (Palais Trautson)
Justizministerium
12 Judenplatz 11 (Böhmische Hofkanzlei)
Innenministerium bis 1923
zeitw. Landwirtschaftsministerium
13 Minoritenplatz 5 (Palais Starhemberg)
Unterrichts-, Bildungsministerium
14 Stubenring 1
Verteidigungsministerium 1. Republik
Handelsministerium
Sozialministerium nach 1945
Gesundheitsministerium
Landwirtschaftsministerium nach 1945
15 Goethegasse 1 / Hanuschgasse 3
Sozialministerium bis 1938
16 Dampfschiffstraße 2
zeitw. Verteidigungsministerium
17 Mariahilfer Straße 22 (Stiftskaserne)
Verteidigungsministerium
18 Roßauer Lände 1
Verteidigungsministerium
19 Radetzkystraße 2
Infrastrukturministerium
Umweltministerium usw.
20 Elisabethstraße 9
zeitw. Verkehrsministerium
21 Berggasse 16 (Palais Festetics)
Kriegs-Fürsorgeamt
22 Liechtensteinstraße 46
Handelsministerium nach 1918
23 Mariahilfer Straße 85
BM für Volksernährung 1. Republik
24 Am Hof 4
BM für Volksernährung 2. Republik
25 Hohenstaufengasse 3
BM für Vermögenssicherung und Wirtschaftsplanung
26 Rechte Wienzeile 97 (Vorwärtshaus)
SPÖ
27 Löwelstraße 18
SPÖ
28 Judenplatz 2
Christlichsoziale Partei
29 Schwarzenbergplatz 1
(Palais Ludwig Viktor)
Christlichsoziale Partei
30 Kärntner Straße 51 (Palais Todesco)
ÖVP bis 1993
31 Lichtenfelsgasse 7
ÖVP

MATZKA **SCHAUPLÄTZE DER MACHT**

Manfred Matzka

Schauplätze der Macht

Geheimnisse
Menschen
Machenschaften

Minister, Macht und Marmor

MAN KENNT DIE FASSADEN der Wiener Palais, in denen Bundeskanzler, Bundespräsident, Finanz-, Justiz-, Innen-, Bildungsminister, Parteien arbeiten. Man kennt sie von außen, allenfalls noch ein paar Räume von Fernsehbildern. Was aber hinter den Fassaden abläuft, welche Strukturen, Machtspiele, Intrigen, Usancen dort bestimmen, was im Land geschieht, das bleibt weitgehend im Verborgenen.

Wie ist das mit der Macht, die von dort ausgeübt wird? Was geschieht hinter den abends mitunter hell erleuchteten Fenstern? Können sie dort tun, was sie wollen, tun sie, was sie wollen, was wollen sie eigentlich, wie funktionieren sie? Wir lesen, was darüber in den Zeitungen steht, hören, was sie selber sagen, sehr viel mehr können wir aber nicht wahrnehmen. Immerhin waren es bisher annähernd 600 Männer und Frauen, die von ihren oftmals feudalen Amtssitzen als Minister das Land regiert haben. Einige wenige länger als ein Jahrzehnt, etliche nur wenige Tage, manche mehrmals und in unterschiedlichen Funktionen, Einzelne sogar in zwei Republiken.

Dieser Machtausübung im Detail nachzugehen ist spannend, weil die Türen für die Bürger ebenso verschlossen sind wie die Auskunftsfreudigkeit der Entscheidungsträger darüber, was wirklich läuft – von zufällig aufgeflogenen Handy-Nachrichten einmal abgesehen. Das Amtsgeheimnis lastet noch immer als Schleier über allem, und die Messages, die die Medien in den vergangenen Jahren so intensiv beschäftigten, sind nur einzelne Blitzlichtaufnahmen. Sie sind aufschlussreich, aber das wirkliche, ganze, große Bild erschließt sich erst, wenn man hineingeht in die Gebäude, in ihre Geschichte und ihre Arbeitsbedingungen; wenn man sich im Detail anschaut, wer dort arbeitete, wie und mit wem; nachspürt, wie sich Macht und Einfluss dort verfestigten und von dort ausstrahlten.

Wir werden sehen, dass Bundespräsidenten viele Jahre kein eigenes Büro hatten, die Justiz in der Ersten Republik eine Erbpacht Deutschnationaler war, dass Unterrichtsminister die Polizei führten, dass es jahrelang so etwas wie ein „Korruptionsministerium“ gab, dass Republikspitzen von zu Hause aus amtierten, dass Mord in Amtssitzen verübt wurde, wie Seilschaften funktionieren, dass einige Ministerinnen und Minister den eigenen Rücktritt aus der Zeitung erfuhren und ein paar vom Strafrichter eingesperrt wurden.

In drei der prominentesten Palais habe ich selbst viele Jahre verbracht, nahe den Chefs oder in größerer Distanz als Zuarbeiter. Der Ballhausplatz, die Hofburg und das Modena waren meine Arbeitsplätze. In einem Dutzend weiterer Feudalsitze ging ich so oft ein und aus, dass ich heute noch mit verbundenen Augen vom Portier bis zum Chef/zur Chefin finde. Zu allen Tageszeiten war ich dort, habe verhandelt, interveniert, Expertise geliefert, ging erhobenen Hauptes mit einem erfolgreichen Projekt oder geschlagen und voller Selbstzweifel nach einer Niederlage hinaus. Und dafür, warum etwas gut oder schlecht ausgegangen ist, war neben den handelnden Personen und dem Zeitpunkt oft auch das Ambiente entscheidend.

Eines ist mir dabei klar geworden und wird wohl auch in der Lektüre der folgenden Kapitel erkennbar werden: Die Macht derer, die die Schaltstellen der Republik besetzen, ist sehr groß, die Dimension wächst und schrumpft mit den handelnden Personen, unbegrenzt ist sie aber nicht. Und das ist gut so, das ist das Essenzielle einer funktionierenden Demokratie. „Das Wort Macht täuscht ja“, sagte einmal ein Kanzler, „es ist nur eine Position der Verantwortung“. Die Minister bewegen sich in einem Korsett von verfassungsrechtlichen, politischen, wirtschaftlichen und medialen Zwängen, die ganz schön einengen können; und sie bewegen sich in einer Außenwelt, die sie nicht sehr stark beeinflussen können: Naturgesetze und Pandemien, Kapitalmacht und Globalisierung, Konjunktur und Krise. Diese Faktoren können sie nicht beseitigen und dürfen sie nicht ignorieren; sie können sie bestenfalls rechtzeitig erkennen, den Auswirkungen gegensteuern, die Interessen ihrer Wählerschaft einigermaßen wahren, Linie halten und sich fürs nächste Mal besser vorbereiten.

1960 schämte sich die Republik für große Dienstwagen noch nicht.

WAS MACHT EIGENTLICH so ein Minister, eine Ministerin den ganzen Tag? Wie sieht das „Regieren“ hinter den Fassaden im realen Alltag aus?

Es beginnt wohl regelmäßig damit, dass ein Fahrer mit der Limousine vorfährt. Nur ganz selten kommt es vor, dass ein Minister, der in der Innenstadt wohnt, auf einen Dienstwagen verzichtet – dann muss er auch nicht so wie die anderen dafür 600 Euro im Monat zahlen. Die Bürofahrt gehört der Zeitungslektüre, man ärgert sich fast immer über irgendeine Meldung und ruft den Mediensprecher oder einen politischen Leidensgenossen der heutigen Berichterstattung an. Im Büro angekommen, warten schon Kabinettschef und Terminsekretärin, beide beladen mit Wünschen, Briefen, Akten – der Eindruck ist, alle wollen den Minister nur zuschütten, damit er möglichst nicht auf eigene Gedanken kommt. Zwei, drei dringende Anordnungen gegeben für den Tag, und dann beginnt der schreckliche Reigen der „Audienzen“.

Alle Welt will zum Minister, ihm direkt etwas vortragen, eine konkrete Zusage erhalten, sich wichtigmachen, ihn zu etwas motivieren oder vor etwas bewahren, eine ganz dringende und entscheidende Sache regeln. Die Wünsche nach Vorsprachen sind Legion, nur mit großem Geschick und eiserner Strenge schafft es die Termindame, sie auf ein Viertel einzuschränken. Aber auch damit sind täglich vier Stunden weg, und wenn es Auswärtstermine in der Partei, im Wahlkreis, in Brüssel gibt, ein ganzer Tag. Entschieden wird bei diesen Audienzen wenig, meist ist ein Sekretär dabei, dem die Sache in die Hand gegeben wird. Er wird sie – vielleicht sogar mit den zuständigen Beamten gemeinsam, was sinnvoll wäre – irgendwie erledigen.

Zu einer eingehenden Reflexion kommen Minister in ihren Salons nicht. Die meisten Aktivitäten sind außengesteuert, medienbedingt – die Pressesprecherin kommt mehrmals am Tag vorbei und hat jedes Mal schon Texte für Äußerungen oder Nummern von Interviewpartnern dabei. Rasch inhaltlich einlesen, dann geschickt Rede und Antwort stehen, den Spin nicht vergessen. Und bei wichtigen Fragen unbedingt den Kanzler vorinformieren.

Mittagessen ist meist nicht. Ein Weckerl, lieblos beigeschafftes Fast Food. Organisierte Diners im Restaurant sind ohnehin stressige Arbeitstermine und zudem noch ein Spießrutenlauf durch Bittsteller auf dem Hin- und Rückweg (Wirt inklusive, der unbedingt Kommerzialrat werden will). Vielleicht findet man ein wenig Zeit, mit dem Kabinett rasch ein paar Projekte durchzugehen, Aufträge zu geben, allzu Wichtigtuerisches zu erkennen und abzuwehren, ein Detail einer strategischen Linie zu entwickeln. Nützlich wäre es, mit den Sektionschefs wirklich eingehend etwas durchzuarbeiten, große Vorhaben und Linien anzureißen – aber das geht sich nicht aus und die Sekretäre halten das ohnedies für unnötig.

Eigentlich viel zu wenig Zeit und fast gar kein Gedankenaufwand für die Dinge des Ressorts, für die Alltagsarbeit des Verwaltens, des Regierens. Stattdessen nur immer wieder Akten und Unterschriften. Dutzende täglich. Vieles davon unnützer Kleinkram, der nur zeigt, dass vife Bürokraten Meister darin sind, Dinge nach oben zu delegieren. Wichtiges, wirklich Wichtiges kommt kaum per Akt – da muss man nachfragen, lästig sein, anweisen. „Erst im Nachhinein", sagte mir ein Minister, „kommt man drauf, wie viel Zeit man mit Dingen verbringt, die aktuell unumgänglich scheinen, aber sinnlos waren. Es gibt zu viele Anlässe, wo eigentlich nur ihre physische Präsenz notwendig ist und sie nichts zu tun haben, außer anwesend zu sein. Gleichzeitig gibt es aber viele Dinge, bei denen die Zeit davonrennt."

Und dann sind noch die besonderen Ereignisse: Ministerrat am Mittwoch – in der Sache alles schon vorentschieden und vorgegeben; es kann aber in der fraktionellen Vorberatung lästig werden, sollte der Kanzler wieder einmal grantig sein und ein Opfer im Ministerkreis brauchen. Es kann sogar unangenehm werden, wenn eine Fehlentscheidung im Ressort mediale Wellen schlägt und man vor die Presse geschickt wird. Besonders ist auch ein Parlamentstag – endloses Sitzen auf der Regierungsbank, langweilig bis zum Abwinken, aber man muss freundlich Interesse heucheln und hellwach sein, falls ein untergriffiges Detail auftaucht. Ministerrat in Brüssel – das

Letzte Ministerratssitzung Kreisky, 1983

Schrecklichste von allem; hier ist wirklich alles bereits vorentschieden, aber dennoch muss man den ganzen Tag in der klimatisierten Bürokratenburg ausharren. Man hört nicht zu, kann aber wenig anderes machen; und in den seltenen Fällen, wo wirklich noch ein Punkt zu entscheiden ist, nerven die end- und sinnlosen Schleifen um die Kompromissmöglichkeiten bis tief in die Nacht, ja bis zum Morgengrauen, wo man endlich völlig zermahlen in den Charterflieger retour nach Wien steigt.

Habe ich als Minister heute tatsächlich regiert, Macht ausgeübt, über die Zukunft des Landes entschieden? Die Frau oder der Mann hat dieses Gefühl zumeist nicht – auch wenn die eine oder andere Personalentscheidung ein Schicksal bestimmt hat, eine Verordnungsunterschrift Millionen bewegt, ein Projektauftrag in einem Jahr die Realität verändert, eine politische Weichenstellung langsam eine Lawine ins Rollen bringt, ein Medienauftritt einen Stein ins Wasser wirft. Merkbar ist der Effekt nicht sofort, vielleicht nach einem längeren Zeitraum – und wenn man erkennt, dass die Bilanz negativ ist, ist es auch schon zu spät. Minister zu sein ist mühsam, stressig, frustrierend, langweilig, fantasietötend, zeitfressend, zerstörend – aber natürlich auch wohltuend für das Ego, berauschend in den Momenten des Machtworts, angenehm, weil einen das Ambiente, die Arbeitsumgebung, das Palais erhöht und zu jemand Besonderem macht. Alle wissen, dass es diese Macht gibt, alle unterwerfen sich ihr, nur wirkt sie so im Hintergrund, zwischen den sichtbaren Aktionen, strukturell, heimlich, verborgen, dass man sie konkret meist kaum festmachen kann.

Hertha Firnberg hat einmal ihre ambivalente Position als Ministerin im Palais angesprochen: „Sie dürfen nicht vergessen, wie schwer es für einen Politiker ist, kein Privatleben und auch für seine Freunde keine Zeit zu haben." Aber „ich bin an sich dagegen, dass Politiker plötzlich aufsteigen in eine andere, begüterte Klasse, und sich auch danach verhalten. Ich halte das für einen grundsätzlichen Fehler. Man soll mit den Leuten so leben, wie die Leute selber leben." Ob das wirklich so einfach möglich ist, ließ sie offen.

EIN MINISTERIUM ist eine komplexe Organisation. 300 bis 1000 Mitarbeitende sind auf ein halbes Dutzend Sektionen aufgeteilt, diese gliedern sich wieder in Abteilungen; manchmal hat man eine Zwischenebene, Gruppen, eingezogen, und oftmals gibt es noch eine unterste Organisationsebene, die Referate. Die klassische Linienorganisation ist allerdings in den letzten Jahrzehnten fantasievoll mit allerlei Sondergebilden garniert worden: Ministerbüros, Thinktanks, Stabsstellen, Projektgruppen ... Deren Sinn besteht darin, an den Verwaltungsexperten dort politisch vorbeizuregieren, wo man ihnen nicht traut. Und dieses Misstrauen, wenngleich in der österreichischen Verwaltungstradition unbegründet, hat zugenommen, wie das explosionsartige Wachstum der Ministerbüros zeigt: Mittlerweile halten wir hier bei rund 280 Köpfen, ein Vielfaches dessen pro Minister, was etwa EU-Kommissare brauchen und was noch Klaus und Kreisky in ihrem unmittelbaren Umfeld befehligten.

Der Schauplatz der Vorzimmer der Macht hat sich allerdings – außer der Größe des Sekretärstabes – nicht sehr geändert; noch immer ist treffend, was der alte Beamte Kleinwaechter über sein Avancement zum „Vorzimmerpinsch" schrieb: „Schon der Wechsel des Büros befriedigte mich über alle Maßen. Aus meinem elenden Glasverschlag war ich mit einemmal in einen prächtigen Salon versetzt. Großer Diplomatenschreibtisch mit einem breiten, bequemen

Fauteuil davor. In der Ecke eine Salongarnitur, bestehend aus mit grünem Samt überzogenen Fauteuils und ebensolchem Sofa und einem Mahagonitisch. Bücherschrank. Teppich über den ganzen Raum. Prachtvoller Luster. Bilder an den Wänden. Schwere Seidenportieren. Amtsdiener nur für den Chef und seinen Vorzimmerpinsch. Was mich aber besonders entzückte, war das Tischtelephon." So ähnlich habe ich 100 Jahre später meinen ersten Arbeitstag im Kabinett des Innenministers und meinen ersten Arbeitstag als Präsidialchef im Bundeskanzleramt erlebt. Nur hatte das Telefon mehr Knöpfe.

Neben der formalen Organisation von Ministerien existiert noch eine informelle: Seilschaften aus politisch miteinander verbundenen Parteifreunden, verschworene Klubs aus CV-Bundesbrüdern oder aus Freimaurern, lose Klubs und Netze zur gegenseitigen Karrierehilfe, Gewerkschaftsgremien, Bundesländer-Kreise oder einfach nur gute kollegiale Freunde, die gerne, effektiv und intensiv in einer langjährig bewährten Gruppe zusammenarbeiten. Um diese informelle Struktur klar zu durchschauen, braucht ein Minister Jahre; um sie zu nutzen und optimal einzusetzen, benötigt er besonderes Geschick, großes Wissen und intensivste Organisationserfahrung. Die meisten der aktuellen Ministerinnen und Minister haben das nicht, weil sie „Verwaltung" nicht gelernt haben. Daher versuchen sie krampfhaft, diese Lücke durch übertriebene Kontrolle und Intervention in das operative Geschäft zu kompensieren. Genau das geht aber schief, denn Minister sind dazu da, zu planen und Strategien zu verfolgen, nicht zu administrieren. Sie sind es, die steuern, der Verwaltungsapparat sind die Ruderer. Da soll keiner dem anderen hineingreifen.

Mitunter suchen Ministerinnen und Minister beim Regieren auch das Heil in dreisten Personalbesetzungen. Das geht aber besonders schief, weil die vertrauensvolle Nähe zum Chef nichts mit der Qualifikation zu tun hat und nur in seltenen Fällen korreliert. So werden diese „Implantate" in ein Scheitern an ihren Aufgaben hineinmanövriert, vom Gesamtkörper der Bürokratie abgestoßen, sie produzieren die Fehler, deretwegen in den letzten Jahren das allgemeine Vertrauen in den Staat so sehr abgenommen hat. Und dass die Reaktion der Entscheidungsträger, als sie das Scheitern feststellten, immer nur war, noch mehr jener Leute hineinzupressen, hat das Ganze nur noch verstärkt.

Eines wird klar, beschäftigt man sich mit der Geschichte der Ministerien: Die politischen Parteien haben diese Institutionen immer auch dazu benutzt, ihre personelle Basis auszubauen. Bei der Aufnahme von neuem Personal, bei der Besetzung von Führungsfunktionen hat man immer auf die eigenen Leute geschaut und damit eine Bindung einer wachsenden Klientel begründet. Und da ging es nicht nur um die paar tausend Stellen in den Ministerien selbst, sondern auch um den riesigen Bereich der Verwaltung und der staatsnahen Wirtschaft, der von diesen geführt und beherrscht wird. Das sind bei Bund, Ländern und Gemeinden etwa 300.000 Arbeitsplätze und in der öffentlichen Wirtschaft noch einmal so viel – also schon relevante Größenordnungen für die Stärke einer Partei, die es lohnend erscheinen lassen, der „Einfärbung" besonderes Augenmerk zu widmen.

Diese Praxis haben die beiden alten und früher großen Parteien perfektioniert. Es ist aber erstaunlich, wie rasch auch die kleinen und neuen Parteien, insbesondere die FPÖ und die Grünen, hier die Methoden gelernt haben. Zwar sind in den letzten Jahrzehnten die dafür geschaffenen Vorfeldorganisationen – allen voran der CV – schwächer geworden und eine höhere Transparenz der internen Vorgänge hat ebenfalls dämpfend gewirkt. Umgekehrt aber wurden persönliche Klüngel und Seilschaften, geheime und intransparente Strukturen, die direkt von Ministerbüros aus gesteuert wurden, deutlich stärker und in ihren Methoden brutaler und unverschämter. Der Trend ist jedenfalls insgesamt noch nicht gebrochen.

So viel zum Strukturellen und Politischen, das ich an den Schauplätzen der Macht als Beamter, als Kabinetts- und Sektionschef, als Berater gesehen und gelernt habe.

ABER AUCH MANCH ANEKDOTISCHES zum Verhalten der Mächtigen in ihren Arbeitsstätten taucht auf. Ich erinnere mich an den warmen Frühlingstag 1974, als mich die von mir hoch geschätzte Ministerin Firnberg vom SPÖ-Parteirat im Volksheim Floridsdorf, der eben Kirchschläger zum Präsidentschaftskandidaten gekürt hatte, im

Dienstwagen in die Stadt herein mitnahm. Sie hätte wohl selber gerne kandidiert, merkte ich an ihrer gedrückten Stimmung. Aber als ich ihr in der pompösen Einfahrt des Minoritenplatzpalais den Wagenschlag öffnete, seufzte sie nur mit versonnenem Blick zur Stuckdecke: „Weißt du, die Einfahrt in die Hofburg ist schöner." Ich denke an die Anweisung eines Kanzlers, die Luster im Kongresssaal des Bundeskanzleramts am Abend immer bis 21 Uhr erleuchtet zu lassen, damit die Leute draußen glauben, es werde täglich bis in die Nacht hinein gearbeitet. Oder an den Landwirtschaftsminister, der mich nach einem Vieraugengespräch über Verfassungsfragen zum großen Fenster seines Arbeitszimmers im ersten Stock des Regierungsgebäudes am Stubenring zerrte. Da schob er den Vorhang zur Seite, zeigte auf die riesige Bronzestatue des alten Radetzky zu Pferde und meinte resignierend: „Ich weiß nicht, was ich angestellt hab', dass ich den ganzen Tag dem Ross in den Arsch schauen muss." Im Reichskanzleitrakt des Kanzleramts hatten wir damals unser Sitzungszimmer just über dem Thronsaal; und weil dessen Decke durchhing, war unser Fußboden leicht abschüssig, sodass eine Seite des runden Sitzungstisches vier Zentimeter tiefer lag. Dorthin platzierten wir immer die Verhandlungspartner, und sie konnten sich einfach nicht erklären, warum sie sich uns immer so sehr unterlegen fühlten. Und unvergessen der wichtige Rat, den mir mein Minister-Chef zuraunte, als wir zu zweit am 2. Feber 1989 in der prachtvollen Beletage des Innenministeriums eintrafen und er dort von einer großen Schar beflissener Ministerialer als neuer Minister ehrerbietig begrüßt wurde: „Wennst was wirst, vergiss ja deine alten Freunde nicht, denn es kann jeden Tag vorbei sein mit der Wichtigkeit". Schließlich fällt mir noch der 21. Juni 2006 ein, an dem ich den ganzen Tag in der Hofburg nicht von der Seite des US-Präsidenten Bush wich, weil ich mich selber als seinen liaison-officer eingeteilt hatte, um zu sehen, wie der Mann tickt. Zwischen einem fast gemeinsamen Gang aufs Örtchen und einem brutalen Rempler der eiskalten Condoleezza Rice konnte ich in 13 Stunden feststellen, dass er wahrlich nicht so schlicht im Geiste war, wie man ihm medial nachsagte.

Wie das ist mit der Wichtigkeit, wie alles in den Häusern der Macht zusammenwirkt, wie es aufwärts und bergab ging mit den

Mächtigen in der österreichischen Republik? Dem will ich in den folgenden Kapiteln nachgehen. Macht, Geld, Souveränität, Recht, Krieg und Frieden, Gewalt, Ordnung, Wissen, Parteipolitik sind dabei die Schlagworte, die imposanten Häuser sind die wichtige Bühne, auf ihr geht es um Bemühungen und Fehler, aber auch um die verantwortungsvolle Aufopferung oder den verachtenden Zynismus der Menschen darauf und dahinter.

Wozu das alles? Vielleicht hat es Sinn, Argumente dafür zu finden, wer tatsächlich mit seinem oder ihrem Ministeramt einen Anspruch verwirklichte, für die Gemeinschaft, für das Land, für die Zukunft etwas besser zu machen, als es bisher war, oder zumindest eine Verschlechterung nachhaltig zu verhindern. Und wer – das wäre der gegensätzliche Fall – nur Minister war, um Minister zu sein und davon persönlich maximal zu profitieren. Vielleicht ist es sinnvoll, dahinterzukommen, wer es konnte und wer nicht, wer Substanz hatte und wer bluffte. Damit man Übles, wenn es schon in der Vergangenheit unabwendbar war, zumindest in der Zukunft verhindern und Besseres ermöglichen kann.

Den Versuch war es wert. Herausgekommen ist ein besonderes und durchaus subjektiv gefärbtes Buch. Es ist ganz sicher kein Architekturführer – obwohl es einer Reihe von bemerkenswerten Bauten, deren Geschichte, Ausstattung und Wirkung auf das, was drinnen passierte, viel Raum widmet. Es ist kein Geschichtsbuch – obwohl es manchmal auch detailliert das Handeln und Scheitern mächtiger Minister in den letzten 100 Jahren nachzeichnet, soweit es typisch war und man daraus lernen kann. Es ist keine Sammelbiografie, obwohl es mir gelungen ist, eine Reihe von betagten Zeitzeugen dazu zu bewegen, noch ein letztes Mal im Gespräch ihre Ministerzeit Revue passieren zu lassen und Informationen zu geben, die man so authentisch nie mehr wieder erhalten wird. Es ist kein politikwissenschaftliches Werk – obwohl österreichische Regierungspolitik das Objekt der Beschreibung und kritischen Auseinandersetzung ist. Es ist mit Absicht ein Mosaik aus all dem, denn erst die ausgewogene Mischung all jener Elemente zusammen ergibt das komplette Bild der staatlichen Macht in diesem Land.

Demokratie und Diktatur

„Die Fenster des schönen alten Palais am Ballhausplatz […] warfen oft noch spät abends Licht in die kahlen Bäume des gegenüberliegenden Gartens, und gebildete Bummler, wenn sie nachts vorbeikamen, fasste Schauer an. Denn so wie der heilige Josef den gewöhnlichen Zimmermann Josef durchdringt, durchdrang der Name ‚der Ballhausplatz' den dort stehenden Palast mit dem Geheimnis, eine des halben Dutzends mysteriöser Küchen zu sein, wo hinter verhängten Fenstern das Geschick der Menschheit bereitet wurde."

(ROBERT MUSIL, „DER MANN OHNE EIGENSCHAFTEN")

IN DER MONARCHIE war der Ballhausplatz mehrmals Entscheidungszentrum für halb Europa. Heute ist er nur mehr politisches Zentrum der Republik. Aber weder das Bundeskanzleramt noch die Präsidentschaftskanzlei waren zu Beginn dieser Republik an dem Platz, an dem sie aktuell residieren. Im alten Palais Kaunitz, dem heutigen Bundeskanzleramt, tagte nach 1918 zunächst nur der Ministerrat und gab sich jene Geschäftsordnung, die die reale Ausübung der Staatsmacht in den folgenden 100 Jahren prägte. Darüber hinaus saß der Staatssekretär für Äußeres am Ballhausplatz. Der Bundeskanzler hingegen hatte sein Büro in der Herrengasse, im heutigen Innenministerium. Zudem hatte am Ballhausplatz auch der 1919 zum Präsidenten der Nationalversammlung gewählte Karl Seitz seine Dienstwohnung. Doch erst im Dezember 1920 fand der neu gewählte Bundespräsident Michael Hainisch in den an der Löwelstraße gelegenen Zimmern sein neues Büro; die junge Republik wollte sich in ihren

Symbolen nicht an die überwundene Monarchie anlehnen, daher sollte das Staatsoberhaupt hier und nicht in der kaiserlichen Hofburg sitzen.

Die Staatskanzlei, jahrhundertelang Schauplatz der habsburgischen und internationalen Diplomatie, wurde 1717 im Auftrag des Obersthofmeisters Sinzendorf durch Johann Lucas von Hildebrandt gebaut, um für den erstmals entstehenden professionellen Apparat der Außenbeziehungen eine Infrastruktur zu schaffen. Entsprechend den damaligen Gepflogenheiten musste das Gebäude sowohl das Amt als auch die Residenz des Ministers beherbergen. Da der Bauplatz recht beengt war, entschied sich Hildebrandt für einen fünfeckigen Bau, der die kurze Platzfassade eindrucksvoll erweiterte. Über dem großen Einfahrtstor signalisierte ein Balkon die Wichtigkeit des Hauses, die Beletage wurde betont, sonst war nicht viel Schmuck angebracht.

Man fuhr in die stuckverzierte Einfahrt, stieg beim rechten Wagenschlag aus und schritt die Prunkstiege direkt hinauf in die Beletage. Diese war zweigeteilt: rechts die private Repräsentationswohnung, links der Amtsflügel und dazwischen vier Räume für eine beiderseitige Nutzung. Von der Treppe kam man zunächst in einen schlichten Vorsaal, von diesem in den über sieben Meter hohen Festsaal mit vergoldeten Stuckaturen, Friesen und Simsen und einem Plafond, in dem sich vier Lüftungsgitter in den darüber liegenden Raum öffnen. Sie hatten zur Zeit des Wiener Kongresses große Berühmtheit erlangt, weil Metternichs Schreiber durch sie mithörten und mitschrieben. Fünf schwere Luster funkeln mit ihren Kristallen und erleuchten den Saal für nächtliche Festlichkeiten. Hier konnte man schon Hof halten – auch wenn sich das gesamte Gebäude im Vergleich zu den Palais der wirklich reichen Potentaten bescheiden ausnahm.

Vom großen Saal gelangt man durch einen fünfeckigen Salon in den heutigen Ministerratssaal mit einer strengen, aus dem frühen 19. Jh. stammenden Ausstattung. Ihn dominieren Stucco-lustro-Wände, zwei große vergoldete Spiegel und noch immer ein Bild des 18-jährigen Kaisers Franz Joseph. Der Raum ist heute die Schaltstelle der österreichischen Politik. Nach einem weiteren kleinen Salon erreichte man ursprünglich das Ministerzimmer, dessen kleiner Balkon damals auf die Bastei hinausblickte. Von diesen Räumen aus konnte man über eine kleine eiserne Brücke direkt auf die Krone der Stadtmauer und in das hübsche Paradeisgartl gelangen. Nach dem Ministerzimmer lag die Kapelle, die Metternich später zugunsten einer Bibliothek in den Halbstock verlegte. Heute befindet sich das Kanzlerzimmer nicht mehr hier, sondern im rechten Flügel.

Die Wohnung in dieser Flucht – wo aktuell der Bundeskanzler amtiert – war fast gemütlich angelegt. Durch einen schmalen Spiegelgang erreichte man ein Vorzimmer und von dort das große Boudoir der Dame des Hauses, südseitig im ruhigen Innenhof, sowie das Schlafzimmer und den Speisesaal – früher Säulensaal, heute holzgetäfeltes Kanzlerbüro. Ein paar Nebenräume sowie ein Herrenzimmer hinter dem Säulensaal schlossen das Ganze gegen das Minoritenkloster ab. Eine Hintertreppe führte in das Obergeschoß und in den Hof hinunter. Heute liegen hinter dem Kanzlerzimmer noch weitere Räume, üblicherweise auch das Büro des Kabinettschefs, da der Flügel 1902 in Richtung Staatsarchiv verlängert wurde.

Im darüberliegenden zweiten Stock befanden sich zur Zeit der Monarchie die privaten Wohnräume der Ministerfamilie, die Kinderzimmer, die Privatkanzlei sowie Wohnräume führender Hausangestellter. Im Hochparterre unter der Beletage lagen die Dienstzimmer der Beamten der Staatskanzlei und nochmals darunter im linken Flügel die Stallungen und im rechten die Küche, von wo zwei Spindeltreppen das Service nach oben ermöglichten.

Staatskanzler Renner nutzte 1918–20 das Gebäude nur wenig und nur in seiner Rolle als Leiter des Außenamts; Gleiches gilt für seine Nachfolger Michael Mayr und Johann Schober. Erst am 18. Juni 1923, nachdem der Völkerbund dem österreichischen Kanzler Seipel aufgenötigt hatte, einige Ressorts einzusparen, beschloss die Bundesregierung die Zusammenlegung von Kanzler- und Außenamt im Palais. Der ehemalige Privatflügel wurde dem Bundeskanzler zugeordnet – Marmorecksalon als Vorzimmer, das daran anschließende Zimmer als Arbeitszimmer, dahinter den Säulensaal als Besprechungsraum und danach vier Räume an der Außenfront und vier innenliegende Zimmer. Im rückwärtigen Teil der Beletage wurden die Räume eben-

Säulensaal, Besprechungszimmer des Kanzlers bis 1938

falls vom Kanzleramt genutzt. Das Außenamt, insgesamt nur zwei Sektionen, war im Hochparterre und in Teilen des Obergeschosses konzentriert, zum Teil musste es in benachbarte Palais auswandern. Jetzt wurde der Ballhausplatz wieder Zentrum der österreichischen Politik, denn hier amtierten nun Bundespräsident, Bundesregierung und Bundeskanzler – der mehrmals auch die Ressorts Äußeres, Inneres und Justiz führte. Aufgrund dieser Kompetenzfülle gab es in den Folgejahren auch zusätzlich zahlreiche Kanzleramtsminister.

1924 BEGANNEN – vor allem wegen des Sparkurses Seipels – innerparteilich die Länder zu rebellieren und legten ihm den Rücktritt nahe. Der Prälat war seit einem Schussattentat ohnedies psychisch und körperlich geschwächt und demissionierte am 8. November. Jetzt wurde der Salzburger Rudolf Ramek neuer Chef eines Kabinetts, in dem Vertreter der Länder starke Positionen innehatten. Der erfahrene Pragmatiker schaffte es am Ballhausplatz tatsächlich, bis Oktober 1926 seine Regierung zu halten. In seine Amtszeit fiel die Einführung des Schillings, die die ökonomische Stabilisierung der Republik symbolisierte. Letztlich stolperte er aber über Bankenzusammenbrüche, die er nicht verhindern konnte.

Daher übernahm im Oktober 1926 nochmals Seipel die Regierung, doch in der Folge verschärften sich die innenpolitischen Spannungen zusehends. Am Ballhausplatz war das daran zu merken, dass immer mehr Demonstrationen ihren Weg zum Bundeskanzleramt nahmen. Einen blutigen Ausbruch fanden die Konflikte am 30. Jänner 1927 im burgenländischen Schattendorf, als rechte Frontkämpfer das Feuer auf eine Demonstration des Republikanischen Schutzbundes eröffneten und zwei Menschen töteten. Die Verantwortung war klar, aber Kanzler Seipel beschwor vom Ballhausplatz aus nur die Gefahr der roten Volksfront. Es war erkennbar, dass er darauf abzielte, die Sozialdemokratie auszuschalten.

Die Allgemeinheit glaubte Seipel sein Bedrohungsszenario allerdings offenbar nicht, denn bei der Wahl im April 1927 erreichten die Sozialdemokraten mit über 42 Prozent ihr bisher bestes Ergebnis. Seipel musste daher eine Koalition aus drei Parteien zusammenbasteln. Als am 14. Juli die Mörder von Schattendorf in Wien freigesprochen wurden, brach tags darauf der Aufstand los: Eine empörte Menge stürmte den Justizpalast und setzte ihn in Brand, Regierung und Bundeskanzler sahen sich einer kaum mehr lösbaren Krise gegenüber. In dieser suchte Seipel sein Heil in der Verfolgung sozialdemokratischer Institutionen, übersah dabei aber die wachsenden Konflikte innerhalb seines Bürgerblocks. Als jene offen aufbrachen, trat er im April 1929 zurück – er war abermals gescheitert.

Noch einmal eröffnete sich am Ballhausplatz eine Chance auf konstruktive Zusammenarbeit der großen gesellschaftlichen Kräfte im Land, als 1929 Ernst Streeruwitz für viereinhalb Monate das Kanzleramt übernahm und von dort die Sozialdemokraten für eine umfassende Verfassungsnovelle gewinnen konnte. Doch wurde er über Nacht von der eigenen Partei gestürzt, die einen radikaleren Kurs sehen wollte. Polizeipräsident Schober übernahm (zum dritten Mal) am 26. September das Kanzleramt für ein Jahr – er war aber das absolute Feindbild der Arbeiterbewegung und wieder war an eine formelle Zusammenarbeit nicht zu denken. Im Mai 1930 erklärte die Heimwehr mit dem „Korneuburger Eid" offen, die parlamentarische Demokratie beenden und die Verfassung beseitigen zu wollen. Im September wurden zwei Vertreter dieser politischen Haltung Mitglieder einer neuen Regierung des 57-jährigen christlichsozialen Parteiobmanns Carl Vaugoin, der einen findigen Juristen mit Namen Dr. Hecht ins Haus mitbrachte. Bundespräsident Wilhelm Miklas hatte diese Regierung ermöglicht, verwehrte sich aber gegen deren Putschplan.

Die Verschärfung, Militarisierung und Faschisierung der Innenpolitik gingen weiter. Als die Christlichsozialen und der Heimatblock bei der Wahl im November 1930 wieder schlecht abschnitten – die Sozialdemokraten wurden abermals stärkste Partei –, verfestigte sich bei den Entscheidungsträgern am Ballhausplatz der Gedanke, dass es für sie notwendig ist, weitere Wahlen zu vermeiden und das Land autoritär zu regieren. Noch einmal wurde eine Bürgerblock-Regierung gebildet und der Vorarlberger Landeshauptmann Otto Ender Bundeskanzler, der junge radikale Bauernfunktionär Engelbert Dollfuß rückte als Minister an seine Seite. Ender verlangte vom Parlament Sondervollmachten, die ihm zunächst noch verweigert wurden. Er entwickelte diese Idee später weiter, als er 1933 als Minister ohne Portefeuille wieder ins Kanzleramt kam, um eine ständestaatliche Verfassung auszuarbeiten.

Im April 1932 brachten Landtagswahlen weitere schlechte Ergebnisse für die Regierung und erstmals eine starke Unterstützung der Nationalsozialisten. Jetzt erfasste Panik die Christlichsozialen, und in den geschichtsträchtigen Räumen am Ballhausplatz wurde der Weg in ein autoritäres Regime vorbereitet. Seinen Ausdruck fand er im Mai 1932 mit der Übernahme der Kanzlerschaft durch Dollfuß. Der 40-Jährige stammte aus kleinsten Verhältnissen und hatte sich nach Jusstudium und Bauernbund bis zum Bundesbahn-Chef und Landwirtschaftsminister hochgearbeitet. Sein ganzes Engagement galt dem Deutschtum, einem radikalkonservativen Katholizismus und dem Kampf gegen „die Roten“. Er zeigte dies so entschlossen, dass die Sozialdemokraten ihn postwendend und in Anspielung auf Metternich wegen seiner Kleinwüchsigkeit als „Millimetternich“ karikieren.

Sofort nach seinem Amtsantritt versuchte er, die verfassungsmäßigen Institutionen systematisch für sein Ziel umzukrempeln. Im Parlament blieben ihm entscheidende Erfolge verwehrt, so setzte er zunehmend auf die Macht der Straße. Die Institutionen der Demokratie wurden propagandistisch desavouiert, paramilitärische Verbände aufgerüstet und Machtpositionen der Sozialdemokratie zurückgedrängt. Die Sicherheitsverwaltung wurde unter eigenen Bundesministern zu diesem Zweck eng an das Bundeskanzleramt gebunden. In dem von Sektionschef Hecht geleiteten Rechtsdienst bastelte man an juristischen Modellen, mithilfe des Kriegswirtschaftlichen Ermächtigungsgesetzes aus 1917 das Parlament gänzlich auszuhebeln und den Staat diktatorisch zu führen. Am 1. Oktober 1932 wendete Dollfuß dieses Produkt seines Rechtsberaters zum ersten Mal „probeweise" an.

Der Bundeskanzler war jetzt endgültig zum Putsch entschlossen. Als am 4. März 1933 die Nationalratspräsidenten der Reihe nach zurücktraten, nutzte Dollfuß den Moment und schaltete gewaltsam das Parlament aus. Danach wandte er sich sofort an die Bevölkerung, in dieser Staatskrise müsse die Regierung entschlossen handeln. Als nächsten Schritt erließ er ein Versammlungsverbot. Als der Nationalrat wieder zusammentreten wollte, verhinderte er das mit Polizeigewalt. Am 31. März wurde der Schutzbund aufgelöst, am 20. Mai die Vaterländische Front als Zwangsorganisation gegründet, am 27. Mai die KPÖ verboten, am 19. Juni die NSDAP, am 11. September verkündete Dollfuß das Programm des autoritären Ständestaats.

Dem Amt am Ballhausplatz war jetzt eine absolute Machtfülle zugewachsen: Dollfuß führte den Staat mit Regierungsverordnungen – das Palais wurde damit de facto auch Sitz der Gesetzgebung. Zudem gehörten die Sicherheitsminister zum Ressort, und der Kanzler führte zusätzlich das Militär. So lag die ganze Staatsmacht am Ballhausplatz. Hier wurden nun im Stakkato die Maßnahmen gegen die demokratische Republik entworfen, in Rechtsformen gegossen und umgesetzt. Der stetige, aber kurzfristig unmerkbare Wandel vom demokratischen Parteiensystem zur Diktatur eines Einheitsbündnisses, das Korrodieren der Macht des Parlaments als Volksvertretung und Souverän – all das wurde vom Ballhausplatz aus mitgestaltet, legitimiert und als ganz normale Entwicklung präsentiert. Bedrückend ist für den Beobachter, dass das auf so leisen Pfoten und in so wohlgeordneten bürokratischen Bahnen kommen konnte. Zur Vorsicht mahnt auch der Umstand, dass es so einfach war, sich in diesem Prozess der verfassungsrechtlichen Werkzeuge zu bedienen.

Vom Ballhausplatz aus ging man in gezielten Aktionen rechtlich und mit den Mitteln der Finanzpolitik auch gegen das „Rote Wien“ vor. Im September 1933 drückte Dollfuß eine Verordnung über die „Verhaltung sicherheitsgefährlicher Personen zum Aufenthalte in einem bestimmten Orte oder Gebiete“ durch. Die daraufhin errichteten Anhaltelager, darunter Wöllersdorf, unterstanden dem Bundeskanzleramt. Als am 12. Februar 1934 in Linz eine provokante Hausdurchsuchung der Polizei bei sozialdemokratischen Einrichtungen auf Widerstand stieß, setzte Dollfuß offen die Staatsmacht ein. Militär und Polizei brachen die organisatorische und militärische Kraft der Sozialdemokratie, die Partei wurde verboten, ihre Exponenten inhaftiert, vor Gericht gestellt, umgebracht oder eingesperrt. Die Mitglieder und Sympathisanten der Partei sowie der Gewerkschaft verloren Arbeit, Lohn und Brot.

Am 1. Mai 1934 wurde durch Regierungsverordnung eine neue ständestaatliche Verfassung erlassen, die in den Wochen davor am Ballhausplatz ausgearbeitet worden war und eine Kanzlerdiktatur etablierte. Gesetze kamen jetzt ausschließlich von der Bundesregierung. Politisch stützte sich das Regime auf die Organisation der Vaterländischen Front, für die folgerichtig gegenüber dem Bundeskanzleramt die Zentrale errichtet werden sollte.

Aufgrund der Machtfülle des Kanzlers und seines Amtes wurde der Ballhausplatz in steigendem Maß aber zum zentralen Angriffsziel aller Gegner des Regimes, und das waren vor allem die illegalen Nazis. Ihre terroristischen Aktivitäten machten nicht vor dem Ballhausplatz halt, der im Fokus von Überlegungen zu einer gewaltsamen Machtergreifung stand, sah man darin doch die Gelegenheit, den Bundespräsidenten, den Bundeskanzler und die Bundesregierung mit einem Streich festzusetzen. Sprengstoffanschläge auf Infrastruktureinrichtungen, Attentate und gewaltsame Propagandaaktionen standen auf der Tagesordnung. Sie erreichten schließlich mit einem militärisch organisierten Angriff auf den Ballhausplatz ihren tragischen Höhepunkt.

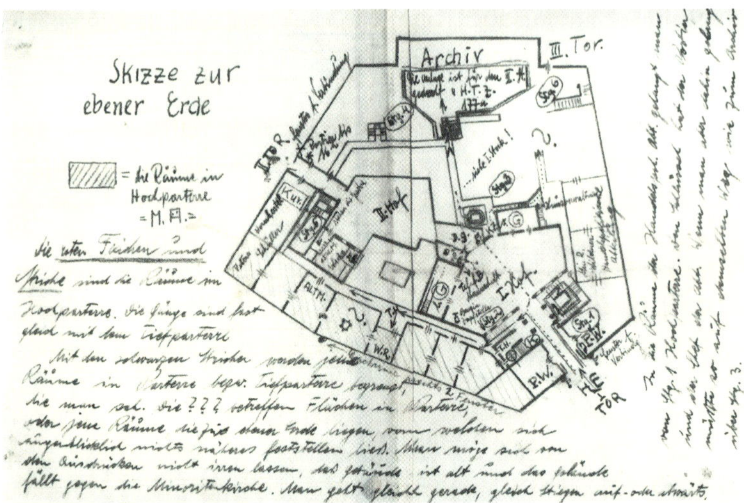

Einsatzskizze der Nazi-Putschisten des Jahres 1934

Am 25. Juli 1934 mittags fuhren 154 Angehörige der illegalen SS-Standarte 89 in Bundesheeruniformen und schwer bewaffnet am Ballhausplatz vor. Um 12.50 Uhr, genau zur Ablöse der Torwache, drangen sie ohne Widerstand ein, setzten die Exekutive im Parterre fest und verteilten sich blitzschnell im Gebäude. Die Putschisten hatten Verbündete im Haus, wahrscheinlich den Leiter des Archivs, Ludwig Bittner.

Der Kanzler war vorgewarnt und hatte daher kurzfristig die Regierungssitzung abgesagt, wurde aber dann doch vom Lärm der Soldateska in seinem Arbeitszimmer überrascht. Erschreckt versuchte er, in Richtung Archiv zu entkommen, aber das war nicht mehr möglich, denn schon schlugen die Aufständischen an die Verbindungstür. Da zog der Amtsdiener Hedvicek Dollfuß wieder zurück in sein Amtszimmer und wies eine andere Fluchtrichtung zur Wendeltreppe beim Kongresssaal. Beide liefen in das Eckzimmer. Schon hatten sie die Tür zum Saal erreicht, als mehrere Uniformierte mit schussbereiter Pistole aus dem Stiegenhaus ins Zimmer stürzten, Otto Planetta an der Spitze. In rascher Reihenfolge fielen zwei Schüsse. Dollfuß hob die Hände wie schützend gegen den Kopf und schlug zu Boden. Die Schüsse trafen ihn aus nächster Nähe in den Hals. Sie kamen aus zwei Waffen mit unterschiedlichen Kalibern. Es haben also zwei Personen geschossen, doch eine zweite Person wurde niemals angeklagt. Erst spät tauchte der zweite Name auf: Rudolf Prochaska, illegaler SA-Aktivist.

Dollfuß starb um 15.45 Uhr, weil ihm ärztlicher Beistand verweigert wurde.

Nach den tragischen Ereignissen vom Juli 1934 übernahm der bisherige, erst 36-jährige Justizminister Kurt Schuschnigg das Amt des Bundeskanzlers. Er setzte die Politik seines Vorgängers fort, die er bisher schon radikal unterstützt hatte: autoritärer Ständestaat und brutale polizeiliche Kontrolle. Für ein paar Monate gab es noch den früheren Bundeskanzler Buresch als Berater im Bundeskanzleramt, dann holte sich der Kanzler Odo Neustädter-Stürmer als Minister, der Gesetze zur berufsständischen Neuordnung mithilfe des Verfassungsdienstes vorbereiten sollte. Schuschnigg selbst war noch stärker katholisch orientiert als sein Vorgänger und monarchiefreundlich, gehörte zu seinen ersten Akten doch die Aufhebung des Habsburgergesetzes, womit er sich auch wieder „von“ Schuschnigg nennen konnte.

IM NOVEMBER 1937 schienen sich Hitler und seine Berater für eine Okkupation Österreichs zu entscheiden. Im Jänner 1938 fand die Staatspolizei belastendes Material für einen Putsch der NSDAP. So traf am 12. Februar Schuschnigg auf dem Berghof mit Hitler zusammen, das Treffen verlief aber sehr einseitig, und am Ende beugte sich der Kanzler einem Diktat: Er verpflichtete sich, den Nazi Seyß-Inquart als Innenminister zu bestellen, den Generalstabschef zu entlassen und die Vaterländische Front für Nazis zu öffnen. Mit 16. Februar wurde die Regierung umgebildet, am 24. rief der Kanzler auf, „bis in den Tod: Rot-Weiß-Rot“ zu bleiben, und am 3. März suchte er sogar den Kontakt zu den vom Regime verbotenen freien Gewerkschaften, die er hier im Bundeskanzleramt empfing. Am 9. März beraumte er eine Volksbefragung über die Selbstständigkeit Österreichs für den 13. an.

Doch am Freitag, 11. März 1938 verlor der Ballhausplatz trotz all dem unter dramatischen Begleitumständen seine Funktion als Zentrale der politischen Gestaltung des Landes. Hitler hatte bereits am Vortag den Befehl zur Intervention in Österreich erteilt, die Vorbereitung des Einmarsches lief auf vollen Touren, aber Schuschnigg erfuhr davon erst am frühen Morgen. Daraufhin mobilisierte er das Bundesheer. Um neun Uhr brachte Minister Glaise-Horstenau per Flugzeug aus Berlin das Ultimatum Hitlers, der die Verschiebung der Volksbefragung verlangte. Ein Ministerrat wurde im Kanzleramt anberaumt, aber wieder abgesetzt. Der völlig uninformierte Bundespräsident wurde vom Mittagessen nochmals ins Haus geholt. Letztlich fügte sich Schuschnigg und sagte um 14.30 Uhr die Volksbefragung ab. Doch da teilte ihm Göring persönlich aus Berlin mit, dass jetzt auch er zurücktreten müsse. Der Kanzler telefonierte zunächst noch aus seinem Arbeitszimmer um internationale Hilfe. Als er aber erkannte, dass Österreich keine Verbündeten mehr hatte, demissionierte er um 16 Uhr.

In den Abendstunden versammelten sich auf dem Ballhausplatz Tausende Demonstranten, während sich im Gebäude noch immer Schuschnigg und Miklas aufhielten und zusätzliche Sicherheitskräfte mit Maschinengewehren und aufgepflanzten Bajonetten zusammenzogen. Aus dem Tumult am Platz kamen immer mehr nationalsozialistische Funktionäre ins Haus. Sie sammelten sich im heutigen Kanzler-Zimmer, von wo aus sie die 6000 SA- und SS-Männer auf dem Platz dirigierten, während wenige Schritte über den Gang im späteren Kleinen Ministerratssaal weiterhin die Führung der Austrofaschisten zur Lage konferierte.

Gegen 23 Uhr resignierte auch der Bundespräsident und betraute auf Schuschniggs Drängen Seyß-Inquart mit der Regierung, ernannte ihn zum Bundeskanzler und genehmigte die bereits vorbereitete nationalsozialistische Ministerliste. Kurz nach Mitternacht traten der neue Kanzler und einige Regierungsmitglieder auf den Balkon und ließen sich von der organisierten Menge bejubeln. Um zwei Uhr früh verließen Schuschnigg und Miklas das Haus und gelangten erstaunlicherweise unbehelligt heim – Schuschnigg in seine Dienstwohnung im Oberen Belvedere. Ab 5.30 Uhr marschierten deutsche Verbände in Österreich ein – und Bundespräsident Miklas erschien am Vormittag zum Dienst, als wäre nichts geschehen und gelobte die neue Regierung mit dem naiven Appell an, dass sie österreichische Minister seien und die österreichische Verfassung zu beachten hätten. Seyß-Inquart erklärte aber dem um 15 Uhr zusammentretenden Kabinett, dass es nur mehr das Wiedervereinigungsgesetz mit dem Deutschen Reich zu beschließen hätte. Der Text wurde gar nicht verteilt, sondern dem Befehl nach kurzer Erörterung Folge geleistet.

Als Hitler am 15. März in Wien eintraf, ernannte er Seyß-Inquart zum „Reichsstatthalter in Österreich"; sein Behördensitz war bis zum 1. Mai 1939 der Ballhausplatz. Die politische Schaltzentrale, die von Josef Bürckel geführte Gauleitung, nahm das Parlamentsgebäude in Besitz. Als dieser ab April auch „Reichskommissar für die Wiedervereinigung Österreichs mit dem Deutschen Reich" wurde, griff er immer häufiger und in wachsender Intensität in die Kompetenzbereiche des Ballhausplatzes ein, der eigentlich das Zentrum der Verwaltung der österreichischen Gebiete war. Im Mai 1939 resignierte Seyß-Inquart und wurde als Minister ohne Portefeuille in die Reichsregierung befördert, was er bis Kriegsende blieb.

Im Herbst 1939 wurden einige NS-Spitzenbeamte des Ballhausplatzes Teil der Besatzungs- und Vernichtungspolitik. Otto Wächter etwa wurde Gouverneur des Distrikts Krakau und damit für die Ausweisung von 68.000 Juden und die Errichtung eines jüdischen Ghettos verantwortlich. Sein Mitarbeiter Rudolf Pavlu wirkte aktiv an der Deportation der polnischen Juden mit, Seyß-Inquart leitete ab 1940 die Deportationen in den Niederlanden. Im Nürnberger Prozess wurde er dafür 1946 zum Tod verurteilt und hingerichtet.

Mit 7. August 1940 war der Hitler von Kindheit an glühend ergebene Reichsjugendführer Baldur von Schirach Reichsstatthalter, Gauleiter und Reichsverteidigungskommissar von Wien geworden. Er entschied sich dafür, wieder vom Ballhausplatz aus zu regieren – er hatte als Aristokrat ein Gespür für Symbole und Traditionen. Im Haus ließ er seine Büroumgebung nach seinem Verständnis von Autorität und Gepränge gestalten. Das düstere Chefbüro wurde aufgegeben und Schirach übersiedelte mehrmals, um den „Anmarschweg" zu seinem Büro zu verlängern und eindrucksvoller zu machen, schließlich sogar in den prachtvollen Kongresssaal, da ihm nur dieser seiner Position angemessen schien.

Baldur von Schirach 1944 in seinem Amtszimmer, dem Kongresssaal

Sein Repräsentationswahn nahm ein jähes Ende, als das Palais am 10. September 1944 um 10.22 Uhr von Bomben schwer getroffen und der rechte Flügel des Hauses weitgehend zerstört wurde. Die Kanzlerzimmer der Ersten Republik samt dem darüber liegenden Geschoß lagen jetzt in Trümmern, Decken der früheren Wohnung und im Stiegenhaus waren zerstört, nutzbar waren bloß noch der Flügel zur Löwelstraße, die Quertrakte und der Archivkomplex. Verängstigt zog sich Schirach nun völlig aus dem Haus zurück und amtierte bei Gefahr von Fliegerangriffen nur mehr in seinem Bunker am Gallitzinberg. Da er dorthin immer durch die Thaliastraße fuhr, wurde jene im Volksmund bald spöttisch „Heldenstraße" getauft. Schirach ergriff schließlich am 9. April die Flucht, wobei er verwundete Mitarbeiter gnadenlos zurückließ. Er setzte sich nach Tirol ab, tauchte unter dem Namen Paul Falk unter, diente sich mit Bart und Brille sogar den Amerikanern als Informant an und stellte sich schließlich im Juni 1945. Im Nürnberger Prozess kam er mit 20 Jahren Haft glimpflich davon.

Die Geschichte des Ballhausplatzes, der zentralen „Staatskanzlei" Österreichs, in den ersten drei Jahrzehnten nach der Republikgründung ist eine tragische, von Gewalt und Missbrauch politischer

Macht geprägte. Kaum anderswo kann man so deutlich die Erosion, den Abbau von Demokratie und Rechtsstaat nachvollziehen wie an den hier, hinter dieser Fassade, getroffenen Entscheidungen und Ereignissen. Aus einem Staatswesen, das sich zunächst erfolgreich gegen diktatorische Versuche mit einer klar formulierten und gut funktionierenden Verfassung zur Wehr setzen konnte, wurde eine immer weniger überzeugende Republik, in der eine Seite des politischen Spektrums mehr und mehr die demokratischen Institutionen unterwanderte, umbaute, in ihren Funktionen schwächte und sie schließlich scheibchenweise beseitigte. Unmerklich zunächst, aber als ein relevanter Teil der Gesellschaft realisierte, was geschah, war es zu spät. Und wie in einer griechischen Tragödie führte die Torheit der Herrschenden genau zum Gegenteil dessen, was sie als ihr Ziel angegeben hatten: Nicht die Rettung Österreichs vor außenpolitischen Gefahren und innerem Zerfall war das Ergebnis der Politik des Ballhausplatzes, sondern der Untergang des Staates sowie die brutalsten Spaltungen und Leiden seiner Gesellschaft.

Natürlich wäre es zu kurz gegriffen, die Interessen, Schwächen und Bösartigkeiten der Menschen, die ihre Ämter im alten Palais Metternich ausübten, allein für das Geschehene verantwortlich zu machen; ihre Entscheidungen, die Besprechungen im Haus, die Ministerratssitzungen, die Grundlagendossiers und die taktischen Handlungspläne waren nicht die Ursache von Faschismus und Krieg. Aber sie haben wesentlich dazu beigetragen, dass die Geschichte so ablief, wie sie ablief. Auch wenn es die großen, globalen wirtschaftlichen, gesellschaftlichen und politischen Entwicklungen gibt, sind es doch immer auch einzelne Akteure, die für die konkreten Wegbiegungen, Ereignisse und Geschehnisse verantwortlich sind, und die in der Lage wären, Verhängnisvolles abzuwehren und zu verhindern.

Regierung und Reform

In den ersten Tagen nach Ende der Kämpfe in der Wiener Innenstadt im Frühjahr 1945 konnten Passanten am Portal des schwerbeschädigten Hauses am Ballhausplatz einen Zettel lesen, wonach sich alle früheren Beamten am Montag, 16. April 1945 zur Wiederaufnahme des Dienstes melden sollten. Wer den Zettel geschrieben hat, lässt sich nicht mehr feststellen, denn mehrere Beamte reklamierten diesen patriotischen Akt später für sich. Tatsächlich fanden sich um zehn Uhr etwa 40 Herren im Roten Salon des ersten Stocks ein.
Der Ballhausplatz war also wieder österreichisch geworden, und die Verwaltung war schneller auf ihrem Platz als die Politik.

ÖSTERREICH WAR ALS STAAT 1945 kaum funktionsfähig, ein vierfach besetztes Land ohne klare Strukturen. Seine Souveränität wurde erst schrittweise durch neue Organe konstituiert, deren Handlungsfähigkeit aber durch die Alliierten eingeschränkt war. Die „Staatskanzlei" wurde nur langsam wieder Zentrum der Politik, als der 75-jährige Karl Renner zum zweiten Mal in seinem Leben den Anfang übernahm. Am 27. April trat die „Provisorische Staatsregierung" aus Sozialdemokraten, Christlichsozialen und Kommunisten zusammen, tags darauf publizierte sie eine Unabhängigkeitserklärung, nach der die Republik im Geist der Verfassung von 1920 wiederherzustellen war. Das Gremium tagte zuerst im Parlament, schon bald aber traf sich die Regierung, die exekutive und legislative Gewalt ausübte, wieder im Palais am Ballhausplatz.

Renner war ein erfahrener Verfassungslegist, daher konzentrierte er sich zunächst auf diesen Bereich: Am 29. April berief er die Fachbeamten am Ballhausplatz ein, am 30. hielt er eine Rede an sie, und binnen weniger Tage war in der zuständigen Abteilung im Haus das Verfassungs-Überleitungsgesetz fertiggestellt. Damit hatten die Staatsorgane eine formale Legitimität und es gab geregelte Prozesse der staatlichen Willensbildung. Im Alltagsgeschäft nutzte Renner von Anfang an die durch den Nationalsozialismus nicht korrumpierten alten Beamten des Hauses. Er konnte sie optimal einsetzen und motivieren – war er doch im Grunde seiner Denkungsart einer von ihnen.

Die Sowjetmacht erkannte das Amt, die Regierung und deren Rechtsgrundlagen an – und übernahm sogleich auch die Hauswache am Ballhausplatz. Die Westalliierten hingegen blieben noch zurückhaltend. Erst im Sommer gelang es Renner und seinen Partnern, auch sie von der Richtigkeit des eingeschlagenen Wegs zu überzeugen. Nahezu täglich traf sich jetzt hier der Kabinettsrat, manchmal dauerten die Sitzungen bis weit in die Nacht, nur in den Tagen, an denen sich der alte Renner zu krank fühlte, wurden sie in dessen Wohnung abgehalten. Dem Entscheidungszentrum gehörten drei Staatssekretäre – Leopold Figl, Adolf Schärf und Johann Koplenig – an. Jetzt ging es auch darum, das beschädigte Gebäude wieder funktionsfähig zu machen, und so verfügte am 4. Juli Bau-Staatssekretär Julius Raab, die Instandsetzung ohne Aufschub zu beginnen.

Nach der Wahl im kalten November 1945 zog Figl als Bundeskanzler am Ballhausplatz ein. Sein Vizekanzler wurde Adolf Schärf, der ebenfalls im Haus seinen Amtssitz nahm, denn er führte kein eigenes Ressortministerium. Das Haus war allerdings mehr als ungemütlich, denn der rechte Flügel war eine trostlose Ruine, und im unzerstörten Teil konnte nur in wenigen Räumen geheizt werden. Die Beamten arbeiteten in Mänteln, und die klaffenden Gänge waren mit Brettern verschlagen. Nur durch außerordentliche Anstrengung gelang es, die für die Abdeckung des Dachs notwendigen Blechplatten von der USIA, der sowjetischen Vermögensverwaltung, zu ergattern, sodass es wenigstens nicht hereinregnete. Die Kanzlerbüros der Ersten Republik konnte man wegen der Zerstörung nicht nutzen, und das Gedränge von Bundespräsident, Bundeskanzler, Vizekanzler,

Fassade des zerbombten Bundeskanzleramts, 1946

Kanzleramts- und Außenminister brachte logistische Probleme. Dennoch konnte Figl zu Weihnachten hier seine berühmte und ergreifende Rede halten: „Glaubt an dieses Österreich!"

Figl festigte die Wählerbasis der ÖVP durch eine vorsichtige Öffnung für ehemalige Nationalsozialisten. Vor allem aber punktete er durch seine gewinnende, joviale und emotionale Art. Die ersten Jahre der wiedererstandenen Republik waren ökonomisch alles andere als einfach, die Linderung der Not und der Aufbau der Infrastruktur stellten eine schier unlösbare Aufgabe dar, dennoch musste man auch die Renovierung des Palais voranbringen. Die Arbeiten begannen 1947, zum Jahresende war die Substanzsanierung abgeschlossen, und Anfang 1948 betraute man Oswald Haerdtl mit der Innenausstattung. Sie wurde im Gegensatz zu Haerdtls sonstigem nüchternem Stil recht symbolbeladen und staatstragend. Die historischen Räume wurden mit Zitaten vieler Elemente des früheren Stils ausgestattet. Wo immer es ging, erhielt Haerdtl Säulen der barocken Innenarchitektur, Simse, verwendete dieselben Materialien – etwa Stucco-lustro – und schwelgte geradezu in Heraldik. Überall wurden Bundesadler angebracht: an der Decke, in den Appliken der Luster, Spiegelrahmen, in Wandintarsien, auf Schreibtischplatten und sogar auf Aschenbechern. Dass diese Überfülle letztlich dem Architekten selbst zu viel wurde, kann man erkennen: Im Marmorecksalon setzte er zwei Bundesadler ganz und gar unheraldisch oben auf die Spiegel und ließ sie miteinander tratschen. Und am Spiegel im Kanzlerbüro ordnete er die Vögel so an, dass sie unten kopfstehen und den Bürzel in die Höhe recken. Gespart wurde nicht. Die Holzvertäfelung des Kanzlerzimmers kostete 109.000 Schilling, sein Schreibtisch schlug mit 15.000 zu Buche, die gesamte Einrichtung verschlang 622.000 Schilling. Haerdtl erhielt aber erst im Juli 1948 seinen ersten Vorschuss. 1950 wurde die Zimmerflucht endgültig bezogen.

Neben dem Kanzler amtierte in dieser Zeit auch Vizekanzler Schärf mit einem kleinen Stab im Löwelstraßentrakt. Sein Dienstzimmer war das alte Metternich-Büro, zwei weitere Räume für die Mitarbeiter und ein Sitzungszimmer mussten für ihn reichen. Er führte kein Ressort, verbrachte einen großen Teil seiner Arbeitszeit in der Parteizentrale und im Parlament und konzentrierte seine Amtstätigkeit im Wesentlichen darauf, an der Vorbereitung der Ministerräte mitzuwirken. Existenziell war er durch eine Ernennung zum Sektionschef abgesichert. Aber er litt offensichtlich darunter, dass er nur in der zweiten Reihe stand. Von Anfang an spürte er Machtlosigkeit und war daher besonders kritisch in der Personalpolitik: „Die von Figl installierten Männer seines Vertrauens im Bundeskanzleramt räumten mit Andersgesinnten rasch auf. Die beiden ersten Opfer waren zwei Sektionschefs", schrieb er später. Tatsächlich wurden, wo immer möglich, freiwerdende Posten beinhart durch Mitglieder des Cartellverbandes ersetzt. In besonders krassen Fällen ließ sich Schärf die Akten vorlegen, konnte vereinzelt auch helfen, aber den Trend nicht brechen.

Das materielle Elend der Bevölkerung wurde nur langsam überwunden, die Wirtschaft wuchs nicht schnell genug, die Arbeiterschaft kämpfte um ihre Existenzgrundlage – bis zu Generalstreiks. Am 26. September 1950 versammelten sich gegen elf Uhr vor dem Bundeskanzleramt 6000 Demonstranten. Die Situation war angespannt, im Amt waren 400 Polizisten zusammengezogen. Erst nach zwei Stunden beruhigte sich die Lage. Im Oktober versuchten wieder 14.000 Menschen das Amt zu stürmen, während der Ministerrat tagte. Aber Figl fand entschlossene Worte: „Da im Nebenzimmer ist der Bundeskanzler Dollfuß g'storben – auch ich weiche der Gewalt nicht. Ich verlass' das Haus nicht, eher sterbe ich!"

Allgemein verschärfte sich Anfang der Fünfzigerjahre der politische Ton. Die Kanzlerpartei wurde nervös, als wider Erwarten der Sozialdemokrat Körner als Bundespräsident gewählt wurde, und in der ÖVP brach eine offene Krise aus. Ihr Ergebnis war die Ablöse Figls als Parteiobmann durch Julius Raab. Der Bundespräsident holte sich einen Legationsrat aus der wirtschaftspolitischen Abteilung im BKA, nämlich Bruno Kreisky, in seine Kanzlei. Anfang 1953 wurde wieder gewählt. Nach einem Erfolg für die SPÖ begannen am Ballhausplatz harte Koalitionsverhandlungen. Wichtige Kreise in der ÖVP wollten den VdU (die Vorgängerpartei der FPÖ) in die Regierung nehmen und Raab erwog eine Dreierkoalition, aber weil die SPÖ strikt dagegen war und die USA intervenierten, wurde der Plan wieder fallen gelassen. Doch kam eine Überraschung: Die ÖVP-Führung entschied – ohne Figl –, Raab zum Kanzler zu machen. Schärf setzte in der Endphase der Verhandlung noch durch, dass die SPÖ den Staatssekretär für Auswärtiges erhielt, und nominierte Kreisky.

Der neue Bundeskanzler kannte den Ballhausplatz bereits aus seiner Vergangenheit als Spitzenpolitiker der austrofaschistischen Zeit und als Staatssekretär nach 1945. Er hatte ein Veto der Alliierten gegen seine Ministerernennung unbeschadet überstanden, und er hatte einen starken Wirtschaftsflügel hinter sich. Er passte auch irgendwie optisch gut in die neuen Repräsentationsräume, deren holzvertäfeltes Kanzlerzimmer den Spitznamen „Zigarrenkistl" erhielt – Raab war Zigarrenraucher. Auch der Stil der Neugestaltung fand eine an Raabs Zweitfunktion gemahnende despektierliche Bezeichnung: „Wirtschaftskammerbarock".

In den Amtsstuben des Kanzleramts gingen in diesen Jahren des Wiederaufbaus indes die Verwaltungsangelegenheiten einen immer stärker geordneten Gang – auch mit Skurrilitäten. Unter der Geschäftszahl 135-074-3/53 entwarf man beispielsweise zu Weihnachten 1953 im Haus ein Rundschreiben: „Die Weihnachts- und Neujahrsgratulationen im Dienst haben in der letzten Zeit einen

Raab, Figl und Schärf warten 1955 im Marmorecksalon auf eine sowjetische Delegation.

solchen Umfang angenommen, daß eine Änderung notwendig erscheint." Man möge dies in Hinkunft unterlassen. Am 30. November 1953 passierte dieses Weihnachtsgrüße-Verbot tatsächlich den Ministerrat.

Jetzt wurde eine Tauwetterphase des Kalten Kriegs genutzt, um einen Staatsvertrag mit Neutralitätsbekenntnis ins Spiel zu bringen und ein diesbezügliches Memorandum an die Sowjets zu übergeben. Man bemühte sich um das Vertrauen der internationalen Staatengemeinschaft. Im April 1955 schienen jene Bemühungen Früchte zu tragen, und die gesamte Führung folgte der Einladung zu Gesprächen in Moskau. Dort waren sie erfolgreich, und so war der 15. Mai 1955 für diese Männer wohl ein Höhepunkt ihrer politischen Arbeit. Im Mai 1956 fuhr die Volkspartei mit einem Sieg bei der Nationalratswahl die Ernte für diesen Erfolg ein. Entscheidend dafür war wohl nicht nur der Eindruck des Figl-Fotos vom Balkon des Belvedere – dieselbe Balkonszene gab es auch am Ballhausplatz –, sondern auch die gute Arbeit der Stäbe und der Politiker im Palais.

Raab forcierte die Sozialpartnerschaft und blieb auch als Bundeskanzler Wirtschaftskammer-Präsident. In der Personalpolitik im Haus pushte er über seinen Präsidialchef Chaloupka den CV, persönlich gab er den jovialen niederösterreichischen Baumeister. Er war immer wieder gut für „ein paar Stamperln Vogelbeer" in seinem Eichenholz-Büro, rauchte ständig Virginia und schwieg bei Interviews viel. Mitunter war er auch kleinkariert: So wurde Sergius Pauser vom Kanzleramt beauftragt, das Staatsvertragsbild zu malen. Als er es ablieferte, war Raab entsetzt: Es war expressionistisch, die Stimmung wurde zwar eindrucksvoll vermittelt, die Personen aber waren nicht individuell erkennbar. Sofort entschied man, dieses Machwerk als offizielles Bild abzulehnen, Pauser wurde mit 5000 Schilling entlohnt und das Bild verschwand im Depot. Chaloupka aber kontaktierte stehenden Fußes den Porträtmaler Fuchs und ersuchte ihn in aller Deutlichkeit, ein Bild zu malen, auf dem man alle Leute auch klar erkennen kann. Das Resultat ist bekannt: Im Staatsvertragsbild vom Oberen Belvedere sind alle Funktionäre abgebildet, die hätten dabei sein sollen; sie stehen in protokollarisch makelloser Reihenfolge. Man kann jede Person identifizieren. Und in der Mitte des Bildes steht ein kleiner, kahlköpfiger, untersetzter Mann mit Brille, beleuchtet von einem geradezu überirdischen Sonnenstrahl – Sektionschef Chaloupka, der den Auftrag gab und bezahlte.

Als Bundespräsident Körner 1957 starb, scheiterte wieder der Kandidat der ÖVP und nach zwölf Jahren Vizekanzler zog der Sozialdemokrat Schärf in die Hofburg um. Sein Nachfolger am Ballhausplatz wurde der bisherige Klubobmann Pittermann. Er brachte einen neuen, weitaus kantigeren und konfliktorientierteren Stil ins Haus und war deutlich um eine Ausweitung seiner Verantwortungsbereiche bemüht.

Dem Kanzler aber entglitten am Ballhausplatz die Fäden der Politik zusehends. Verzweifelt stemmte sich Raab gegen diese Entwicklung, aber als 1959 wieder die SPÖ stärkste Partei wurde, musste er Positionen abgeben – etwa den Außenminister an Bruno Kreisky von der SPÖ. Nun amtierten also im ersten Stock rechts der Bundeskanzler mit seinem Kabinett und links Vizekanzler und Außenminister. Beide Flügel beäugten und kontrollierten einander misstrauisch, und auch in der „roten" Haushälfte war intern nicht immer alles eitel Wonne. Pittermann und Kreisky repräsentierten zwei Parteiflügel und man stand einander nicht wirklich nahe. Zudem war der Arbeitsstil der beiden Männer zu unterschiedlich, Kreisky hasste es

Gespräch im Kongresssaal beim Staatsbesuch von Chruschtschow, 1960

geradezu, dass Pittermann nach den Ministerräten in seinem Amtsraum immer Gulasch für die Fraktion kochen ließ, was die Zwiebelschwaden bis ins Büro des Außenministers trieb.

DIE ERSTEN 20 JAHRE nach dem Zweiten Weltkrieg dominierte eine stabile große Koalition den Ballhausplatz, nur der Außenminister wechselte von der ÖVP zur SPÖ. In den frühen 1960er-Jahren wurde diese Koalition jedoch immer ineffektiver, brüchiger und konfliktbeladener, und das schlug auch auf die Stimmung am Ballhausplatz durch. Jede Regierungspartei trat immer stärker als Opposition zur anderen auf. 1960 putschten Reformer auf dem ÖVP-Parteitag und wählten Alfons Gorbach wurde zum Parteiobmann; 1961 wurde er auch Kanzler. Doch auch er schaffte es nicht, zu einer effizienten Arbeit zu finden. Trotz seiner gewonnenen Wahl 1962 wurden die jungen Reformer in der ÖVP stärker, die folgenden Koalitionsverhandlungen zogen sich über mehrere Monate und Gorbachs Position in seiner Partei wurde damit noch schwächer. Dazu kam Gefahr vom Koalitionspartner, der Kontakt zu den Freiheitlichen aufbaute, und eine innenpolitische Krise über die geplante Rückkehr Otto Habsburgs nach Österreich. Kurzum: Ein Jahr nach dem Antritt der Regierung erzwangen die „Jungen" der ÖVP 1964 den Rücktritt Gorbachs, und der Salzburger Landeshauptmann Josef Klaus wurde im April Hausherr am Ballhausplatz.

Damit wurde das Klima hier kälter, denn Kanzler und Vizekanzler konnten definitiv nicht miteinander. Die große Koalition hatte sich historisch überlebt und schlitterte in die Agonie. Am Ballhausplatz gab es aber eine Konstante: Präsidialchef Chaloupka. Es waren allerdings nicht nur die Funktion und lange Amtsdauer, die seine legendäre Stärke im Haus ausmachten, er war auch Vorsitzender des Österreichischen Cartellverbands. Die besondere Bedeutung, die der CV in der Personalrekrutierung der Republik in dieser Zeit erlangte, ging auf seine kompromisslose Personalpolitik zurück, die in alle Ressorts hineinwirkte.

In der ÖVP scharten Klaus und Withalm Reformer um sich, die etwas anderes als die große Koalition versuchen wollten; das Rundfunkvolksbegehren 1964 dynamisierte die Kritik am Proporz, und in der SPÖ jagte eine Krise die andere: Zuerst die Ereignisse um Franz Olah, der im September 1964 unter dramatischen Umständen aus der Regierung und der SPÖ ausschied, und dann schadete noch eine Wahlempfehlung der KPÖ. Angesichts der Schwächen der Koalition und der SPÖ-Probleme votierten die Wähler für eine absolute Mehrheit der Volkspartei und damit für eine fundamentale Änderung im Palais.

Bundeskanzler Klaus entschied sich für eine monocolore Regierung – und damit dafür, die Macht des Ballhausplatzes wesentlich zu stärken. Verfassungsrechtlich ist die Stellung des österreichischen Bundeskanzlers ja nicht besonders stark. Er hat weder eine Richtlinienkompetenz noch ein Eingriffsrecht in die Ressorts, und auch im Kollegium der Bundesregierung führt er bloß den Vorsitz. Daneben ist er Ressortchef eines relativ kleinen und armen Ministeriums. Das war dem mit einer absoluten Mehrheit ausgestatteten Kanzler nicht genug, und er versuchte daher klarzustellen, dass er der Chef – auch über die Minister – ist. Politisch hatte er ja Machtmittel: Koordination der Verwaltung, Führung der Regierung, bestimmenden Einfluss im Parlament über die Fraktion, Chef der stärksten Partei, mediale Präsenz – womit die informellen Funktionen jetzt weitaus wichtiger wurden als die rechtlich festgeschriebenen.

Klaus war fest entschlossen, Österreich als Kanzlerdemokratie auszubauen. Er holte Experten aus den Universitäten und zivilgesellschaftlichen Institutionen, um die Neuordnung der Grundrechte mit dem Verfassungsdienst vorzubereiten. Er baute Expertise aus dem Institut für Wirtschaftsforschung in seine Koordination ein. Er gründete ein Ministerkomitee für Raumordnung. Solche Vorgangsweisen hatte es bisher noch nicht gegeben. Der neue Hausherr im Palais war schnell, meist gut vorbereitet, ungeduldig, oberlehrerhaft und „messianisch". Sein Stil war offener als bisher, auch wenn ihm keine wirkliche Volksnähe gelang. Klaus ging mit Besuchern und Sekretären im Volksgarten spazieren, um mit ihnen zu diskutieren, nahm persönlich in der Grundrechtekommission Platz. Er lud den ÖGB-Präsidenten Benya ins Kanzleramt ein, und er versuchte auch, Paritätische Kommission sowie Sozialpartnerschaft vom Ballhausplatz aus zu steuern.

Er sprach in hohen Tönen von seinen „weitschauenden, kompetenten und in bestem Sinn pädagogischen Sektionsleitern". Allerdings: Der Platz für sozialdemokratische Beamte wurde am Ballhausplatz enger, es kam zu unschönen Ausquartierungen von Mitarbeitern, und das Palais wurde konsequent „eingefärbt". Auch gab es im Haus Spannungen etwa zwischen den altehrwürdigen Ministerialräten und dem erst 32-jährigen Leiter des Ministerratsdienstes Heinrich Neisser, den Klaus 1969 zum Staatssekretär im BKA machte – ein Schock für die Beamtenschaft. Klaus war auch der erste Kanzler, der sich ein größeres Kabinett aus jungen intellektuellen Beratern einrichtete. Leiter wurde Franz Karasek, als Botschaftsrat und langjähriger Sekretär Raabs mit den Praktiken und Tücken des Ballhausplatzes vertraut. Einmal im Monat gab es eine „kleine Kabinettssitzung" am Abend, bei einem Glas Wein. Neben Klaus saßen zwei weitere ÖVP-Politiker im ersten Stock des Palais: Hermann Withalm als Vizekanzler und Lujo Tončić-Sorinj, danach Waldheim, als Außenminister.

In Hinblick auf die Wahl wurde eine Regierungsbilanz „Erfolg für Österreich" publiziert, die Reformorientierung, Stabilität, Anerkennung von außen, die Kulturnation und den sozialen Frieden hervorhob. Doch die Propaganda verfing nicht mehr, denn Kreiskys Team ging selbstbewusster und mit klareren Forderungen in die Wahl. Man traute ihm eher zu, das Land zu verändern. Am 1. März 1970 wurde die SPÖ stärkste Partei, weil sie den Willen zur Reform repräsentierte, den die Zeit verlangte. In den Regierungsverhandlungen war die ÖVP überrascht davon, wie gut die SPÖ vorbereitet und wie entschlossen sie war, das Steuer am Ballhausplatz zu übernehmen. Zwar glaubte man noch nicht an einen totalen Wechsel. Am 18. April aber ließ eine wehmütige Radiosendung des Bundeskanzlers erkennen, dass die Würfel gefallen waren: Der Bundespräsident gab die Zustimmung zur Minderheitsregierung der SPÖ, nachdem sich Kreisky der Unterstützung der FPÖ im Parlament versichert hatte.

Am 21. April fand daher die Amtsübergabe statt. „Die Schreibtische und Schränke waren ausgeräumt, das Sekretariat machte einen bis aufs letzte Stäubchen aufgeräumten spiegelblanken Eindruck", notierte Klaus dazu in seinen Erinnerungen. Dann ging er über das „noble Stiegenhaus" hinunter und fuhr mit seinem Ford Cortina in seine Wiener Wohnung am Stephansplatz. Ihm folgte jetzt in den leer geräumten Büros Bruno Kreisky als erster Chef einer Minderheitsregierung und als erster sozialdemokratischer Bundeskanzler.

DIE AMTSÜBERNAHME am Ballhausplatz vollzog sich nicht ganz ohne Dramatik. Nach ÖVP-Version wurde Staatssekretär Neisser in seiner Abwesenheit von Möbelpackern ausquartiert. Nach SPÖ-Version ging der Einzug Kreiskys zivilisiert vor sich; sein Mitarbeiterstab folgte peu à peu auf die neuen Arbeitsplätze. Es zog eine für den Ballhausplatz völlig neue Gruppe junger und engagierter Experten ein, die alle von außerhalb des Hauses, ja zumeist von außerhalb der Verwaltung, kamen. Die Infrastruktur musste zwar neu organisiert werden, aber Kreisky kannte das Haus seit vielen Jahren und fand rasch Kontakt zu den ÖVP-nahen und konservativen Spitzenbeamten. Man wurde nicht besonders eng, doch man respektierte einander und entwickelte ein korrektes Verhältnis, zumal der Kanzler mit den Spitzenleuten sofort direkt verkehrte und nicht seine Büromitarbeiter zwischenschaltete.

Kreisky liebt das Ambiente des „Zigarrenkistls" überhaupt nicht, aber er nahm es so, wie es war und beließ die Räume seine gesamte

Amtsübergabe Klaus an Kreisky, 1970

13-jährige Amtszeit hindurch unverändert, auch wenn sein Arbeitsalltag da nicht mehr stimmig hineinpasste: Er war kein Zigarrenraucher, verzehrte zu Mittag an seinem Schreibtisch keine Knackwurst, wartete seinen Besuchern kein „Glasl" auf und weder die dunklen Eichenholzwände noch die Symbolik der Intarsien und Appliken gefielen ihm. Die Gestaltung der Arbeitsumgebung war ihm aber nicht wichtig, er übte hier eine Funktion aus und wollte sich nicht verewigen. Ein paar Bilder von Künstlerfreunden war alles an Veränderung, was er an seinem Arbeitsplatz vornahm, von dem aus er am Abend nach Hause in die Armbrustergasse, seinem „zweiten Arbeitsplatz", chauffierte.

Umso stärker waren die inhaltlichen und politischen Änderungen, die nun vom Ballhausplatz ihren Ausgang nehmen. Für praktisch jeden Bereich der Regierung gab es ein umfassendes Arbeitsprogramm, und die Beamtenschaft konnte sich so auf die neue Situation einstellen, in der sich der Kanzler der Umsetzung seines Konzepts der „sozialen Demokratie" zuwendete. Die Reformen wurden strategisch vom Ballhausplatz aus entwickelt: Änderungen im Familien- und Strafrecht, Öffnung der Universitäten, Bildungsreform, Befreiung der Kultur aus der Dumpfheit der Nachkriegszeit, große Schritte im

Gesundheitswesen veränderten für alle spürbar das Land. Kreisky verstand es auch, im Umfeld des BKA Institutionen zu schaffen, die ihn bei seinen politischen Strategien unterstützten: Das Österreichische Institut für internationale Politik, die Gesellschaft für Kulturpolitik, die Entwicklungshilfeorganisation HOPE'87, ein Bundesinstitut für Gesundheitswesen, die Verwaltungsakademie des Bundes.

Sein wichtigstes Arbeitsmittel am Ballhausplatz war das Telefon. Ständig war er erreichbar, rief Entscheidungsträger und Meinungsbildner an, verbrachte ein Drittel des Tages mit Journalistenkontakten, wollte sofort nach Auslieferung der ersten Mobiltelefone auch ein solches Ungetüm in seinem Auto haben. Abends gab es Essen und Gesprächsrunden mit Künstlern, Wissenschaftlern und Journalisten im Haus – eine Öffnung des Palais griff Platz, die es zuvor nicht gegeben hatte.

Viermal hintereinander gewann Kreisky Wahlen und wurde damit immer mehr zum absoluten Chef am Ballhausplatz, wo sich immer weniger Mitarbeiter eine andere Leitung als „den Alten" vorstellen konnten. Auch die große Welt gab sich die Klinke in die Hand – sämtliche europäische Regierungschefs, Schah Reza Pahlavi, Muammar al-Gaddafi, Jassir Arafat, Golda Meir und andere. Letztere brachte ihm die wahrscheinlich schlechteste Presse seiner Amtszeit ein, als sie nach einem Kurzbesuch im Palais grantig vermerkte, Kreisky habe ihr nicht einmal ein Glas Wasser angeboten. Und der Kanzler wurde immer mehr zum Medienkanzler: Er suchte den Kontakt zur Menge der Journalisten, stand nach dem Ministerrat in dicht gedrängter Runde gerne Rede und Antwort und wirkte dabei nahbar, selbst wenn er abkanzelte: „Lernen Sie Geschichte, Herr Reporter."

Ein Bild illustriert diese Periode am Ballhausplatz in besonderer Weise: der Empfang am 8. Februar 1972 für den von den Olympischen Winterspielen ausgeschlossenen Karl Schranz, der nach einem vom ORF inszenierten Triumphzug bei Kreisky vorbeischaute und vom Balkon Zigtausenden Menschen zuwinkte. Wer die Fotos von damals genau ansieht, erkennt aber, wie reserviert Kreisky diesen Auftritt wahrnahm, die hysterische Mobilisierung ablehnte und am liebsten nicht auf den Balkon getreten wäre. Aber die Gesetze der Medien waren ihm geläufig, und so machte er widerstrebend mit.

Nach seinem Wahlerfolg 1975 setzte Kreisky einen zweiten Reformschub. Diesmal stand die Verbesserung der gesellschaftlichen Position von Frauen vom Familienrecht bis zum Mutter-Kind-Pass im Mittelpunkt. Als sich Mitte der 1970er-Jahre die Sicherheitslage für Europas Spitzenpolitiker im Allgemeinen und für Bruno Kreisky im Besonderen änderte, musste man sich gegen terroristische Angriffe wappnen. Es wurde daher auch am Ballhausplatz umgebaut: Ein schweres Sicherheitstor schottete jetzt die Feststiege ab, die hohen Fenster der Kanzlerfront wurden mit Panzerglas gesichert. 1979 erreichte Kreisky ein drittes Mal eine absolute Mehrheit, doch nahm jetzt der Schwung, der vom Ballhauslatz ausging, deutlich ab. Innerparteilich kulminierten Flügelkämpfe in einer Schlacht mit seinem Vizekanzler Androsch. Mit der erstarkenden Umweltbewegung bildete sich ein neues grünes politisches Lager, wirtschaftliche Probleme rund um die Verstaatlichte Industrie und taktische Fehler bei der Steuerreform taten ein Übriges. 1983 ging die Ära Kreisky am Ballhauplatz mit dem Verlust der absoluten Mehrheit zu Ende.

Sinowatz, der Nachfolger, war bisher ein engagierter, reformerfahrener Unterrichtsminister und hatte auch einen guten Zugang zu den Medien. Dennoch verfestigte sich rasch der Eindruck, dass der neue Mann den Ballhausplatz nur aus Parteidisziplin übernommen hatte und sich in der Rolle des Bundeskanzlers nicht wohlfühlte. Natürlich war dieses Bild vom „Conférencier der Macht", das sogar seine eigene Partei verwendete, falsch. Sinowatz war eine der am meisten unterschätzten politischen Führungspersonen, doch er trug selbst noch zu seinem Image bei, als er vor der Presse formulierte, dass wohl „alles sehr kompliziert" sei. Dazu kam, dass sich die Sozialdemokratie erst in der neuen Koalitionsform mit der FPÖ zurechtfinden musste. Zu all dem kamen noch die Krise der Staatsindustrie und der Konflikt mit Umweltaktivisten rund um das geplante Kraftwerk bei Hainburg.

Eine zunehmend autoritäre Haltung des Kanzlers in der Partei und am Ballhausplatz war die Folge seiner Schwäche. Als Sinowatz im Präsidentschaftswahlkampf gegen Waldheim eine falsche Strategie einschlug und damit scheiterte, zog er die Konsequenz. Er resignierte 1986 und übergab das Kanzleramt an Franz Vranitzky, den er zwei Jahre davor in die Regierung geholt hatte. Und mit der Amtsübernahme des jungen Bankmanagers änderte sich einiges am Ballhausplatz: Als in der FPÖ die Kritiker der Regierungsbeteiligung Jörg Haider zum Parteiobmann machten, beendete er rasch die Koalition, riskierte Neuwahlen und ging daraus mit einem knappen Vorsprung vor der ÖVP hervor. Es gab also doch wieder einen starken und erfolgreichen Mann am Ballhausplatz.

Vranitzky ging nun wieder eine große Koalition mit der ÖVP ein, deren Ausgangslage allerdings belastet war: Im selben Stockwerk wie der Kanzler, nur am anderen Ende des Ganges, amtierte Alois Mock, der Verlierer der Wahl, als Außenminister und Vizekanzler – und es war bekannt, dass er die große Koalition eigentlich nicht wollte. Dementsprechend war die Stimmung am Ballhauslatz schlecht, und es gab permanent Konflikte zwischen Außenministerium und Kanzleramt, wo auch noch zusätzlich je ein Minister von jeder Partei amtierte: der Minister für Föderalismus und Verwaltungsreform im Palais Dietrichstein und jener für Gesundheit und Beamte in der Amalienburg.

Die 1990er-Jahre brachten nicht nur Kanzleramtsminister, in denen sich gegenseitiges Kontrollbedürfnis der Koalition manifestierte. Die politisch herausragendste Persönlichkeit in dieser Reihe war wohl Johanna Dohnal, die nach elf Jahren als Staatssekretärin 1991 zur Frauenministerin aufgewertet wurde. Sie baute in ihren 16 Amtsjahren eine moderne Frauenpolitik in Österreich auf und verschaffte so dem Ballhausplatz eine neue, zusätzliche und gewichtige politische Bedeutung. Ihr folgten in dieser Rolle Helga Konrad und Barbara Prammer nach. Sie alle arbeiteten in der ehemaligen weißgold-verzierten Gästewohnung der Kaiserin Sisi im ersten Stock des Amalientrakts.

1989 wurde Außenminister Mock als ÖVP-Chef gestürzt. Sein Nachfolger Riegler sollte nunmehr „hauptberuflich" den Vizekanzler am Ballhausplatz machen und ganz eng den Kanzler flankieren. Den erhofften Aufschwung für seine Partei brachte diese Rochade nicht. Vielmehr wurde nach einem für die SPÖ guten Wahlausgang dem ÖVP-Außenminister sogar ein Vorgänger als Staatssekretär zur Seite gestellt, nämlich Peter Jankowitsch. Das Gedränge auf dieser Seite des Ballhausplatzes wurde also noch größer, und auf der anderen Seite des Platzes saß Bundespräsident Waldheim in der Hofburg, dessen Verhältnis zum Kanzleramt denkbar schlecht war. Infolge seiner internationalen Isolierung musste der Kanzler auch Aufgaben gegenüber dem Ausland übernehmen. Es war klar, dass Vranitzky gerade in diesem Bereich – und da nicht nur mit seiner Stellungnahme zur Mitschuld Österreichs am Naziregime – eine hervorragende Figur machte. Er hatte auch ein gutes Gespür für politische Talente, denn 1993 holte er Alfred Gusenbauer ins Parlament, der eineinhalb Jahrzehnte später ebenso einer seiner Nachfolger werden sollte wie der in einem Staatssekretärsbüro arbeitende Christian Kern.

Wieder war es eine Bundespräsidentenwahl, die Dynamik am Ballhausplatz erzeugte und eine Veränderung herbeiführte: Vranitzky entschied 1992, nicht als Bundespräsident zu kandidieren, sondern Verkehrsminister Streicher in die Kampagne zu schicken. Streicher verlor, und der für ihn in die Regierung geholte Viktor Klima reüssierte als Verkehrs- und dann als Finanzminister. Als er auch in einem Fernsehduell gute Figur gegen Haider machte, trat Vranitzky im Jänner 1997 überraschend zurück und schlug ihn als neuen Bundeskanzler vor. Der neue Mann brachte einen jovialeren Stil in die Beletage am Ballhausplatz und punktete zunächst mit hohen Sympathiewerten. Eine so charismatische Figur wie sein Vorgänger wurde er jedoch nicht. Und er war auch nicht in der Lage, den ständigen Stimmenzuwachs der Freiheitlichen, die mit SPÖ und ÖVP gleichzogen, zu verhindern. Die Wahl am 3. Oktober 1999 brachte dann auch herbe Verluste für beide Koalitionsparteien, die ÖVP rutschte gar auf den dritten Platz ab – Haiders FPÖ war klarer Sieger.

DA FIEL AM BALLHAUSPLATZ jetzt eine überraschende Führungsentscheidung, die für das Palais eine der spürbarsten Zäsuren brachte. Zunächst legte sich bleierne Lähmung über das Kanzlerkabinett. Niemand hatte eine Vorstellung, wie es nun weitergehen sollte. Eine Fortsetzung der großen Koalition schien naheliegend, führte doch die SPÖ mit sieben Prozent, aber die ÖVP legte sich auf die Oppositionsrolle fest. Eine Minderheitsregierung schien wenig realistisch

Der unterirdische Gang unter dem Ballhausplatz zur Präsidentschaftskanzlei

und eine Zusammenarbeit mit der FPÖ wurde nicht ernstlich in Erwägung gezogen. Obwohl Klima am 9. Dezember mit der Regierungsbildung beauftragt wurde, wirkte das Haus gespenstisch: Es fanden Verhandlungen, Fraktionssitzungen und Ministerräte statt, die Routine ging weiter, doch man sah deren Bedeutungslosigkeit, denn es gab offensichtlich keinen handlungsfähigen Entscheider und keine Strategie mehr.

In der zweiten Jännerwoche 2000 wurde es dann dramatisch. Die Koalitionsgespräche zwischen SPÖ und ÖVP gerieten ins Stocken, am 20. scheiterten sie und binnen einer Woche fixierten FPÖ und ÖVP ihr Regierungsprogramm. Das EU-Ausland äußerte daraufhin Bedenken gegen eine solche Koalition, dennoch einigten sich Schüssel und Haider am 1. Februar abends formell auf die neue Bundesregierung – der Bundespräsident musste sie akzeptieren und konnte nur mehr eine EU-freundliche Präambel der Regierungserklärung erzwingen und zwei Minister-Vorschläge ablehnen.

Der Amtsantritt am 4. Februar war von turbulenten äußeren Umständen begleitet: Am Vormittag traf sich die neue Mannschaft im Eckzimmer des Außenministers und designierten Kanzlers Schüssel am Ballhausplatz. Nach einem Kaffee im grauen Ecksalon, bei dem die Stimmung eher angespannt als freudig war, die neuen

Ministerinnen und Minister in kleinen Gruppen diskutierten und die Croissants liegen blieben, musste man zur Angelobung hinüber in die Hofburg. Auf dem Ballhausplatz hatte sich aber eine große Zahl von Demonstranten versammelt, und so wurde entschieden, durch den unterirdischen Gang in die Amalienburg zu gehen. Viel ist seither in diesen Flur unter der Erde hineingeheimnist worden, tatsächlich aber ist die Sache unspektakulär: Die Bundesregierung benutzte einfach jene Verbindung, auf dem täglich alle Mitarbeiter in die Kantine gehen.

Die internationalen wie innerstaatlichen Proteste in den ersten Wochen der neuen Bundesregierung merkte man natürlich auch am Ballhausplatz, wo hektische Aktivitäten, diesen entgegenzuwirken, zunächst alles andere überdeckten. Der neue Kanzler war dabei bestrebt, im eigenen Haus Stabilität und Funktionsfähigkeit des Apparats zu bewahren, den er gut kannte und routiniert einsetzte. Doch wollte er mit vermeintlich sozialdemokratischen Traditionen brechen, vor allem aus dem holzvertäfelten Dienstzimmer aus- und in das Metternich'sche Büro im Südflügel umziehen.

In der Regierung Schüssel I ging die Dynamik der Politik wieder klar vom Ballhausplatz aus. Regierungskonzepte, Initiativen zur Verwaltungsreform und zur Budgetkonsolidierung, eine neue Informationsstrategie wurden entwickelt und präsentiert. Man nahm auch Projekte in die Hand, für die es eigentlich keine Zuständigkeit gab – wie etwa die Entschädigung der Opfer des Nationalsozialismus oder Gedenkjahre wichtiger Ereignisse der republikanischen Geschichte. Schüssel steuerte mit Härte die Ressortchefs seiner Fraktion und akkordierte sich in Fragen, die für ihn wichtig waren, bis ins Detail mit der Vizekanzlerin und dem Finanzminister. Ansonsten ließ er den FP-Ministern freie Hand.

Die Phase war schwierig für den Bundeskanzler und sein Haus. Und das nicht nur wegen der internationalen Isolierung, auch innenpolitisch lief die Entwicklung alles andere als konstruktiv, da sich die Haider-FPÖ zur Opposition gegen die eigene Regierungsfraktion entwickelte. Im September 2002 kam es zum Bruch, als ein Sonderparteitag der FPÖ in Knittelfeld der Regierung das Misstrauen aussprach. Bei der damit veranlassten Wahl verlor die FPÖ schwer, die

ÖVP gewann deutlich, und wieder wurden am Ballhausplatz Koalitionen verhandelt. Bis Mitte Februar war die Situation von Spekulationen geprägt. Dann wurden schwarz-grüne Verhandlungen als gescheitert abgebrochen, wenige Tage später platzten die Gespräche mit der SPÖ, und Ende Februar stand eine Neuauflage von Schwarz-Blau fest.

Jetzt aber waren der Bundeskanzler und das Kanzleramt stärker als zuvor. Man hatte die Beamten- und Sportkompetenzen wieder zurückgeholt. Zudem war der weiteramtierende Finanzminister de facto Teil der ÖVP-Fraktion und damit vom Kanzler abhängig. Wieder wurden ambitionierte Reformen initiiert, eine konturierte Gestalt nahmen allerdings nur zwei große Projekte an: der Verfassungskonvent, dessen Arbeit von einem eigenen Stab koordiniert wurde, und eine für ganz Europa beispielgebende Digitalisierung der Verwaltung.

2005 vollzog sich in der Nutzung des Hauses eine historische Änderung: Das Außenamt zog nach 288 Jahren aus dem Palais aus, weil in der ehemaligen Niederösterreichischen Landesstatthalterei und im Landhaus am Minoritenplatz Raum freistand, der sich für eine Zusammenziehung seiner verstreuten Dienststellen gut eignete. Das Nebeneinander von mitunter fünf Regierungsmitgliedern im Haus hatte auch logistische Herausforderungen mit sich gebracht. Immerhin musste für jeden eine adäquate Raumgruppe gefunden werden. Hier half die alte Baustruktur sehr, da im Palais Dietrichstein eine Beletage zur Verfügung steht; im Amalientrakt gibt es die alte Gästewohnung der Kaiserin Elisabeth; im Reichskanzleitrakt existiert eine Zimmerflucht über dem alten Thronsaal; und im Haupthaus sind seit jeher die Kanzlerräume und die des Außenministers getrennt verfügbar.

Die mehrfache Hierarchie, das komplexe Nebeneinander von Strukturen und die sich daraus ergebenden taktisch-juristischen Möglichkeiten wurden von der schwarz-blauen Bundesregierung nicht ausgereizt. Im Gegenteil entwickelte Schüssel fast ein System der Doppelspitze der Bundesregierung, indem nach den Ministerräten Bundeskanzler und Vizekanzlerin gemeinsam vor die Presse traten und auch sonst möglichst gemeinsame Auftritte suchten. In späteren Jahren wurde dieses System noch durch Spiegelprinzip weiter-

Haerdtls holzvertäfeltes Kanzlerbüro

entwickelt, nach dem jeder Ressortchef einen Minister der anderen Couleur zugewiesen erhält, an dessen Zustimmung er gebunden ist. Dies galt sogar für den Bundeskanzler, der sich so politisch an den Vizekanzler fesselte.

Aber die Regierung Schüssel machte Fehler, und so ging die Nationalratswahl am 1. Oktober 2006 negativ für die Koalition aus. Die SPÖ wurde wieder stärkste Partei und ihr Chef Gusenbauer mit der Regierungsbildung betraut. Die Verhandlungen dauerten mehr als drei Monate. Von der Politik kamen in dieser Zeit keine Impulse ins Haus, und wieder trug die Beamtenschaft mit ihrer Routine und Erfahrung die eigentliche Arbeit und damit die Funktionsfähigkeit der Republik. Die Maschinerie lief klaglos, und manche Medien fragten bereits, ob man überhaupt eine Regierung brauche, weil der Staat ohnedies funktioniere.

Am 11. Jänner 2007 wurde schließlich die neue Bundesregierung angelobt. Wieder ein politischer Wechsel in der Ressortleitung, wieder Emotionen, diesmal aber weit weniger theatralisch als im Jahr 2000, denn es gab einen kultivierten Übergang von einem Team auf das nächste. Eine räumliche Änderung wurde freilich vorgenommen: Das alte, holzvertäfelte Kanzlerzimmer im Nordtrakt wurde in „Kreisky-Zimmer“ umbenannt und mit den historischen Haerdtl-Möbeln als Sitzungszimmer adaptiert.

Die neue Regierungsperiode war aber recht kurz. Zunächst zeigte eine motivierte sozialdemokratische Mannschaft, die sich weitgehend aus ihrer gemeinsamen JuSo-Zeit kannte, Initiative, und in den fraktionellen Ministerratsvorbesprechungen wurde auch inhaltlich diskutiert. Verwaltungsreform, Beschäftigungssicherung, Bildung, Europapolitik waren die großen Vorhaben. Doch rasch verhakten sich die Initiativen wieder in kleinlichen Konflikten zwischen den Koalitionsparteien, die nicht lösbaren Probleme wurden immer banaler, die Junktims immer skurriler, die Blockaden immer häufiger und die Stimmung immer schlechter. Als Folge gerieten die Parteichefs Gusenbauer und Molterer unter internen Druck. Als im Frühsommer 2008 gar nichts mehr ging, suchte die ÖVP im Vertrauen auf günstige Umfragewerte ihr Heil in Neuwahlen. Das Experiment misslang gründlich, denn die SPÖ konnte mit einem Wechsel des Kanzlers punkten und gewann.

Diesmal war kein „Interregnum“ spürbar – vorher wie nachher agierten trotz des Kanzlerwechsels dieselben Personen, die inhaltlichen Linien waren bekannt, und in der Verwaltung herrschte personelle Kontinuität. Aufgrund der allgemeinen Erosion von ÖVP und SPÖ und weil in beiden Lagern die Bundesparteien Macht an die Landesparteien verloren, schwächte sich die Dynamik des Regierens aber ab. Dazu kam die Weltwirtschaftskrise, welche die Handlungsmöglichkeiten des Staates generell bremste. Damit verkümmerten gerade jene Bereiche, in denen das Bundeskanzleramt – die Regierungszentrale für Strategie und Steuerung – ihre großen Stärken hat. Erfolgreich konnten nur eine Steuerreform, die Konsolidierung des Budgets, eine kleine Bildungs- und Gesundheitsreform, die Neuordnung der Verwaltungsgerichtsbarkeit und eine Kärntner Ortstafellösung abgeschlossen werden.

IN DEN GROSSEN KOALITIONEN nach 2007 versuchten die Parteien mehrfach, mit PR-Maßnahmen, wie etwa kleineren Regierungsumbildungen, Schwung zu gewinnen und das Vertrauen der Wählerschaft zurückzuholen, was allerdings nur unzureichend gelang. Bereits vor der Wahl des Jahres 2013 schienen für beide Parteien weitere Verluste programmiert. Diese traten auch tatsächlich ein, jedoch blieb wieder die SPÖ Erste, sodass die große Koalition verlängert wurde, obwohl sie schon zuvor nicht mehr funktioniert hatte. Für den Aufgabenbereich des Bundeskanzleramtes brachte sie eine kleine, aber motivierende Veränderung: Das Ressort wurde um die Kunstagenden erweitert. In diesem Kontext gab es auch eine mutige Initiative im Haus: Aus Anlass des 200. Jubiläums des Wiener Kongresses wurde 2015 an dessen Originalschauplatz eine große Ausstellung veranstaltet, die in vier Monaten 30.000 Besucher – trotz laufendem Regierungsbetrieb – ins Kanzleramt brachte, wo sie von Metternichs Abhörinstallationen bis zu Dokumenten und privaten Details die Historie dieses Ereignisses direkt erleben konnten.

Doch nahmen jetzt die Kritik der Öffentlichkeit am Regierungschef und der Verlust des Rückhalts innerhalb der eigenen Partei zu, eine Serie schlechter Wahlergebnisse tat ein Übriges. So musste im Mai 2016 nach dem katastrophalen Abschneiden des SPÖ-Kandidaten bei der Bundespräsidentenwahl der Bundeskanzler zurücktreten. Sein Nachfolger, der bisherige ÖBB-CEO Christian Kern, bildete die Regierung um.

In dieser Zeit hatte der Ballhausplatz schon nicht mehr jene herausragende Bedeutung in der österreichischen Politik wie früher. Ein Grund lag darin, dass frühere Hausherren in ihrer Partei unbestritten die Nummer eins waren und daher ins Palais eine klare Machtposition einbringen konnten. Das ist seit einiger Zeit anders – die beiden ehemals staatstragenden Parteien sind relativ klein geworden, und intern ist die Macht der Landesorganisationen größer als die der Bundesebene. Letzteres korreliert damit, dass die Verfassungsjuristen am Ballhausplatz immer mehr Kompetenzen an die Länder abgeben mussten. Ein weiterer Grund ist, dass den Strategen der Kanzler eine mitreißende Orientierung an Grundsätzen, an großen politischen Linien, an konturierten Überzeugungen abhandengekommen ist.

Dies ist Resultat und Ursache der Entpolitisierung der Parteien und der Gesellschaft. Wer nur mehr irgendwie über die Runden kommen will, bloß noch Kanzler sein will, um eben Kanzler zu sein und nicht, um Österreich weiterzuentwickeln, verliert Vertrauen, Unterstützung und Macht. Und schließlich hat man sich wohl auch zu sehr den Medien ausgeliefert, den Pressedienst des Bundes zum Dienstleister gemacht, von Inseratenkampagnen wohlwollende Berichterstattung erhofft und Entscheidungen kurzfristig auf die Schlagzeile von morgen ausgerichtet. Wenn es aber kein Produkt mehr gibt, sondern nur mehr Verpackung, wird auch die Stätte, an der das Produkt erzeugt wird, bedeutungslos.

Dieses Verständnis wurde unter dem jungen Kanzler Kurz perfektioniert. Er hatte die Übernahme des Hauses in einem kleinen Kreis von Freunden minutiös vorbereitet. Nachdem er in seiner Partei erfolgreich gegen den Vorsitzenden und Vizekanzler geputscht hatte, ging er 2018 in Neuwahlen, gewann sie und setzte dann knallhart einen Umbau am Ballhausplatz um, der keinen Stein auf dem anderen ließ. Die Organisation wurde zerschlagen, Hunderte Mitarbeiter in andere Ressorts verschoben und Dutzende neue als erweitertes Kanzlerbüro installiert. Diese mischten sich in kleinste Details der Tagesarbeit ein und teilten Einfluss, Mittel und Personal nach Gutdünken zu. Die Auswirkungen sind bekannt. Im Palais selbst wurden alle Beamten aus dem ersten Stock abgesiedelt, dieser zur Gänze für das Kabinett reserviert und mit besonderen Zutrittskontrollen wie eine Festung gesichert; die „weißen Elefanten“, also die abgesetzten Sektions- und Abteilungsleiter wurden in der Amalienburg konzentriert. Letztlich stürzte Kurz im Mai 2019 bekanntlich über seine eigene Hybris, als er die Krise des Koalitionspartners für eine totale Machtübernahme nutzen wollte.

Die danach amtierende Expertenregierung Bierlein drehte dann manche Fehlentwicklung wieder zurück und zeigte vor allem eine korruptionsfreie Performance und einen korrekten Umgang mit Beamtenschaft, Parlament und Medien, doch die Phase war zu kurz, um das nachhaltig zu stabilisieren. So setzte sich, als Kurz nach gewonnener Wahl im Jänner 2020 ins Kanzleramt zurückkehrte, sein Stil des Herrschens am Ballhausplatz weiterhin fort. Daran änderten auch sein endgültiges politisches Scheitern und sein Rücktritt Ende 2021 wenig. Nach wie vor ist das Kanzlerkabinett objektiv zu groß, regiert zu viel in die Administration hinein, macht mangels Fachkompetenz Fehler und trägt damit auch zum Verlust des Vertrauens der Allgemeinheit in das Amt des Regierungschefs und der Regierung bei. Es wird erst die Zukunft zeigen, ob sich dieser Trend wieder umkehren lässt.

Trotz aller Turbulenzen, dramatischen Wechsel und ganz und gar unterschiedlichen politischen Konturen und Ausrichtungen ist in der Zweiten Republik am Ballhausplatz ein Unterschied zur Ersten Republik erkennbar: das klare Bekenntnis zur Demokratie und zur Einhaltung ihrer geschriebenen und ungeschriebenen Spielregeln. Wahlergebnisse wurden akzeptiert, auch wenn sie den Verlust der eigenen Position bedeuteten. In den wichtigsten Fragen der Politik wurden Kompromisse gesucht und um Kooperation gerungen. Für ganz große Entscheidungen suchte man breitestmögliche Mehrheiten. Man bemühte sich um die Akzeptanz und das Vertrauen von Bevölkerung und Medien. Und in den wenigen Momenten, wo Akteure versuchten, Gesetze demokratischen Regierens auszuhebeln, ging das zum Glück für das Land und zum Schaden der Brandstifter anders aus. Auch wenn der Ballhausplatz vielleicht die Qualität der Demokratie des Landes nicht weiterentwickelt hat, selbst wenn einzelne seiner Chefs ihr sogar Schaden zufügten, blieb insgesamt das Verfassungsgefüge intakt und zeigte, dass Macht und Demokratie vereinbar sind.

Außen und innen

Am 21. August 1968 holt Thomas Klestil, Außenpolitik-Sekretär des Bundeskanzlers Klaus, diesen schon um vier Uhr früh aus seinem Wohnort Wolfpassing im Tullnerfeld ab. Es folgen Krisensitzungen am Ballhausplatz, denn die Sowjets sind in der ČSSR einmarschiert. Tags darauf hat Klaus hier auch eine lange Unterredung mit dem sofort aus Dalmatien zurückgereisten SPÖ-Chef Kreisky. Dieser Versuch der Einbeziehung der Opposition in die Regierungsstrategie funktioniert aber nicht, Kreisky kritisiert sie tags darauf in der „AZ" persönlich als anpasslerisch. Der Grund ist Außenminister Waldheim, der sich in der Tat in diesen Tagen nicht mutig verhält, als er anordnet, die Botschaft in Prag zu schließen und keine Flüchtlinge aufzunehmen – eine Weisung, die der Botschafter Kirchschläger allerdings schlichtweg ignoriert.

GESCHICHTE UND MACHT des österreichischen Außenministeriums sind – wie wir schon sahen – eng mit dem Gebäude der Staatskanzlei am Ballhausplatz verknüpft. Hier fand 1814/15 der Wiener Kongress statt, der Europa neu ordnete. Hier fielen 1914 die wesentlichen Entscheidungen, die den Ersten Weltkrieg vom Zaun brachen. Und hier war ab 1918 die Schaltstelle der – nun weit weniger bedeutsamen – Außenpolitik der Republik. Von der ehemaligen Größe war da allerdings nicht mehr viel übrig. Es war auch nur der Trakt zur Löwelstraße dem Außenminister reserviert, und ab 1920 hatte hier zusätzlich der Bundespräsident sein Amtszimmer – im ehemaligen Büro Metternichs –, dessen Kanzlei in dem um 1880 angefügten Teil des Palais arbeitete. Die längste Zeit danach brauchte man in der Ersten Republik aber ohnedies keine Räume für den Außenminister, da der

Kanzler selbst diese Funktion zusätzlich wahrnahm. Sofern es doch einen eigenen Minister gab, wurde ihm die Ecke zur Metastasiogasse zugewiesen. Staatssekretäre brachte man fallweise in den Räumen über der Hauskapelle unter.

Am Ballhausplatz 2 fand sich also ab 30. Oktober 1918 das kleine Staatsamt des Äußeren in einer Doppelfunktion. Einerseits hatte es das österreichisch-ungarische kaiserliche Ministerium des Äußeren zu liquidieren, das ja formaliter noch zwei Nachfolgestaaten gehörte, andererseits agierte man als neues Amt der deutschösterreichischen Republik.

Um diese Aufgaben wahrzunehmen, wurde zunächst – nur mehr dem Titel nach, da er am 11. November starb – Victor Adler und nach ihm Otto Bauer als „Staatssekretär für Äußeres“ berufen. Radikaler konnte der Wandel nicht sein: Nach zwei Jahrhunderten, in denen die Führung des Hauses in der Hand von Hocharistokraten gelegen hatte, zog nun ein 37-jähriger Jurist, Jude und Sozialdemokrat als Chef ein. Der Schock hinter der barocken Fassade war entsprechend groß. Als Bauer die Spitzendiplomaten beim Amtsantritt in den Kongresssaal bat und dort in einer umfassenden Rede seine Sichtweisen zur Außenpolitik Deutschösterreichs darlegte, gab es nicht nur keinen Applaus, vielmehr erklärten nach der Veranstaltung noch ein halbes Dutzend Führungskräfte ihren Austritt aus dem Dienst und folgten damit vielen gekränkten aristokratischen Beamten, die das schon davor getan hatten.

Otto Bauer besetzte einige Schlüsselpositionen mit seinen Vertrauensleuten – teilweise aus der Partei, teilweise aus der Wissenschaft, wie etwa Benedikt Kautsky und Studienkollege Hans Kelsen als externe Berater, Otto Pohl und Robert Musil im Pressedienst. Er hatte Bedenken, nur das alte diplomatische Personal zu verwenden, „weil wir dann als Fortsetzung der alten Monarchie erscheinen würden“, fand aber nur schwer geeignete neue Leute. Auch nach der neuen Geschäftseinteilung waren noch 21 der 31 Führungspositionen von Adeligen besetzt. Er versuchte die Arbeitsabläufe grundlegend zu verändern, was den nebenan sitzenden liquidierenden k. k. Minister Flotow zur Tirade verleitete: „Vor dem Amtszimmer des Ministers, in dem Kaunitz und Metternich gearbeitet hatten, waren … zwei große, als Empfangssalons möblierte Räume; sie gaben dem Zutritt zum Minister das nötige Pathos. Bauer hat dies sofort geändert. Die beiden Vorräume waren gedrängt voll mit Stenotypistinnen und kleinen arroganten Sekretären. Durch diese musste man sich förmlich durchschlagen. Es war doch merkwürdig, an dem historischen Schreibtisch legitimistischer Politik einen Freund Trotzkis und Lenins sitzen zu sehen."

Bauer bemühte sich am Ballhausplatz, die Verhandlungsposition gegenüber den Entente-Staaten zu konsolidieren: Noch im November ließ er von Kelsen ein Gutachten zur völkerrechtlichen Stellung Deutschösterreichs erstellen, das festhielt, dass der neue Staat nicht der Rechtsnachfolger der Monarchie ist. Die Verhandlungspartner in Saint-Germain wollten dieser Argumentation aber nicht folgen und auch keine Annäherung an Deutschland. Im Februar 1919 reiste Bauer zwar zu Anschlussverhandlungen nach Berlin, doch sogar die deutsche Sozialdemokratie reagierte kühl mit recht vagen Absichtserklärungen.

Der Minister arbeitete dennoch unverdrossen weiter an seinen Aufgaben. Ein Genosse, der ihn im Frühjahr 1919 am Ballhausplatz besuchte, sah, dass der kleine, kettenrauchende Mann dort sichtlich müde und abgemagert war. Seine Mehrfachfunktion als Ressortleiter, Sozialisierungskommissär, De-facto-Parteichef und ideologisches Mastermind der Partei war einfach zu viel. Im Mai 1919 übernahm er daher nicht mehr die Delegationsleitung in Saint-Germain, sondern überließ sie Renner, obwohl jener als Kanzler eigentlich nicht lange im Ausland sein sollte. Das Scheitern beim Staatsvertrag in den für Bauer zentralen Punkten führte im Juli zu seinem Rücktritt. Renner konnte danach zumindest Verträge mit der Tschechoslowakei und Italien schließen, die die Versorgung der hungernden Bevölkerung Ostösterreichs verbesserten.

Als nach der Wahl 1920 auch Renner zurücktrat, führte sein Nachfolger Mayr weiter das Außenamt mit, und Bundeskanzler Schober setzte diese Gepflogenheit fort. Erst ab 1922 gab es wieder einen eigenen Außenminister. Zunächst war dies der Beamte Leopold Hennet und danach Alfred Grünberger, der sich schon als Kurzzeit-Minister für Volksernährung und für Handel bewährt hatte. Er war dann bis

20. November 1924 formal Seipels Außenminister, praktisch aber eher nur dessen Assistent für auswärtige Angelegenheiten.

In seine Amtszeit fiel im Juni 1923 das Ende des selbstständigen Außenministeriums. Aufgrund der Sparvorgaben des Völkerbundes wurde es dem Kanzleramt einverleibt, sein Chef wurde damit zum Minister im Kanzleramt, der Bundeskanzler selbst übersiedelte ins Haus und seine Verwaltung dominierte fortan das Palais. Als Seipels Regierung scheiterte, musste auch sein Adlatus Grünberger gehen – allerdings weich gebettet als Botschafter in Paris. Ihm folgte der christlichsoziale Organisationsmann Heinrich Mataja, der sich aber rasch in Grabenkämpfe mit seinen Diplomaten und Beamten verwickelte und nach einigen Affären zurücktreten musste. Nach kaum einem Jahr hatte das Amt schon wieder einen neuen Chef, nämlich Bundeskanzler Ramek, und bei der Doppelfunktion blieb es bis 1934.

Außenpolitisch musste sich der Ballhausplatz in dieser Zeit auf Wirtschaftsfragen konzentrieren, denn wegen der Weltwirtschaftskrise und innenpolitischen Stagnation ging es dem Land ökonomisch schlecht. Seipel konnte in seiner zweiten Amtszeit hier nicht wesentlich punkten und 1931 versuchte Schober eine Zollunion mit Deutschland – scheiterte aber damit. Anfang 1932 verhinderte das Außenamt einen französischen Plan für eine Zusammenarbeit im Donauraum. Gleiches widerfuhr dem ungarischen Plan einer Zollunion mit Österreich und Italien. Im November vereinbarte man zwar bei einem Treffen von Dollfuß mit Gömbös im Haus am Ballhausplatz eine italienisch-österreichisch-ungarische Wirtschaftskooperation. Doch der Plan ging nicht auf, das Land blieb wirtschaftlich allein.

ALS IM JÄNNER 1933 in Deutschland Hitler die Macht ergriff, alarmierte das das Hochparterre im Palais. Man erkannte die potenziellen Auswirkungen für Österreich und versuchte, einen Kontakt zum deutschen Führer aufzubauen. Aber damit isolierte man sich international von bisherigen Verbündeten, zusätzlich deckte die „Arbeiter-Zeitung“ eine Waffenlieferung Italiens an die Heimwehr auf, was Italien vergrämte. Die Sozialdemokratie, obgleich praktisch ohne

Einfluss auf die reale Politik, sprach sich im Oktober 1933 für eine neutrale Positionierung Österreichs aus, die Idee wurde am Ballhausplatz aber nicht einmal ignoriert. Im März 1934 unterzeichnete Dollfuß die Römer Protokolle mit Ungarn und Italien und opferte damit weitgehend Österreichs Bewegungsfreiheit in der Außenpolitik.

Nach Dollfuß' Ermordung bestellte Schuschnigg 1934 wieder formell einen Minister für die auswärtigen Angelegenheiten, Berger-Waldenegg. Anfang 1935 wurden Abkommen zwischen Italien, Frankreich und Großbritannien für den Fall einer Bedrohung der Souveränität Österreichs geschlossen und eine Donaukonferenz in Rom sollte die Selbstständigkeit Österreichs sichern helfen. Aber als sich 1935 die italienische Außenpolitik umorientierte, auf die Kolonien konzentrierte und das Interesse am Donauraum verlor, war das alles Makulatur und es blieb fast nur mehr die ČSR als möglicher Verbündeter. Man arbeitete bei der Bespitzelung sozialdemokratischer Emigranten zusammen, vereinbarte eine stille Duldung des autoritären Regimes und organisierte eine Reihe bilateraler Treffen und Vereinbarungen.

Im Jänner 1936 reiste Schuschnigg daher nach Prag, um Beneš zu treffen. Das verstimmte allerdings Italien noch mehr, der Ballhausplatz hatte damit auf diplomatischer Ebene diesen Freund des Regimes endgültig verloren: Die tschechische Eskapade und die Annäherung zwischen Italien und Deutschland, die im Oktober 1936 formell besiegelt wurde, beendeten die „Schutzmachtfunktion" Italiens. Der Ballhausplatz konnte die wichtigste Option nicht halten und hatte alle anderen verspielt.

Jetzt bemühte sich die deutsche Diplomatie um eine Intensivierung der Beziehungen zum isolierten Österreich. Schuschnigg musste positiv reagieren und vereinbarte 1936 am Obersalzberg einen „Normalisierungsvertrag". Darin erkannte Deutschland zwar „die volle Souveränität des Bundesstaates Österreich" an, in geheimen Zusatzklauseln verpflichtete sich Schuschnigg aber, alle inhaftierten Nazis zu amnestieren, eine deutschlandfreundliche Außenpolitik zu betreiben und Nationalsozialisten in die Regierung zu nehmen – darunter Guido Schmidt als Staatssekretär für Auswärtiges. Der Ballhausplatz wurde also indirekt an die Machtzentrale in Berlin angeschlossen. In dem ganzen Prozess hatte die Diplomatenmannschaft am Ballhausplatz keine rühmliche Rolle gespielt. Diesem Schauplatz, seiner Expertise, klugen Botschafterpersönlichkeiten kam keine Bedeutung mehr zu.

Ab Beginn 1938 ließ sich Österreich mehr und mehr in die deutschen Pläne zur Vorbereitung eines Angriffs auf die Tschechoslowakei hineinziehen. Schmidt konnte und durfte im Hause keine außenpolitischen Initiativen mehr entwickeln, die Außenpolitik war dem autoritären Regime entglitten. Dieses besetzte in den Folgejahren zwar noch eine ganze Reihe von Botschafterposten mit abgehalfterten oder in internen Fraktionskämpfen ausgeschalteten Politikern, die Qualität der diplomatischen Arbeit im Hochparterre stieg dadurch aber nicht.

In den Märztagen 1938 wurde das österreichische Außenamt aufgelöst und zunächst zur „Dienststelle des Auswärtigen Amtes Wien", bis auch sie im August geschlossen wurde. Rund ein Drittel der Spitzenbeamten am Ballhausplatz wurde entlassen, pensioniert oder inhaftiert. Die Mehrheit der 115 Bediensteten sollte allerdings übernommen und einige illegale Nazis neu aufgenommen werden. Ein paar Beamte waren besonders beflissen – so hisste der Botschafter in Warschau, Attems-Heiligenkreuz, sofort die Hakenkreuzfahne – und wechselten in den Auswärtigen Dienst nach Berlin. Sie machten dort allerdings keine besondere Karriere, da sie gewissermaßen „zu spät" kamen. Viele Beamte in den Botschaften setzten sich aber auch vom Naziregime ab und blieben im Aufenthaltsstaat.

Als 1945 Österreich wieder selbstständig wurde, führte man die auswärtigen Agenden in den ersten Monaten vom Politischen Kabinettsrat gemeinsam mit dem Staatskanzler. Erst Ende September wurde dafür ein Unterstaatssekretär, Karl Gruber, bestellt. Renner wollte dem jungen Tiroler primär die Kontakte zu den Westalliierten und Südtirol-Fragen übertragen, selbst aber weiterhin die „große" Außenpolitik leiten. Auch die Beamtenschaft lehnte den Newcomer, der am 11. Oktober im Ecksalon zur Metastasiogasse seinen Dienst antrat, zunächst recht grob ab und versuchte ihn zu desavouieren, wo es nur ging. Auch das persönliche Verhältnis des sehr parteipolitisch agierenden Gruber zu Renner gestaltete sich nicht gut. Doch mit der Zeit lenkte Gruber ein, orientierte sich mehr am Ganzen, fand ein besseres Verhältnis zu seinen Beamten und arrangierte sich auch im Arbeitsstil mit Renner.

Im Hochparterre dominierten Anfang 1946 sehr konkrete Aktivitäten: Es ging primär um die Heimführung von Kriegsgefangenen, die Versorgung von Flüchtlingen, die Herbeischaffung von Lebensmitteln und um Südtirol. Diplomatische Vertretungsarbeit belastete das Amt zunächst noch nicht sehr, gab es doch 1945 nur die einzige Botschaft in Prag; 1946 folgten weitere in Washington, Paris, London und Moskau. Schwierig war weiterhin das Verhältnis zu den Sowjets, was sich im Kleinen auch daran zeigte, dass sie, als Grubers Dienst-BMW am Minoritenplatz offenkundig von einem Russen gestohlen wurde, keinen Finger zu dessen Wiederbeschaffung rührten; erst 1948 gelangte das Auto nach mühseligen Korrespondenzen und bürokratischen Blockaden beschädigt wieder ins Amt zurück.

Bereits 1946 wussten der Minister und sein Generalsekretär Wildner übrigens von der Vergangenheit eines gewissen Dr. Kurt Waldheim. Am 1. Februar findet sich nämlich in Wildners Tagebuch folgender Eintrag: „Gruber nervös. ... Einer unserer Zugeteilten, Dr. W., der jetzt bei Gruber Dienst tut, wurde eben vom Gericht als Angehöriger der SA-Reiterstandarte bezeichnet. Gruber will ihn retten." Kurz danach geriet der Akt allerdings in der Kanzlei des Ministeriums in Verstoß und wurde nie mehr aufgefunden.

NACH DER FÜR DIE SPÖ erfolgreichen Wahl im April 1953 musste man ihr – gegen Grubers Widerstand – einen Staatssekretär im Außenamt zubilligen, wofür Kreisky nominiert wurde. Er bezog nach eigenen Angaben einen der „winzigsten und schäbigsten Räume" im ersten Stock am Ballhausplatz. Ganz so schlimm dürfte die Unterbringung jedoch nicht gewesen sein, denn immerhin residierte er nur zwei Zimmer vom Minister entfernt, erhielt ein Sekretariat und einen eigenen „Türhüter". Außenminister Gruber stürzte aber wenige Monate später über ein Memoirenbuch, in dem er zu viele Interna ausplauderte. Er musste im November zurücktreten und wurde Botschafter in den Vereinigten Staaten. An seiner Stelle kehrte der gestürzte Exkanzler Figl wieder auf den Ballhausplatz zurück und übernahm die Führung des Außenamts. Zu ihm fand Kreisky ein weit besseres Verhältnis, was auf Gegenseitigkeit beruhte, denn Figl ließ dem Staatssekretär mehr Spielraum.

Der Auswärtige Dienst der Nachkriegszeit war von großer personeller Kontinuität geprägt. In beträchtlichem Ausmaß amtierten im Hochparterre Personen, die auch bereits vor der deutschen Okkupation hier saßen, und viele hatten einen „Diplomaten-Stammbaum" bis weit zurück in die Monarchie. Auch die ehemaligen Nationalsozialisten kamen wieder – unter ihnen Wilhelm Platzer, später unter Waldheim sogar Generalsekretär, Carl Hudeczek, reaktiviert trotz seiner Mitwirkung an der „Lösung der Judenfrage" in Berlin, oder Otto Fries, der 1948 noch wegen seiner Vergangenheit vom Außenamt abgelehnt worden war. Auch Botschafter Attems-Heiligenkreuz wurde trotz NSDAP-Mitgliedschaft und seiner Funktion im Generalgouvernement in Krakau wieder in den Auswärtigen Dienst aufgenommen.

Figl war zwar in gewisser Weise in die Eckräume des Außenministers „abgeschoben" worden, doch er war aufgrund seiner Popularität weiterhin ein starker Mann. Auch sein Staatssekretär agierte geschickt und wirksam, baute zusätzlich ein gutes Arbeitsverhältnis zu Julius Raab auf und wurde damit auch zum „Gehilfen des Bundeskanzlers", zu dessen Aufgaben die Vorbereitung des Staatsvertrages und die damit zusammenhängenden Verhandlungen gehörten, die den Ballhausplatz intensiv beschäftigten. Die prominente Rolle Kreiskys beim Staatsvertrag ist bekannt, der Mai 1955 war eine Sternstunde für den Ballhausplatz.

Als 1959 die SPÖ abermals stark bei der Wahl abgeschnitten hatte, setzte sie in den Koalitionsverhandlungen durch, das Außenressort der SPÖ zu geben und organisatorisch vollständig aus dem Bundeskanzleramt herauszulösen. Es war nun nicht mehr eine Sektion des BKA unter Leitung eines besonderen Ministers, sondern ein eigenes Ministerium. Lediglich unterstützende Funktionen wie Buchhaltung, Amtswirtschaft und Bibliothek wurden gemeinsam geführt. Kreisky war damit der Held des Hauses, bekam aber einen ÖVP-Staatssekretär als „Aufpasser", den Tiroler Professor Franz Gschnitzer.

Kreisky hatte wegen der Verselbstständigung des Ressorts sofort die Unterstützung der an sich konservativen Beamtenschaft. Er versuchte, qualifizierte junge Leute seiner Gesinnungsgemeinschaft in das Haus zu holen, baute hervorragende Kontakte zu den Medien auf und setzte außenpolitisch am Ballhausplatz neue Akzente. Er pflegte beste Kontakte nach Ost und West, zu seinen Freunden in der Sozialistischen Internationale, aber auch zu Adenauer und de Gaulle, und er nutzte sie. 1959 versuchte er, ein Treffen von Brandt und Chruschtschow einzufädeln, im Juni 1961 kam es auf seine Initiative zum Treffen Kennedy-Chruschtschow in Wien.

In den folgenden Jahren erhielt im Außenministerium die institutionelle Annäherung an Europa ein immer größeres Gewicht. Da ein Beitritt zur EWG zunächst nicht möglich war, unterstützte man die britische Initiative einer Freihandelszone, die 1960 unter Einbeziehung Österreichs als EFTA geschaffen wurde. Weitere Schwerpunkte waren die Südtirol-Frage, die Kreisky 1960 auch vor die UNO-Vollversammlung brachte, der Ausbau der Beziehungen zu Ostblockstaaten, die Entwicklung der Dritten Welt und der Nahe Osten. 1964 gründete Kreisky die Diplomatische Akademie wieder – der Sozialdemokrat knüpfte ganz bewusst an die von Kaunitz 1754 geschaffene k. k. Orientalische Akademie an.

1966 übernahm in der ÖVP-Alleinregierung Lujo Tončić-Sorinj die Führung des Ressorts. 1968 aber eskalierten innerparteiliche Konflikte und es kam eine Regierungsumbildung, in der Kurt Waldheim Außenminister und sofort mit einer akuten Krise konfrontiert wurde, dem Einmarsch sowjetischer Truppen in der Tschechoslowakei. Bei dieser spielte er keine positive Rolle, wies er doch seinen Botschafter in Prag an, keine Visa zu erteilen. Erfolgreicher agierte er in der Südtirol-Frage, wo der Ballhausplatz Ende November 1969 eine Einigung mit Italien erreichen konnte.

1970 fiel das Außenamt wieder an die SPÖ. In deren Alleinregierung residierten drei Außenminister im Südflügel des Palais: zunächst Kreiskys früherer Kabinettschef Kirchschläger – der danach zum Bundespräsidenten gewählt wurde –, dann der parteilose Diplomat Bielka-Karltreu und schließlich ab 1976 der frühere Leiter des Verfassungsdienstes Pahr. Alle drei waren Personen, die über ihr Amt hinaus keine politischen Ambitionen hatten und die in großer Loyalität auch bereit waren, dem erfahrenen Außenpolitiker Kreisky trotz seiner Unzuständigkeit die wichtigsten Angelegenheiten der Außenpolitik zu überlassen. Wenn es jemals in den 100 Jahren der Republik eine weltweit wahrgenommene österreichische Außenpolitik gab, dann war es das in diesen Jahren. Die legendäre europäische Zusammenarbeit der großen Sozialdemokraten Brandt, Palme und Kreisky gehörte ebenso dazu wie die Ansiedlung der UNO in Wien sowie beständige Initiativen in der Nahost- und Friedenspolitik. Diese Aktivitäten und Netzwerke bewirkten eine internationale Bedeutung Österreichs, die weit über die Größe des Landes hinausging.

Nach dem Ende der Alleinregierung brachte die SPÖ drei Kurzzeit-Außenminister an den Ballhausplatz. Es war dies zunächst der bisherige Innenminister Lanc, der aber schon nach 16 Monaten ausschied. Ihm folgte der bisherige Wiener Bürgermeister Leopold Gratz, der nach 18 Monaten Nationalratspräsident wurde. Beide sahen das Amt als ihr letztes bzw. als Übergangsposition an und investierten daher kein besonderes Engagement. Schließlich führte der frühere Kabinettschef des Altkanzlers Jankowitsch als letzter Sozialdemokrat das Ressort. Alle drei bemühten sich um die Erhaltung der Errungenschaften ihres Vorbilds und bezogen ihre Erfolge daraus.

IN JENE ZEIT FIEL AUCH eine dunkle Episode, die zeigte: Auch wenn die Gestaltungsmacht, die politische Potenz des Außenamts damals schon im Sinken gewesen sein mag, eine entscheidende Rolle in Machtspielen konnte der Ballhausplatz allemal wahrnehmen. In der Noricum-Affäre kam im Juli 1985 der österreichische Botschafter in Athen, Herbert Amry, an Informationen, wonach 340 Geschütze der VÖEST-Tochter Noricum illegal an die Kriegsstaaten Irak und Iran geliefert worden waren. Gemunkelt hatte man über derartige Transfers via Syrien und Jordanien schon lang, jetzt wurden Beweise angeboten. Amry informierte daraufhin in mehreren Depeschen das Außenministerium und sprach mit seinen Vorgesetzten. Die Reaktion war aber so eisig, dass er den Eindruck gewann, Wien „schalte ab". Seine Telegramme erreichten angeblich nie den Minister, eines wurde später im Innenministerium überhaupt unterschlagen. Aber immerhin erlangte er am 8. Juli einen vorläufigen Ausfuhrstopp, der jedoch am 15. Juli von einer Beamtin im Innenministerium trotz entgegensprechender Aktenlage wieder aufgehoben wurde. Außenminister Gratz verbot per Weisung die Überprüfung der dubiosen Endverbraucherbescheinigung.

In diesen Tagen meinte Amry zu seinem Pressemann: „Ferry pass auf, sie wollen uns umbringen! Schau in den nächsten Tagen unter dein Auto, bevor du einsteigst." Am 11. Juli gab es einen großen Empfang in der Botschaft in Athen mit 350 Gästen. Der Botschafter trank um 23 Uhr ein Glas Juice, dann bekam er Atemnot, Herzbeschwerden und starb, bevor der Arzt eintraf. Tags darauf hätte er ein weiteres Treffen mit Informanten gehabt. Amry wurde nicht obduziert, sein Leichnam wurde unverzüglich eingeäschert. Allerdings hatte Exkanzler Kreisky öfter mit seinem früheren Mitarbeiter in Athen telefoniert und glaubte seinen Warnungen. Auf seinen Tipp hin fanden tatsächlich im August Journalisten bei der Verschiffung der Kanonen in Ploče Gebrauchsanweisungen in persischer Sprache.

Damit wurde der Skandal publik. Letztlich führte er zu Ministerrücktritten und 14 Verurteilungen von Managern. Dazwischen aber gab es allerdings noch weitere Tote: Hermann Erben, der den Deal für die Kanonenlizenz eingefädelt hatte, starb in Wien an Herzversagen, seine Wohnung war verwüstet, auf seinen Konten fanden sich große Geldbeträge. 1987 starb VÖEST-Chef Abfalter plötzlich am Herztod, kurz bevor er vor Gericht aussagen konnte; er erzählte vorher von anonymen Drohanrufen. Und der Konstrukteur der Kanonen, Gerald Bull, wurde 1990 knapp vor dem Prozess vor seiner Brüsseler Wohnung mit Kopfschüssen „hingerichtet"; den Täter fand man nie.

Als nach der Wahl 1986 wieder eine große Koalition kam, erkämpfte Alois Mock das Außenamt für sich und nutzte es als starke Position des Vizekanzlers. Demgemäß stand sein Engagement in der Innenpolitik eher im Vordergrund vor der Außenpolitik. Dennoch setzte er auch hier nachhaltige Akzente. Er spielte beim Zusammenbruch des Eisernen Vorhangs und in den folgenden Neuorientierungen der Nachfolgestaaten eine aktive Rolle – nicht nur in der spektakulären Durchtrennung des Stacheldrahtes gemeinsam mit Gyula Horn bei Sopron, die erst lange nach dem Abriss des Zauns als Medienereignis nachgestellt wurde. Es war vor allem sein starkes Eintreten für die rasche Anerkennung Kroatiens und Sloweniens im Zer-

Außenminister Mock in seinem Arbeitszimmer

falls Jugoslawiens, das ihm ebenso viel enthusiastisches Lob wie herbe Kritik einbrachte. Ungeteilt ist die positive Einschätzung seiner Arbeit in der Vorbereitung des EU-Beitritts 1994. Mock hat in diesen Punkten Außenpolitik gestaltet. Dafür ließ er – im Gegensatz zu den Nachfolgern – dem Haus einen großen Spielraum und beförderte in erkennbarer Weise Top-Mitarbeiter nach ihren Fähigkeiten und nicht nach Parteinähe.

1995 übernahm ein neuer Minister der ÖVP das Außenressort: Wolfgang Schüssel, der bisherige Wirtschaftsminister, trat aber weniger als Außenminister, sondern als Vizekanzler in der Innenpolitik deutlich angriffiger als sein Vorgänger auf, und das Koalitionsklima wurde zusehends unangenehmer und konfliktträchtiger. Wieder steuerte eine große Koalition auf Stillstand und Vertrauensverlust in der Bevölkerung zu, und am Ballhausplatz herrschte eine Atmosphäre des permanenten Stellungskriegs und des Misstrauens.

Dies war natürlich zu Ende, als Schüssel 2000 Kanzler einer ÖVP-geführten Regierung wurde. Er holte sich zweimal eine Berufsdiplomatin ins Außenamt, zuletzt seine Kabinettschefin Plassnik. Ähnlich wie seinerzeit Kreisky wollte er offenbar weiterhin die großen Linien der auswärtigen Beziehungen selbst bestimmen, fiel aber hier eher durch unbedachte Sager als durch große Erfolge auf. Das Außenamt geriet in dieser Zeit mit Korruptionsfällen in die Medien: unter anderem waren in Budapest Visa für 3200 Büglerinnen einer Schneiderei im Burgenland erteilt und 700 Visaanträge in Lagos „durchgewunken" worden. Es gab Festnahmen und 22 Strafverfahren, und die Ressortführung vermittelte nicht gerade das Bild, konsequent und effizient gegen derlei Machtmissbrauch vorzugehen.

In den folgenden SPÖ-geführten Koalitionen wiederholte sich die Konstellation jener Jahre: Das Haus wurde von ÖVP-Vizekanzlern geführt, deren primäres Interessenfeld die Innenpolitik war. Sie hinterließen folgerichtig daher auch kaum merkbare Spuren, jedenfalls kam es zu keiner internationalen Stärkung Österreichs, eher zu einer Erosion der Bedeutung des Landes im EU-Kontext, weil man sich immer wieder auf Minderheitspositionen einkrallte und um gute Kontakte zu manchen „Schmuddelkindern" der EU bemüht war.

2005 zog das Außenministerium nach 288 Jahren aus der Staatskanzlei am Ballhausplatz aus, weil rund um das niederösterreichische Landhaus Büroraum freiwurde. Die ehemalige Landesstatthalterei, in den der größere Teil des Ministeriums übersiedelte, war als Verwaltungsgebäude 1846/47 von Paul Sprenger erbaut worden. Spektakuläres hat es in seinem Inneren wenig zu bieten, lediglich ein Freskensaal, nunmehr Mock-Saal genannt, vermittelt einen Anklang imperialer Macht. Das Ministerbüro hingegen ist schlicht und nicht übertrieben groß.

Der ehemalige Sitzungssaal der Statthalterei überfällt einen geradezu mit einem Propagandazyklus zur österreichischen Geschichte, gemalt von Leopold Kupelwieser: Im Zentrum wird Austria von Gerechtigkeit, Weisheit, Glaube und Geschichte umgeben; die Kaiser Rudolf, Maximilian, Ferdinand, Maria Theresia, Joseph II. und Franz Joseph sind von allerlei allegorischem Beiwerk umgeben; propagandistische Bilder aus Österreichs Geschichte umrahmen das Ganze – in der Szene vom Wiener Kongress muss sich der unbeliebte Franzose Talleyrand gar im Dunkel hinter einem Vorhang verstecken.

Unter dem Gebäude verbirgt sich ein direkter Zugang zur U-Bahn, der vom Kanzleramt, Innen-, Außenministerium, Präsidentschaftskanzlei und Palais Dietrichstein direkt unterirdisch erreichbar ist. Er soll im Krisenfall die Evakuierung der Staatsspitze in den Bunker der

Huldigungsfresken im Mock-Saal des neuen Außenministeriums am Minoritenplatz

Stiftskaserne im 7. Bezirk ermöglichen, in den eine Weiche der U3 führt.

2013 wurde Sebastian Kurz der jüngste Außenminister der Republik. Er bediente sich, wie alle klugen Minister, anfänglich der besten Köpfe des Hauses als Berater, bald aber begann eine stark parteipolitische Personalpolitik. Außenpolitik interessierte den Ressortchef nicht sehr, er nutzte seine Hausmacht im Palais vor allem, um sich auf Größeres vorzubereiten: Von hier aus stürzte er seinen Parteiobmann, organisierte den Absprung aus der Koalition und bereitete den Wahlsieg vor, der ihn 2017 zum Bundeskanzler machte. Das Intermezzo unter seiner ersten Kanzlerschaft, als das Ressort durch eine von der FPÖ nominierte Außenpolitik-Expertin und Journalistin geführt wurde, ist nur mehr durch die skurrile Episode des Putin-Besuchs bei deren Hochzeit einschließlich ihres unterwürfigen Knickses in Erinnerung. Mit der Regierung Kurz II und danach übernahm wieder ein Diplomat das Haus, der wenig politisches Gewicht in seiner Regierungspartei hat und daher auch kaum nachhaltige Akzente in der österreichischen Außenpolitik setzen kann. Dass er

Diplomatenempfang in der Hofburg

auch mitunter in konkreten Situationen undiplomatisch agierte, macht die Sache nicht besser.

WAS ALSO WAR UND IST in dieser ereignisreichen geschichtlichen Entwicklung die Macht des Außenministeriums der Republik? In der Habsburgermonarchie war das klar – hier entschied der Ballhausplatz über globalen Krieg und Frieden. Nach 1918 war darüber zum Glück nicht mehr zu entscheiden, sondern „nur" mehr darüber, ob Österreich mehr oder weniger von Krieg oder Frieden betroffen war. Das ist noch immer Macht genug, auch wenn das im Alltagsgeschehen und kurzfristig nicht so klar zu erkennen ist, und wenn man aber Fehler von außen erkennt, ist es meistens schon zu spät, sie noch korrigieren zu können.

Das Ressort ist nicht nur stark wegen seiner wohlorganisierten Zentrale am Minoritenplatz, seiner renommierten Akademie in der Favoritenstraße und seiner teilweise über Österreichs Bedeutung hinausgehenden imposanten rund 100 Botschaften und Vertretungen. Die Gebäude sind es nicht, auch wenn sich darunter ein früheres Prinzenpalais in Moskau, Stadtpalais in Paris und London, ein bedeutsamer Bau von Clemens Holzmeister in Ankara sowie moderne Architektur-Landmarks in New York und Berlin befinden.

Es ist vor allem die sehr eng vernetzte soziale Gruppe der Diplomaten, die Stärke garantiert: alte Familien – man muss nur die Namenliste der Botschafter lesen –, die seit Hunderten Jahren die auswärtigen Beziehungen dominierten, und deren Söhne und Töchter wie durch ein Wunder immer noch bei den Aufnahmeprüfungen besser abschneiden als andere. Es ist das closed shop der Berufsdiplomatie, die auch Bestqualifizierte nur hineinlässt, wenn sie vor den aktuellen Zunftmeistern eine bestimmte formale Prüfung, das Prealable, bestanden haben. Es ist die relativ große Zahl an gut bezahlten und privilegierten Jobs, die hier – und seit einiger Zeit auch über diese Schleuse in der EU – vergeben werden. Es sind besondere Arbeitsrituale im Ministerium, wo man eher nach neun beginnt, mittags immer noch Lunchpausen zelebriert und dafür abends länger da ist als in anderen Häusern; wo man Menschen, die Botschafter sind, mit „Minister" anspricht und gewesene Botschafter weiterhin als solche tituliert. Wo man einander bis hin zum Minister immer respektvoll duzt. Und es ist der Umstand, dass es kaum eine Kontrolle über die Machtträger gibt – für das, was in der Diplomatie schiefgeht, wird niemals jemand zur Verantwortung gezogen, zu diffus sind hier die Verantwortlichkeiten und Kausalitäten. Noricum ist ein historisches Beispiel dafür, die NATO-Beziehungen ein anderes. Es wäre übertrieben, von einem abgeschotteten Staat im Staate zu sprechen, aber einen gewissen Anschein dieses Bildes kann man schon finden.

Glanz und Hilflosigkeit

1945. Karl Renner ist Staatskanzler. Er und drei Staatssekretäre drängeln sich im zerbombten Kanzleramt am Ballhausplatz. Für die Wahl am 25. November hat Renner kein gutes Gefühl – seine Sozialdemokraten werden nicht gewinnen und er wird den Kanzlersessel räumen müssen. So bittet er schon am 2. November 1945 Julius Raab, den Staatssekretär für Bauten, ein Büro für den Bundespräsidenten zu suchen, denn dieses Amt strebt er an. Und beflissen sendet Raab eine kurze Liste zurück, zu der der Chef meinte: „Mir scheinen persönlich hiefür am geeignetsten Räumlichkeiten in der Hofburg zu sein, die zweifellos durch die Unterbringung des Staatsoberhauptes eine entsprechende Ausnutzung erfahren würden." So geschieht es auch. Es gelingt Renner, diverse Kommanden der Roten Armee aus dem Leopoldinischen Trakt zu komplimentieren, und 1946 zieht der Bundespräsident ein.

WER HEUTE – natürlich via Internet – mit dem österreichischen Bundespräsidenten in Kontakt tritt, wird von eindrucksvollen Bildern überschüttet. So etwas war früher nicht möglich, denn das Staatsoberhaupt hatte jahrzehntelang gar keinen eigenen Amtssitz, sondern war „Untermieter" im Kanzleramt. Das war ein Symbol dafür, wie wenig Macht die Verfassung dem Staatsoberhaupt anfangs gab. Er hatte weder das Recht, den Bundeskanzler frei zu ernennen, noch auf die Ministerliste Einfluss zu nehmen.

Das erste Staatsoberhaupt der Republik, Karl Seitz, war am 21. Oktober 1918 zunächst zum Präsidenten der Provisorischen Nationalversammlung gewählt worden. Kurz darauf wurde er Parteichef der stärksten Fraktion im Parlament, der Sozialdemokraten, und daher am 5. März 1919 als Parlamentspräsident auch Staatsoberhaupt. Man wies ihm sogar eine Dienstwohnung am Ballhausplatz zu – Metternichs private Residenz im dritten Stock mit Blick auf den Volksgarten –, die er aber ebenso wenig in Anspruch nahm wie eine dortige Kanzlei, da er geeignetere Büroräume im Parlament hatte. Politische Macht hatte das Amt nicht, es war rein repräsentativ. Macht erlangte Seitz erst 1923 als Wiener Bürgermeister.

Schwach agierten auch die beiden folgenden Bundespräsidenten, die schon auf Basis des Bundes-Verfassungsgesetzes gewählt wurden. Der erste war im Dezember 1920 der parteilose reiche Privatier, Agrarier und Volksbildner Michael Hainisch. Der 60-Jährige mit dem mächtigen Vollbart war von den Christlichsozialen nominiert worden, als sie ihren Parteifavoriten, den späteren Finanzminister Kienböck, in der Nationalversammlung nicht durchbrachten. Wegen seiner korrekten Amtsführung erwarb sich Hainisch eine gewisse Anerkennung; er versuchte sich im Rahmen seiner geringen Kompetenzen als Förderer von Landwirtschaft, Fremdenverkehr, des Handels mit Deutschland, des Denkmalschutzes, und er hielt Vorträge als Agrarökonom. Versuche, politisch Einfluss zu nehmen, scheiterten und für einige außenpolitischen Aktivitäten wurde er sogar herb kritisiert. Er amtierte bescheiden in seinen paar Zimmern am Ballhausplatz – allerdings mit eigenem Entree aus der Metastasiogasse –, von wo er täglich zum Mittagessen heim ging. In seiner zweiten Amtsperiode machte er keine gute Figur, als er zu den Schüssen des Juli 1927 beim Justizpalast jede Stellungnahme vermied. 1929 diente er noch kurz als Handelsminister, 1938 sprach er sich als überzeugter Großdeutscher für den „Anschluss“ aus.

Ihm folgte 1928 der bisherige recht unscheinbare Nationalratspräsident Wilhelm Miklas, beruflich ein Hofrat im Unterrichtsministerium, dessen Posten er nie antrat. Er war von Anfang ein willfähriger Parteisoldat seiner Kanzler, was sich erstmals daran zeigte, dass er den Nationalrat sofort auflöste, als die bürgerliche Regierung Vaugoin 1930 in die Minderheit geriet. Er versagte dann kraftlos in der Phase der schrittweisen Aushöhlung der Demokratie und der

Verfassung durch die Regierung. Nach der Ausschaltung des Nationalrats im März 1933 unterließ er es, Neuwahlen einzufordern oder die Regierung nach ihrem formalen Rücktritt durch eine verfassungstreue zu ersetzen, was möglich gewesen wäre. Auch als man ihm am 20. September 1933 die von einer Million unterzeichnete Petition übergab, den Nationalrat wieder einzuberufen, tat er das nicht und setzte den verfassungswidrigen Akten der Regierung auch keinen Versuch einer eigenen Notverordnung entgegen. Er war am Ballhausplatz politisch einfach nicht existent.

Im posthum entdeckten privaten Tagebuch äußerte sich Miklas zwar kritisch zur Politik von Dollfuß und Schuschnigg, öffentlich unterließ er aber jedes Wort. Zur Ausschaltung des Verfassungsgerichtshofs notierte er nur heimlich: „Ist das noch ein Rechtsstaat? Nach der Zerstörung des Parlaments jetzt auch noch die Zerstörung des Verfassungsgerichtshofs. Das soll ein katholisches Gewissen aushalten!" Seine politische Passivität ermöglichte es Dollfuß, 1934 den austrofaschistischen Ständestaat zu errichten. Dafür ließ dieser den Bundespräsidenten unangetastet. In den folgenden vier Jahren hatte Miklas überhaupt nichts mehr zu reden – was er nur in gelegentlichen Wutausbrüchen eingestand. Und am Abend des 11. März 1938 ernannte er nach kaum merkbarem Zögern auf Druck des NS-Regimes Arthur Seyß-Inquart zum Kanzler, entzog sich aber, als ihm dieser das Anschlussgesetz zur Unterzeichnung vorlegte, der Unterschrift dadurch, dass er jetzt sein Amt niederlegte – aber damit de facto seine Funktion als Staatsoberhaupt am 13. März auf den Bundeskanzler übergehen ließ, der nun das sofort in Kraft tretende Gesetz unterzeichnete. Warum Miklas so feige seine verfassungsmäßige Macht gar nicht nutzte, erklärte Göring mit einer zynischen Bemerkung in einem Telefonat mit dem deutschen Militärattaché in Wien: „Na gut, bei 14 Kindern muß man vielleicht sitzen bleiben." Die folgende Zeit des Kriegs verbrachte Miklas in seinen Häusern in Wien-Landstraße und am Wörthersee, bezog still seine Pension und wurde auf Hitlers Weisung nicht verfolgt. Nach 1945 übte er keine politische Funktion mehr aus.

Nach dem Zusammenbruch des faschistischen Dritten Reichs installierte die vorläufige Verfassung zunächst kein Staatsoberhaupt und die Räume im Palais Metternich blieben vorerst leer. Erst nach der ersten Nationalratswahl trat das B-VG wieder in Kraft und ein Bundespräsident war zu wählen – ausnahmsweise nicht vom Volk, sondern vom Parlament. Dieses kürte im Dezember 1945 Karl Renner, der sich sofort darum bemühte, weg vom Ballhausplatz, von dem so unheilvoll erlebten unmittelbaren Einflussbereich des Kanzlers zu kommen. Also zog er folgerichtig 1946 in die ehedem kaiserlichen Räume in der Hofburg ein, zu denen schon Victor Adler 1907, gerügt von der Linken wegen seiner Teilnahme am „Hofgang" – der Kaiseraudienz der Abgeordneten –, gemeint hatte: Die Sozialdemokratie sei so stark geworden, dass man vor ihr keine Türe schließen kann, auch nicht jene der Hofburg.

DIESE IST EIN IM LAUF von Jahrhunderten allmählich entstandener zentraler Schauplatz österreichischer Geschichte. Seit Ferdinand I. hatte fast jeder Herrscher einen Flügel hinzugefügt. Einer davon ist jener Trakt, den Leopold I. im 17. Jh. vom Hofingenieur Filiberto Lucchese in nur sechs Jahren errichten ließ. Der Kaiser konnte 1666 feierlich einziehen, die Freude dauerte allerdings nicht lange: Nach zwei Jahren brannte der Palast, die kaiserliche Familie rettete sich mit knapper Not. Die Wiener Juden wurden der Brandstiftung bezichtigt und aus der Residenzstadt vertrieben. Sofort aber wurde wieder aufgebaut – und noch prächtiger ausgestattet als zuvor. Die Beletage wurde in zwei Hälften geteilt, je eine für den Kaiser und die Kaiserin, in der Mitte das gemeinsame Schlafzimmer. An den Enden erschließen bis heute zwei Stiegenhäuser die Räume: die Botschafterstiege im Schweizerhof und die Adlerstiege vom Ballhausplatz. Leopolds Enkelin Maria Theresia nutzte die gegen den Inneren Burghof gelegenen Zimmer als offizielle Staatsgemächer und die zum Heldenplatz schauende Flucht als Privatwohnung. Im Alter füllig geworden, stieg sie schließlich keine Treppe mehr, sondern ließ an der heutigen Heldenplatzfront eine Rampe bauen, auf der sie der Wagen bis zu einem luftigen Eingang (die bell'aria) ins Piano nobile brachte, von wo sie direkt ins kaiserliche Appartement gelangte. Ihr Sohn Joseph II. arbeitete ebenfalls hier. Danach führte in diesen Zimmern – soweit er dazu überhaupt in der Lage war – Kaiser Ferdinand I. bis zur Revolution 1848 die Regierungsgeschäfte und sein Neffe und Nachfolger Franz Joseph setzte jene Tradition fort. Gemeinsam mit Sisi bewohnte er die Räume, bis sie 1857 in den prunkvollen Nordostflügel der Reichskanzlei übersiedelten.

Dieser Leopoldinische Trakt war ab 1918, wie die „Kronen-Zeitung" damals bedauerte, „kein Herrschersitz mehr und für jedermann gegen 3 Kronen Entree bis in ihre verschwiegensten Gemächer zugänglich." In den weniger prominenten Räumen mieten sich humanitäre Organisationen und politische Klubs ein. Viele Wohnungen wurden an Kammersänger, Kulturgrößen wie Max Reinhardt und höhere Beamte vermietet. Im Austrofaschismus plante man auch die Einrichtung einer Dienstwohnung für den Kanzler, und große Teile des Leopoldinischen Traktes wurden für Museumsnutzungen adaptiert.

Hier wurde also 1946 der Amtssitz des Bundespräsidenten untergebracht. Es dauerte aber, bis Renner die notwendige Adaptierung abschließen konnte. Kunstwerke, die im Krieg in Sicherheit gebracht worden waren, wurden retourniert, ein funktionierendes Büro wurde installiert. Aber Renner wollte schnellstmöglich die räumliche Nähe zum Kanzler und jede Parallele zu Miklas vermeiden. Zudem waren auch in Ungarn und in der Tschechoslowakei die Staatsoberhäupter in die Königsresidenzen eingezogen, und niemand hatte das kritisiert. Er wollte durch die Republikanisierung der Hofburg bewusst ein neues Kapitel der Geschichte eröffnen. Darum errichtete er sogar ein kleines Museum der Republik in drei Räumen im zweiten Stock seines neuen Amtes, in den ehemaligen Kinderzimmern Franz Josephs. Hier sammelte er Memorabilia, Dokumente, Bilder und Büsten. Sein Nachfolger Körner setzte diese Sammlung fort, Bundespräsident Schärf stellte sie ein.

Seit damals betritt man die Präsidentschaftskanzlei vom Ballhausplatz aus über die Adlerstiege, die in das „Erste Bellariazimmer" führt. Die aus dem 17. Jh. stammenden Bilder zeigen Erzherzog Ferdinand II. von Tirol und die Gattin des Bauherrn, Margarita Teresa von Spanien. Das „Zweite Bellariazimmer" enthält Pastellbilder des Schweizer Malers Liotard, darunter ein privates Bild Maria Theresias in einem schlichten Alltagskleid, und ein Bild ihres Ehemannes. Nun

Arbeitszimmer des Bundespräsidenten

folgt das „Rosenzimmer" mit der „kaiserlichen Vorstellungsuhr", einem Geschenk ihres Schwagers an Maria Theresia zum zehnjährigen Thronjubiläum. Die Uhr ist eine der bedeutendsten Prunkuhren der Barockzeit, 50 Kilo Silber wurden verarbeitet, um der „Vorstellung" – einer vom Uhrwerk bewegten Huldigungsprozession an das Kaiserpaar – den adäquaten Rahmen zu geben. An der Szene ist bemerkenswert, dass der kurz erscheinende düstere Dämon die Züge des Preußenkönigs Friedrich II. trägt. Die Rechnung des Darmstädter Uhrmachers Knaus soll 80.000 Gulden betragen haben.

Das verspielt wirkende „Pietra-Dura-Zimmer" birgt eine Unzahl von Bildern aus farbigen Halbedelsteinen, einer in Florenz entwickelten Kunst des Barock, die hier ihre größte geschlossene Sammlung fand. Die Bilder wurden zwischen 1737 und 1767 von Florentiner Künstlern im Auftrag von Kaiser Franz hergestellt, der ja Großherzog der Toskana war, aber erst 1841 im Leopoldinischen Trakt angebracht. Herrscherporträts, Möbel mit Steinintarsien, eine Uhr aus 1700 und ein prächtiger Keramikofen vervollständigen das Interieur.

In der Folge erreicht man den Spiegelsaal, der offenbar von Anfang an für Repräsentation ausgestattet worden war, und von dem aus man das „Miniaturenkabinett", den kleinen Arbeitsraum Maria Theresias erreicht. Die Bildchen stellen zu einem großen Teil Mitglieder des habsburgischen Herrscherhauses dar – bis hin zum Herzog von Reichstadt, dem Sohn Napoleons mit der Erzherzogin Marie Louise. Durch all diese Räume schreiten Regierungen zur Angelobung, Botschafter zur Beglaubigung und Besucher zum Bundespräsidenten.

Nun betreten sie das ehemalige Schlafzimmer Maria Theresias, das aufgrund seines Schmucks den Namen „Reiches Schlafzimmer" trug und in dem sie 1780 verstarb. Dieser Raum wurde zum zentralen Schauplatz vieler politischer Ereignisse im Zuständigkeitsbereich der Bundespräsidenten. Hier werden die Bundesregierungen angelobt, und der Tisch, an dem die Ernennungsurkunden sowie andere Vertragswerke unterfertigt werden, ist derselbe, auf dem 1955 im Belvedere der Österreichische Staatsvertrag signiert wurde. Von hier führt auch die berühmte kleine Tapetentür ins Amtszimmer des Bundespräsidenten, wohin er sich mit dem Kanzler, mit Ministern, mit Parteichefs oder Staatsgästen zur Beratung zurückzieht.

Die ursprüngliche Einrichtung ist auf dem Bild an der Stirnwand erkennbar. Die rote Tapete wurden bewahrt, ebenso der Schreibtisch und die astronomische Standuhr aus dem 17. Jh. aus wertvollen Materialien, technisches Wunderwerk ihrer Zeit – mit einem spiegelverkehrten Zifferblatt, weil so die Monarchin die Zeit bequem vom Bett aus im Spiegel ablesen konnte. Statt des Paradebetts ließ Renner Maria Theresias und Franz Stephans Porträts anbringen. In einer Nische ist ein Hausaltar eingebaut, der später mit der Wandverkleidung zugeschalt und erst 1957 wiederentdeckt wurde; er ist heute durch eine Öffnung zugänglich.

Die anschließenden Räume – beginnend mit dem Jagdzimmer – sind stilgerecht ausgestattet und werden für Besprechungen genutzt. Die parallele Flucht zum Heldenplatz diente Kaiser Joseph II. als Wohnung. Sie ist mit Brüsseler Tapisserien ausgeschmückt, nach deren Farbe die Räume benannt wurden. Der Grüne Salon ist das Arbeitszimmer des Bundespräsidenten, das von großen Gemälden des Hofmalers Greipel aus dem 18. Jh. dominiert wird. Sie zeigen die zur zweiten Hochzeit Josephs inszenierte Aufführung der Gluck-Oper „Il Parnaso confuso“, an der auch einige hier verewigte Erzherzoginnen und Erzherzöge mitwirkten.

Am westlichen Ende schließt die über zwei Stockwerke reichende Josefskapelle den Leopoldinischen Trakt ab. Mit dem ehemaligen kaiserlichen Wohnbereich ist sie durch einen Gebetsraum direkt verbunden und 1772 so in die Bausubstanz eingefügt, dass man ihre Lage vom Heldenplatz aus nur an den größeren Fenstern erkennt. Das Stockwerk oberhalb der Prunkräume ist schlichter, lässt aber noch immer die originale Ausstattung erkennen. Hier ist seit einigen Jahren die Dienstwohnung des Präsidenten vorgesehen und arbeiten Beamte der Präsidentschaftskanzlei in den wohl schönsten Büros der österreichischen Verwaltung, viel prächtiger, als es der Bedeutung des Amtes entspricht. Diese Kanzlei war immer primär auf Protokollarisches ausgerichtet, sie kennt die feinsten Feinheiten der Ordenshierarchie und niemals kommt es vor, dass jemand den falschen Titel zur falschen Zeit erhält. Als Stab eines politischen Funktionsträgers hat man sich hier nie verstanden. Das hat sich erst unter Van der Bellen etwas geändert, als der tagespolitische Druck zunahm und ein ganzer Schwung seiner Parteileute ins Haus kam. Heute hat er immerhin vier persönliche Mitarbeiter, zwei Sonderberater, vier Pressesprecher und zwölf Medienleute – neben den etwa 60 sonstigen Verwaltungsbediensteten.

IM ZWEITEN STOCK amtierte der alte Renner bis 1950. In den ersten Jahren regierte er mit klugen, entschlossenen Reden noch kräftig hinein in das, was auf der anderen Seite des Ballhausplatzes vorging, und entfaltete größte Anstrengungen in einem zähen taktischen und medialen Abwehrkampf gegen sowjetische Übergriffe. In den letzten Jahren kränkelte er mehr und mehr und musste immer öfter seine Geschäfte, bis hin zu Angelobungen, vom Krankenbett in seiner Residenz in der Himmelstraße 26 vornehmen – einer arisierten Villa, die auch von seinem Nachfolger bewohnt wurde, dann aber restituiert werden musste.

Nach Renners Tod wurde der frühere General und Wiener Bürgermeister Theodor Körner am 27. Mai 1951 zum Bundespräsidenten gewählt. Eigentlich war er von seinem neuen Amt nicht sehr begeistert und hatte auch gar nicht mit seiner Wahl gerechnet. Da er als unkonventionell galt und seine Parteifreunde fürchteten, er könne aus der Rolle fallen und zu wenig auf die Partei hören, bewog ihn Vizekanzler Schärf, den politisch denkenden jungen Diplomaten Bruno Kreisky in seine Kanzlei aufzunehmen. Überhaupt stand Körner stark unter der mitunter verletzenden Kuratel Schärfs, dessen Überlegenheit in innenpolitischen Fragen der Bundespräsident absolut anerkannte, ja bei dem er sich sogar brieflich „für Deine Ermahnungen" bedankte. Als nach der Wahl 1953 die ÖVP eine Regierungsbeteiligung des VdU erwog, zeigte Körner aber auch selbst Format und weigerte sich strikt, diese Partei in die Regierung aufzunehmen. Erstmals hatte ein Bundespräsident tatsächlich die politische Macht ausgeübt, die ihm die Verfassung gab. Beruflich und privat wurde der nach außen stets nobel auftretende Herr in der Hofburg, der eine Dienstvilla in Grinzing bewohnte, als mürrisch, aufbrausend, hart und schrullig beschrieben – so trug er auch im Winter nie Hut und Mantel –, aber absolut geradlinig und durchaus auch humorbegabt: Als er einmal neben Innitzer saß, der seinen Kardinalspurpur trug, murmelte er: „Eminenz, heute sind Sie der Rote und ich bin der Schwarze." Körner war nie verheiratet und hielt seine langjährigen Beziehungen zu Frauen – alle aus adeligen Familien – immer sehr verborgen.

Als er 1957 im Amt starb, folgte ihm sein politisches Über-Ich, SPÖ-Vizekanzler Schärf nach. Als junger Jurist war er Klubsekretär der Sozialisten im Parlament gewesen, bis ihn das Dollfuß-Regime zwangspensionierte, dann wurde er Rechtsanwalt. Unmittelbar nach Kriegsende wählte ihn die SPÖ zum Vorsitzenden und von da an gehörte er jeder Regierung als Vizekanzler an. Seine Politik war nicht unumstritten: Bei der Restitution geraubten jüdischen Vermögens zeigt er sich recht halbherzig, er verhinderte zurückgekehrte vertriebene Genossen in höheren Parteifunktionen, seine Haltung zum VdU, seine kritische Sicht zur Neutralität wurden ihm vorgeworfen. Aber er war ein eminent politischer Kopf, eine nahbare integrative Persönlichkeit und hatte seine Partei geschlossen hinter sich.

In der Zeit der stabilen großen Koalition, zu deren Architekten er zählte, war seine politische Rolle als Bundespräsident dennoch schwach, er konnte die schwarzen Bundeskanzler nur mahnen, auch die Positionen ihrer roten Koalitionspartner zu berücksichtigen. Machtvoll trat er mitunter auf, wenn er Postenschacher kritisierte und darauf bestand, zu Sektionschefs einen persönlichen Kontakt zu haben. Zweimal – 1959 und 1960 – erzwang er immerhin gegen große Skepsis sowohl in der ÖVP als auch in der SPÖ die Fortsetzung der großen Koalition, indem er seine Genossen davor warnte, die ÖVP den Freiheitlichen in die Hände zu treiben. Aber er klagte auch wiederholt darüber, wie wenig Einfluss er auf konkrete Entscheidungen habe. Er blieb in seiner Wohnung im 8. Bezirk und nahm keine Dienstvilla in Anspruch, zu offiziellen Anlässen begleitete den Witwer immer seine Tochter Martha.

Ein Höhepunkt seiner Amtszeit war das Treffen Kennedy-Chruschtschow am 3./4. Juni 1961, dessen Gastgeber er war. Politisch brachte es nicht den erhofften Erfolg, nach der versuchten US-Invasion in Kuba den Kalten Krieg zu deeskalieren und sich über Berlin zu einigen, die von Österreich gebotene Atmosphäre aber wurde allseits gewürdigt. Für 1500 Journalisten war die Fasangartenkaserne geräumt worden, das Diner in Schönbrunn war prächtig, Karajan dirigierte die Philharmoniker, die Damen speisten nach der Lipizzaner-Vorstellung im benachbarten Palais Pallavicini – Österreichs Bundespräsident hatte dabei aber nichts zu reden und zu vermitteln, die Dinge machten sich die Besucher in ihren Botschaftsgebäuden und unter vier Augen aus.

Der nächste Hausherr in der Hofburg war wieder ein Wiener Bürgermeister: Franz Jonas, Schriftsetzer, sozialdemokratischer Widerstandskämpfer gegen den Austrofaschismus, Freidenker, Antialkoholiker, talentierter Grafiker, pragmatischer Kommunalpolitiker – er passte scheinbar so gar nicht in das feudalistische Ambiente. Dennoch spielte er hier mehrmals eine wichtige politische Rolle: Nach dem fulminanten Wahlsieg der ÖVP 1966 gelobte er die erste Alleinregierung der Republik an – ohne Zögern, obwohl ihm das als Sozialdemokraten wohl schwergefallen sein wird. Aber er erkannte richtig, dass ihm die absolute Mehrheit im Nationalrat keine andere Wahl ließ, und er dürfte auch hinter den Kulissen nicht auf eine große Koalition gedrängt haben. Aber ebenso entschlossen berief er nach dem Wahlsieg der SPÖ 1970 eine sozialdemokratische Minderheitsregierung, als man keine Koalition zustande brachte – und das war wohl ein Wagnis, eine riskante, weitreichende politische Entscheidung, wenn auch nach Vorberatungen mit seinen Parteigremien. Erst die absolute SPÖ-Mehrheit bei der Wahl 1971 stabilisierte die Situation. An der politischen Wende von Schwarz zu Rot war Jonas damit maßgeblich beteiligt. Die bürgerliche Presse versuchte immer wieder, ihn als schlicht, ja tollpatschig darzustellen – in Wahrheit war er gebildet, ein guter Redner, und seine Treffen mit den Großen der Welt, Präsidenten, dem Papst, Marschall Tito, Königin Elizabeth sowie seine klugen Aussagen nach dem Einmarsch der Sowjets in Prag zeigen ein ganz anderes Bild.

FRANZ JONAS WAR DER ERSTE von vier Bundespräsidenten, der in der nunmehr angeschafften Amtsvilla Hohe Warte 36 wohnte, in einem von den ehemaligen jüdischen Eigentümern an die Republik verkauften Haus, das bis zur Unkenntlichkeit umgebaut worden war und mit seinen 764 Quadratmetern inklusive Indoor-Pool und Weinkeller wohl zu den hässlichsten Residenzen zählte, die je Staatsoberhäuptern zugewiesen wurden. Es erlebte später, unter Klestil, noch recht dramatische Tage und wurde dann aufgegeben.

Im April 1974 starb Jonas, der zuletzt wegen seiner schweren Krankheit von den Nationalratspräsidenten vertreten werden musste. Zu seinem Nachfolger in der Hofburg wurde Außenminister Rudolf Kirchschläger gewählt. Der katholische Jurist hatte unter Kreisky Karriere im Außenamt gemacht und bei der sowjetischen Invasion der ČSSR besondere Zivilcourage bewiesen, als er, entgegen der Weisung seines Ministers Waldheim, etwa 50.000 Visa für Tschechen, die ins Ausland fliehen mussten, ausstellte. Kreisky schätzte den parteilosen Außenminister und setzte ihn auch innerparteilich als Präsidentschaftskandidaten durch – wohl auch, weil er selbst nicht kandidieren wollte, da ihm zu Recht die Funktion des Kanzlers bedeutsamer schien als jene des Staatsoberhaupts.

Zwölf Jahre bekleidete Kirchschläger das Amt, zurückhaltend im Stil, sozial engagiert, klar in seinen Aussagen, wenn es wichtig war. Seine Aufforderung 1980 angesichts mehrerer Korruptionsskandale,

Die frühere Dienstvilla des Bundespräsidenten auf der Hohen Warte in Wien

die „Sümpfe und sauren Wiesen trockenzulegen", wurde legendär. Er hatte angesichts der stabilen Dominanz der Sozialdemokraten in der Regierung herzlich wenig Gestaltungsraum in der Innenpolitik, aber immerhin konnte er 1979 Carter und Breschnew, die Mächtigsten der Welt, in der Hofburg begrüßen. Seine Wiederwahl mit 80-prozentiger Mehrheit war ein deutliches Zeichen der Wertschätzung seiner Amtsführung.

Er war der erste Bundespräsident der Zweiten Republik, der nicht im Amt starb. Aber sein Abgang gestaltete sich insofern spektakulär, als mit der Kandidatur Kurt Waldheims eine weit über Österreich hinausgehende Diskussion über dessen Rolle im NS-Militär und darüber hinaus über Österreichs gehätschelte Position als „erstes Opfer der Nazis" ausbrach. Die Ergebnisse sind bekannt: Waldheim gewann die Wahl, war aber international völlig isoliert und daher einer der schwächsten Inhaber des Präsidentenamts. Er konnte außenpolitisch keine Akzente setzen und stand innenpolitisch im Schatten des Kanzlers. In realistischer Einschätzung seiner Rolle verzichtete er daher auch auf eine Wiederkandidatur.

Aus dieser Zeit stammt auch die skurrile Rivalität zwischen Kanzler und Präsident um den Platz, an dem die Ehrenkompanie bei

Staatsbesuchen Aufstellung nimmt. Das war anfangs immer der Ballhausplatz, dann aber wollten auch Kanzler ein solches Zeremoniell haben und die Präsidentschaftskanzlei verlegte die Parade verschnupft in den Inneren Burghof.

1992 folgte nochmals ein Außenpolitiker: der Generalsekretär des Außenamts, Thomas Klestil. Seine zwölfjährige Amtszeit sollte dramatisch sichtbar machen, wie begrenzt die Macht der Herren in der Hofburg sein kann. Er trat mit einem forschen Anspruch an: „Macht braucht Kontrolle", und wurde dafür gewählt. Doch rasch wies ihn die Koalitionsregierung in die Schranken, als sie seinem Wunsch nicht entsprach, Österreichs EU-Beitrittsvertrag selbst zu unterzeichnen. Seine Position wurde weiter geschwächt, als seine Eheprobleme in der Villa die Boulevardmedien füllten. Und es wollten auch Gerüchte nicht verstummen, dass er in der Hofburg ein kleines, sehr privates Appartement einrichten ließ. Dennoch wurde er mit großer Mehrheit wiedergewählt.

Im Vertrauen auf diese Bestätigung versuchte er nach der Nationalratswahl 1999 auf die Regierungsbildung direkt Einfluss zu nehmen, indem er eine FPÖ-Beteiligung ablehnte. Damit setzte er sich aber bei der ÖVP, deren Verhältnis zu ihrem seinerzeitigen Kandidaten zwischenzeitlich eisig war, nicht durch. Da ÖVP und FPÖ gemeinsam eine Mehrheit im Nationalrat hatten, konnten sie ihn politisch dazu zwingen, Wolfgang Schüssel zum Kanzler zu ernennen, und auf dessen Vorschlag eine schwarz-blaue Regierung. Sein verzweifelter Versuch, in letzter Stunde vor dem 4. Februar 2000 in Geheimverhandlungen das Steuer herumzureißen, war ebenso wirkungslos wie eine von ihm in den Regierungsvertrag hineinreklamierte Präambel und die bei der Angelobung demonstrativ zum Ausdruck gebrachte Missbilligung. Lediglich zwei potenzielle Minister konnte er verhindern. Alle Welt sah, dass der Kaiser in der Hofburg ohne Kleider war. Als es ihm auch zwei Jahre später nicht gelang, eine große Koalition durchzusetzen, trat er politisch mehr und mehr in den Hintergrund. Er starb im Amt zwei Tage vor dem Ende seiner Funktionsperiode.

Sein Nachfolger wurde nun wieder ein Sozialdemokrat, der frühere Nationalratspräsident Heinz Fischer. Seine Wahl zeigte, dass sich Österreich ein politisches Gegengewicht zur konservativen Bundesregierung wünschte. Auch ihm waren zwölf Amtsjahre vergönnt, und viele Beobachter sind sich darin einig, dass kaum jemandem diese Funktion so auf den Leib geschneidert war wie ihm, bzw. dass seine Persönlichkeit in besonderer Weise den Anforderungen des Amtes entsprach. Auch seine Zeit war aufgrund der großen Koalitionen wenig spektakulär, es waren keine wegweisenden Entscheidungen zu treffen und keine dramatischen Entschlüsse in großen Krisen zu fassen. Aber er erwarb sich durch seine ausgleichende Art und sein großes politisches Geschick größtes Vertrauen und er vermochte es, hinter der Fassade der Hofburg durch ständige politische Kontakte und Initiativen auch in Phasen des drohenden Stillstands der Politik das „Werkel am Laufen zu halten“. Er verzichtete auf eine Residenz, die Hohe-Warte-Villa wurde verkauft und geschleift.

ERST AM ENDE SEINER AMTSZEIT wurde es dramatisch, als zunächst eine Stichwahl nötig wurde und diese auch noch wiederholt werden musste. In der Zeit bis zur Wiederholungswahl lief die Amtszeit Fischers ab. Daher war die Präsidentschaftskanzlei vom 9. Juli 2016 bis zum 26. Jänner 2017 gewissermaßen „herrenlos“, denn die drei Präsidenten des Nationalrates hatten vertretungsweise die Amtsgeschäfte zu führen. 2017 übernahm Alexander Van der Bellen die Funktion – und sehr bald zeigte sich, wie wichtig sie in politisch unsicheren Zeiten ist: Erstmals in der Geschichte unserer Bundesverfassung wurde am Abend des 27. Mai, einem Montag, einer Bundesregierung das Misstrauen ausgesprochen. Der Bundespräsident hatte zwar einige Tage vorher noch nach dem Bruch der Koalition den Vorschlag des Kanzlers Kurz akzeptiert, eine Übergangsregierung der ÖVP zu ernennen, aber als diese im Parlament scheiterte, musste er selbst die politische Gestaltung übernehmen.

Ab Dienstag früh nutzte er die Chance: Gut beraten griff er zur Möglichkeit eines Kabinetts aus „hohen Beamten“. Eine erste Beratungsrunde mit seinem Strategen Lockl und der Kabinettsdirektorin listete Vorschläge für die Kanzlerbesetzung und nach Sondierung mit den Parteien entschied er sich am Mittwoch für die als konservativ geltende VfGH-Präsidentin Bierlein. Als diese nach einer Nacht des

Angelobung von Brigitte Bierlein im „Reichen Schlafzimmer" der Präsidentschaftskanzlei

Überlegens zusagte, entwickelten sie zu viert die Ministerliste. Man plante deren Zusammensetzung so, dass sie mit Parteienunterstützung rechnen konnte – einen Vizekanzler, der der Sozialdemokratie nahe und als ehemaliger VwGH-Präsident unumstritten war; einen Außen- und Kanzleramtsminister, treu ergeben dem eben abgesetzten ÖVP-Chef, und Sektionsleiter aus dem jeweiligen Ministerium als Ressortminister, die in ihrer Gesamtheit alle politischen Strömungen ausgeglichen abbildeten – drei Schwarze, zwei Rote, der Adjutant des Präsidenten, ein FPÖ-Naher. Dabei schuf man noch bewusst eine Geschlechterparität. Nur die Kür des Innenministers gestaltete sich zäh, erst nach längerer Suche fand man den Chef der Finanzprokuratur als geeignet. Am Samstag waren alle Kandidaten eingeladen, hatten ausführliche Gespräche mit Präsident und Kanzlerin absolviert, und zusätzlich war zu allen eine stillschweigende Duldung aller Parlamentsparteien eingeholt. Montag früh konnte die Regierung angelobt werden. Hier zeigte sich, dass ein Bundespräsident mächtig sein kann, wenn er seine Möglichkeiten in Ausnahmesituationen klug, entschlossen und zügig nutzt.

Zwar war der Regierung Bierlein aus verfassungsrechtlichen Gründen keine lange Amtszeit gegönnt, doch die folgende Regierung Kurz II war danach so sehr von Skandalen geschüttelt, dass sie ein

Machtvakuum öffnete, das noch einmal der Bundespräsident teilweise erfolgreich füllen konnte. Er tat dies, indem er seine ehemalige Partei, die Grünen, in der Regierung hielt, auch als die allgemeine Zustimmung der Bundesregierung ins Bodenlose fiel. Van der Bellen wird als der Präsident mit den meisten Ministerangelobungen in die Chronik eingehen, und als derjenige, der zeigte, dass das Amt und ein besonnener Träger einer Krisenzeit sehr wichtig sind.

Hat der Bundespräsident also Macht? In der Ersten Republik spürte man kaum etwas davon, und vor allem Miklas versagte völlig. Renner hingegen legte seine Rolle als Steuermann der Republikgründung recht wirksam an. Den Präsidenten der langen Zeiten der großen Koalitionen ließ man danach wieder nur wenig Raum, sich politisch zu entfalten. Allerdings darf man die Rolle sozialdemokratischer Bundespräsidenten als Gegenpol zu den ÖVP-Bundeskanzlern nicht unterschätzen – mehrfach verhinderten sie ein Hinausdrängen ihrer Partei aus der Regierung, aber auch Experimente riskanter Minderheitsregierungen. Erst in der Phase eines großen politischen Umbruchs zeigte der Bundespräsident wieder 1971, dass die ihm anvertraute Kanzlerernennung nachhaltige politische Wirkungen haben kann. Danach spielten die Bundepräsidenten erneut nur eine sekundäre Rolle – vor allem Waldheim aufgrund seiner internationalen Isolierung. Klestils Scheitern im Jahr 2000 machte sehr deutlich, dass die verfassungsrechtlichen Möglichkeiten der Hofburg zwar weit gehen, sich in der politischen Praxis aber nur in Kooperation mit Bundesregierung und Parlament durchsetzen lassen. Angesichts dessen gab es daher kurz die Diskussion, ob man nicht den Bundespräsidenten überhaupt abschaffen sollte. Erst die Instabilität der Regierungen ab 2018 ließ wieder erkennen, wie wichtig die Person in der Hofburg sein kann. Wenn die anderen Staatsorgane schwächeln oder sich gegenseitig paralysieren, wenn sie in Umbruchszeiten gelähmt sind, dann – aber auch nur dann – zieht für kurze Zeit die Macht in den Leopoldinischen Trakt ein.

Geld und Gold

„Die österreichische Beamtenschaft war überhaupt von einer unwahrscheinlichen Anständigkeit. Das Elend des Krieges, die furchtbare Not nach dem Zusammenbruch und in den ersten Jahren des kleinen Österreich vermochten die Redlichkeit der Beamten nicht zu erschüttern, trotz so mancher an sie herantretender Versuchungen. Ich weiß von hungernden Zollbeamten, die an der kärntnerisch-italienischen und jugoslawischen Grenze geschmuggelte Valuten beschlagnahmten und pünktlich abführten, die sie gefahrlos hätten behalten können. Die sich hätten von Schmugglern bestechen lassen können, ohne daß die Sache je herausgekommen wäre. Das gleiche gilt von den Steuerbeamten. Hier wirkte eine jahrhundertealte Erziehung nach."

(KLEINWAECHTER, „DER FRÖHLICHE PRÄSIDIALIST", 1947, S. 298)

„Im Jahr 2000 kamen Mag. G., Ing. M., Dr. H. und KR P. überein, insbesondere aus der Ministertätigkeit von Mag. G., privaten Profit zu schlagen. ... Er ist schuldig, seine Befugnisse über fremdes Vermögen wissentlich missbraucht zu haben, er habe dadurch der Republik Österreich einen Vermögensschaden in der Causa Buwog von 9,6 Mio. Euro verursacht. Er habe das Verbrechen der Untreue, das Vergehen der Fälschung eines Beweismittels und das Verbrechen der Geschenkannahme durch Beamte begangen. Aus seinen Tathandlungen erhellt, dass der Minister gegenüber rechtlich geschützten Werten eine besonders gleichgültige Einstellung hegt. Zur Stärkung des Vertrauens in demokratische Institutionen ist es erforderlich, potenziellen Straftätern im Bereich der Korruptionsdelikte deutlich vor Augen zu führen, dass diesbezügliche Verfehlungen auch höchster Organwalter entsprechende Sanktionen nach sich ziehen; denn nur so kann die Normtreue sichergestellt werden."

(AUS DER BEGRÜNDUNG EINES STRAFURTEILS ÜBER EINEN FINANZMINISTER)

„DIE HIMMELPFORTGASSE" ist in den kundigen Kreisen der Macht keine Straßenbezeichnung, die an ein altes Kloster erinnert, sondern das Synonym für die staatliche Finanz und Wirtschaftskraft, den Fiskus und dessen Lenker. 20 Finanzminister der Ersten Republik und 25 der Zweiten amtierten hier. Eine beachtliche Fluktuation in 100 Jahren und bei Weitem nicht alle waren mächtig. Einige wussten, wie man das Land steuert, andere schwammen unbedeutend mit, einige waren rechtschaffen, andere nicht. Alle aber verbrachten diese Zeit im schönsten der Wiener Paläste, dem Winterpalais des Prinzen Eugen.

Die Pracht dieses Hauses ist so symbolhaft: Im Türkenjahr 1683 sprach ein 20-jähriger kleingewachsener armer französischer Prinz in Audienz bei Kaiser Leopold I. vor und ersuchte um Aufnahme in die Armee. Sie wurde ihm gewährt. Diese Entscheidung sollte sowohl für den Savoyer als auch für die Habsburger von Vorteil sein, denn der Mann bewährte sich außerordentlich bis zum Oberbefehlshaber. 1694 erwarb er von seinem guten Sold um 33.000 Gulden ein Haus neben dem Stadtgefängnis. Da der Prinz vom Hof Ludwigs XIV. offenbar einen Hang zu absolutistischem Prunk mitbrachte, beauftragte er auch den besten Baumeister seiner Zeit, Johann Bernhard Fischer von Erlach, mit der Planung. In der Folge ließ er sich jeden Sieg hoch bezahlen und realisierte einen Bauabschnitt nach dem anderen.

Um 1700 stand ein siebenachsiges Palais zwar etwas eingezwängt zwischen den Häusern des Hutmachers Fauconet bzw. des Bürgers Gattenhoff, fand aber höchstes Lob der Öffentlichkeit. So drängte sich der Konkurrent Fischers, Johann Lucas von Hildebrandt, für die Innenausstattung auf und übernahm dann das ganze Projekt. 1708 wurde das Bauwerk auf die doppelte Breite und zwei Portale erweitert – standesgemäß für den nunmehrigen Präsidenten des Hofkriegsrates, Generalgouverneur des Herzogtums Mailand und Feldmarschall. Die Auspressung dieser Positionen – Geldeintreiben konnte man also schon damals im Hause – ermöglichte weitere Investitionen, über die er sogar von den Feldlagern aus mit seinen Architekten eifrig korrespondierte. 1719 wurde noch ein Grundstück zugekauft und 1723 der Bibliothekstrakt mit einem weiteren Portal angefügt, womit die heutige Breite von 17 Fenstern erreicht wurde.

Der Hausherr zog sich später in die Diplomatie und die schönen Künste zurück. Als er am 21. April 1736 mit 73 Jahren als einer der reichsten Männer der Welt starb, verkaufte seine Erbin Anna Victoria alles, was nicht niet- und nagelfest war. Die Bibliothek fiel an das Kaiserhaus, das Winterpalais wurde 1752 von Maria Theresia für die Münz- und Finanzbehörde erworben. Wo zuvor das Geld des Prinzen verwaltet worden war – chronisch zu viel für einen Einzelnen –, wurde nun das Geld des Reichs verwaltet – chronisch zu wenig für dessen Bedarf. Hier wohnte der Präsident der Hofkammer, daneben das Amt, darunter arbeiteten Münzgraveure. Seit 1848 logiert das Finanzministerium im Palais.

Das Haus enthält das am üppigsten vergoldete Interieur in der Stadt – das passt zur Finanz. Die Fassade wird von drei Portalen geprägt, über denen Balkone und Putten angebracht sind. Reliefs mit Szenen aus der griechischen Mythologie umrahmen die Tore und ein mächtiger Doppeladler krönt die Front. Am Haupttor ist die Figur des Herkules der Beginn einer ganzen Serie, die sich durchs ganze Haus zieht – Symbol der militärischen Selbsteinschätzung des ersten und der Macht der weiteren Hausherren.

Durch die Einfahrt gelangt man zur monumentalen Prunkstiege. Stuckdecken, Lichtkuppeln, Nischen, Halbreliefs, Figuren und Säulen sollen den Besucher offenbar bereits hier von der Bedeutung des Hausherrn beeindrucken. Der Erbauer zeigte seine allegorische Visitenkarte mit Nachdruck: Auf Reliefs werden Rüstung und Schwert in Körben verpackt, liegt türkische Ausrüstung auf einem Karren, wirkt ein ungeschlachter Herkules kampflustig. Atlanten tragen die Balustrade, die breite Treppe wendet sich mehrfach, was Gelegenheit für allerlei höfische Finessen des Protokolls gab und gibt. Der helle große Raum wird durch ein Fresko gekrönt, in dem Apoll in die Ewigkeit einzieht. Der originale Eingang der Prunkräume ist nicht mehr erhalten, ein Relief aus dem 19. Jh. verstellt ihn. Ein Bild des

Bauherrn aber blickt herunter auf die Pracht – und auf Bittsteller, die zum Finanzminister kommen.

Auf dem Zwischenabsatz der Treppe passiert man den schmalen Zugang zur Kapelle und erreicht dann die früheren Räume der Minister. Zunächst den „großen Saal", heute niedriger, kleiner und schlichter als zu der Zeit, da er als Empfangssaal des Prinzen diente und mit goldenen Säulen, Schlachtenbildern und einem Herkules an der Decke verziert war. Kupferstiche erinnern an Siege des Savoyers. Aus dem Saal führt eine Tür zur Antichambre, später Ministersekretariat, und dann in das Amtszimmer der Finanzminister. Dieses dürfte Arbeitsraum Prinz Eugens gewesen sein. In der zurückhaltenden Ausstattung dominiert ein Deckenbild, auf dem ein ungerechter Herrscher entthront wird. Diese beiden Räume haben eine gewisse Intimität, im Gegensatz zu dem auf Repräsentation ausgerichteten Fronttrakt.

Der ist ein geschlossenes und luxuriöses barockes Innenarchitektur-Ensemble, das seinen ursprünglichen Charakter bewahrte. In den Sälen wurden fast 100 Jahre lang die Budgets Österreichs verhandelt. Der lange Gelbe Salon diente ursprünglich als Gemäldegalerie, die heutige Gestalt geht auf den Umbau 1752 zurück. Die gelbe Tapetenbespannung dominiert in goldenen Rahmen farblich den Raum, die Vertäfelung ist mit Grotesken des Malers Drentwett verziert, der allerlei Fratzen, Figuren, Ornamente und Fabeltiere durcheinanderwürfelte. Bilder zeigen die Eltern Prinz Eugens. Hier fanden in republikanischer Zeit die Budgetpoker der Minister statt.

Der Rote Salon wird von einer „Himmelfahrt" des Herkules geprägt, unter der der Prinz seine Audienzen hielt. Darunter finden sich Episoden aus dem Leben des griechischen Helden und vom reich verzierten goldenen Sims heben sich Tierköpfe ab. Vergoldete Holzverkleidungen mit Grotesken verbinden Sockel, Fensterstöcke und Türfüllungen zu einer optischen Einheit, in der das bekannte Bild des Prinzen im Harnisch auf einem Schimmel dominiert. Als Beiwerk sind die Porträts seiner kaiserlichen Chefs – Joseph I. und Karl VI. – daneben angebracht. Man kann sich da ganz gut vorstellen, dass das Verhältnis der Kaiser zu ihrem erfolgreichen, dynamischen, reichen und eitlen Oberbefehlshaber nicht immer spannungsfrei

In den Salons von Prinz Eugens Palais wurde jahrzehntelang das Budget verhandelt.

war. Dieselbe Konstellation gab es auch später noch mehrfach. Es folgt der Blaue Salon, in dem an der Rückwand der damaligen Gepflogenheit entsprechend ein riesiges „Paradebett" stand. Auch der Raum ist mit einem Deckenfresko und mit Groteskenmalerei verziert – wieder herkulisch, diesmal seine Vermählung, die aber in der Wucht der Bindung mit Ketten eher an eine Gefangennahme gemahnt. Rundum hat sich der gesamte Olymp versammelt. In republikanischen Zeiten war dies der geeignete Rahmen für Pressekonferenzen.

Nun teilt sich die Zimmerflucht in zwei kleine Räume: Das Prachtstück des Hauses ist das Goldkabinett. Es besteht fast nur aus Edelmetall und Spiegeln, die in der richtigen Perspektive einen unendlichen goldenen Wandelgang vorgaukeln. Wände, Fenster und Türen sind geschnitzt, blattvergoldet und mit feinsten Ornamenten verziert, die vergoldete Decke mit einem Puttenbild im Zentrum ist aus einem einzigen Stück. Details wie ein Satyr, dem man nachträglich eine schwarze Brille aufsetzte, eine Durchreiche für die Teilnahme am Gottesdienst in der Kapelle, ein Kamin und pastellfarbene

Wandbilder vervollständigen das Ensemble. Mehr als einmal hat man dem Finanzminister das viele Gold, das ihn hier umgab, im Budgetgerangel angekreidet. Aber finanziell ließ man sich's ja nie schlecht gehen im Finanzministerium: In Zeiten der Monarchie freute sich beispielsweise bei jedem Ministerwechsel jeder Beamte im Präsidium über eine Sonderbelohnung.

Neben dem Goldkabinett liegt die Hauskapelle. Der Parkettboden, der Altar, die Wandmalerei, eine feinziselierte Scheinarchitektur, die Betonung der Senkrechten und das Deckenfresko bilden eine harmonische Einheit, die den Raum größer wirken lässt. Der anschließende Schlachtenbildersaal ist der Gegensatz zu den kleinen Räumen. Er war ursprünglich der riesigen Bibliothek des Prinzen gewidmet, die 10.000 Bände und weltberühmte Raritäten umfasste. Nach seinem Tod kamen die Schlachtenbilder nach Frankreich, 1815 nach Wien zurück, aber erst 1946 wieder in die Himmelpfortgasse. Die kolossalen Gemälde von Parrocel zeigen militärische Erfolge des Prinzen detailgenau, aber mit taktischen Szenen, die im Ablauf der realen Ereignisse nacheinander folgten. Der Entsatz von Turin ist das größte Gemälde, die Schlachten von Zenta, Höchstädt, Cassano, Oudenaarde, Malplaquet und Belgrad umrahmen es.

IN DIESEM ERLESENEN AMBIENTE also arbeiteten – und lebten auch mitunter in einer eher ungemütlichen Dienstwohnung – die Finanzminister der Republik, hier sammelten und verteilten sie das Geld. Vor ihnen waren die in rascher Folge wechselnden Sektionschef-Minister der zerbröckelnden Monarchie nicht mehr wirklich mächtig gewesen. Zwar wurden sie regelmäßig geadelt und als Generaldirektoren versorgt, im Amt hatten sie aber nurmehr Schulden und Inflation zu verwalten, auch wenn der prächtige Amtssitz anderes vortäuschte.

Das erfuhr auch der erste republikanische Minister, der 71-jährige Kärntner Abgeordnete Otto Steinwender. Es muss für ihn ein merkwürdiges Gefühl gewesen sein, in aller Morgenfrühe die Herkulestreppe hinaufzusteigen, ohne richtiges Frühstück, denn im November 1918 war Hunger in Wien allgegenwärtig, und zu wissen, dass man nicht die Kräfte dieses Herkules mobilisieren konnte, um die nötigen Lebensmittel einkaufen zu können. Nahezu das einzig Sinnvolle, was er aus der Monarchie geerbt hatte, war der „Ersparungskommissär" Hornik. Fünf Monate lang versuchte der Gymnasialprofessor im Nachkriegschaos den Fiskus funktionsfähig zu machen. Das gelang ihm zwar in der Organisation, indem er die Finanzämter aus der Bezirksverwaltung löste, aber nicht bei den Steuereinnahmen und der Inflation. Wütende Proteste der Wirtschaft zeigten ihm rasch die Grenzen seiner Macht, er machte Fehler beim Kronen-Umtausch und wurde bei der Wahl 1919 nicht mehr aufgestellt.

Da holte sich der Staatskanzler jetzt ein „Genie" auf den wichtigen Posten: Der erst 35-jährige, aber schon weltberühmte Ökonomieprofessor Schumpeter war in allem das Gegenteil – ein Dandy, Schürzenjäger, Machtmensch, und er hatte klare Vorstellungen, was er machen wollte – vor allem eine Vermögensabgabe der wirklich Reichen. Das meiste, was er in seinem goldenen Kabinett ausdachte, brachte ihn aber mit seinen sozialdemokratischen Regierungskollegen in Konflikt: Er wollte keinen Anschluss an Deutschland, er duldete den Verkauf der Alpine Montan, anstatt sie zu sozialisieren, er legte ein radikales Sparkonzept der Staatsfinanzen vor, und er verbreitete in zahllosen Reden zu viel und damit unglaubwürdig Zuversicht. Das führte dazu, dass man in ihm zusehends nicht das Genie, sondern einen Dampfplauderer sah, der nach einem halben Jahr wieder das Palais verlassen musste.

Ihm folgten jetzt Beamte, die in die Etage im Palais nach oben wechselten: zuerst der hagere Professor Reisch, der im Kampf gegen die immer schnelle galoppierende Inflation große Pläne zur Sanierung wälzte, aber scheiterte; nur die Einkommens- und eine völlig verwässerte Vermögenssteuer konnte er durchsetzen. Danach der eifrige Sektionschef Grimm, von dem man sagte, dass er sogar Frühstück, Mittagsmahl und Abendessen in seinem Amtszimmer einnahm. Er setzte darauf, dass Völkerbund-Zusagen und Konjunktur die Inflation bremsen würden und wartete daher erst einmal hinter dicken Vorhängen ab. Nicht einmal ein Budget brachte er ins Parlament und eine Sanierung gelang auch ihm nicht.

Diese schaffte erst Seipels Finanzminister Viktor Kienböck – die wohl stärkste Figur der Ersten Republik im Palais – im Zusammenwirken von Staatsführung und Finanzpolitik. Der Kanzler erreichte, dass der Völkerbund dem gebeutelten Land eine Anleihe von 650 Millionen Goldkronen gewährte – freilich um den Preis eines brutalen staatlichen Sparkurses und der Vormundschaft eines Generalkommissärs. Der dafür zuständige Finanzminister, früher christlichsozialer Wiener Rechtsanwalt und Stadtrat, beendete das Banknotendrucken, führte die Umsatzsteuer ein, erreichte den Abbau von 10.000 Beamten und sanierte den Haushalt. Die Himmelpfortgasse gab also kraftvolle Lebenszeichen. Allerdings stieg die Arbeitslosigkeit, und ein erbitterter Kampf gegen das Rote Wien schuf ihm viele Feinde. Gemeinsam mit seinem Kanzler musste er 1924 aus parteipolitischen Gründen das Amt quittieren, kehrte aber 1926 – nach zwei unbedarften Finanzministern, die nach dilettantischen Alleingängen entlassen wurden – wieder in die Himmelpfortgasse zurück. Am Ende seiner Ministerschaft hatte er wohl machtvoll die Staatsfinanzen saniert – nicht aber die Wirtschaft. Danach wirkte er als Nationalbankpräsident noch lange ins Finanzministerium hinein.

Als im Oktober 1929 die Banken krachten, avancierte wieder ein Sektionschef, der Tiroler Otto Juch, zum Ressortleiter. Von der ersten Stunde an belastete der Zusammenbruch der Bodenkreditanstalt seinen Handlungsspielraum im Palais; als sie von der Creditanstalt übernommen werden musste und diese daraufhin selbst krachte, schaffte Juch aber die für Österreich existenziell wichtige Bankensanierung. Auch den Finanzausgleich mit den Ländern brachte er in Griff, wobei er wieder gegen Wien mit Brutalität vorging, indem er mit dem Auslaufen der alten Regelung einfach alle Zahlungen einstellte. Doch als er die Beamtengehälter kürzen wollte, scheiterte er und kehrte ins Haus zurück.

Nach ihm schien wieder großer Glanz auf das Winterpalais zu fallen, als Bundeskanzler Buresch den weltberühmten Professor Joseph Redlich berief. Dieser war in den letzten Tagen der Monarchie schon einmal Minister gewesen, er lehrte in Harvard, er kannte die internationalen Größen der Finanzwelt. Er schien zum weltläufigen Geist des Hauses zu passen. Bloß zum Minister eignete er sich gar nicht, wie sich rasch zeigte: Zuerst belehrte er herablassend das Parlament, dann schwänzte er Ministerratssitzungen, weil er in Bad Aussee einen Kollegen zu Gast hatte, dann redete er nicht mit seinen Leuten im Ministerium, und im Eindruck einer hitzigen Parlamentssitzung trat er nach knapp drei Monaten zurück. Ganz anders war sein Nachfolger, der Berufspolitiker Weidenhoffer, der sich ohne jede Ambition zweieinhalb Jahre lang hielt, obwohl – oder weil – er finanzpolitisch so gut wie keine Akzente setzen durfte. Nach ihm war der von Dollfuß als Bundeskanzler verdrängte Karl Buresch, der 1933–35 das Haus leitete, hier wie gefangen im goldenen Käfig. Zu reden hatte auch er nichts – so erklärt sich, dass er am 12. Feber 1934 nachmittags den roten Wiener Stadtrat Danneberg in seinem Büro empfing, weil ihm schlichtweg keiner gesagt hatte, dass Dollfuß am Vormittag gegen die Sozialdemokraten militärisch zugeschlagen hatte. Das abgelegene Palais spürte wohl auch tatsächlich nichts vom Bürgerkrieg in der Stadt. Ein Jahr nach seiner Demission beging er, in den Strudel einer Korruptionsaffäre gezogen, Selbstmord.

1936 kam als Letzter Rudolf Neumayer ins Haus, Wiener Finanzbeamter, zuerst glühender Ständestaatler und danach ebenso glühender Nazi, ein glatter Opportunist dieser Zeit. Er dürfte es genossen haben, mit blanken Stiefeln seine Autorität in den Barockräumen auszuleben. Nach dem Einmarsch beendete er die Rolle des ehrwürdigen Palais als Ministerium, organisierte den Transfer des Bundesvermögens an Deutschland, erhielt dafür von Hitler eine handschriftliche Dankadresse und ließ sich im gepolsterten Chefsessel der Städtischen Versicherung nieder. Nach 1945 wurde er vom Volksgerichtshof wegen seiner Aktivitäten zu lebenslangem Kerker verurteilt, saß aber nur drei Jahre ab, startete eine späte Karriere in einer Wohnbaugesellschaft und starb quasi rehabilitiert mit 90 Jahren.

DIE MEISTEN FINANZMINISTER der Ersten Republik waren Getriebene, geknebelt von Inflation, Staatsschulden, der Lebensunfähigkeit dieses kleinen Landes. Macht gab es da kaum im Palais des Prinzen Eugen, man konnte lediglich geschickt das Schlimmste verhindern. Zudem verstanden es Banken, Lobbys und Krisengewinnler, die Umverteilungsversuche des Finanzministers zu unterlaufen. Welch ein Gegensatz zwischen den vergoldeten Dienstzimmern drinnen und dem Elend draußen. Dennoch steuerten die politischen Akzente im Palais Österreichs Wirtschaft und die soziale Situation nachhaltig. Letztlich trugen sie mit ihrem Sparkurs aber auch maßgeblich zur Arbeitslosigkeit und damit zum verhängnisvollen Zulauf der Massen zu den Nazis bei. Als mächtig erwies sich nur Kienböck, die Stars der Wissenschaft hingegen gaben ein ebenso schlechtes Bild ab wie die Politrucks der Parteien, die Finanzbürokraten taten ihr Bestes. Das barocke Palais überstand diese unruhigen Jahre und seine rasch wechselnden Hausherren aber unbehelligt und unverändert.

1938 bis 1945 fiel es in Bedeutungslosigkeit wie alle Wiener Ministerien. Deutsche Finanzgesetze traten in Kraft, missliebige und jüdische Beamte wurden entlassen, und mancher illegale Nazi outete sich und machte Karriere – so etwa der Arisierer und später hoch angesehene Walther Kastner. Der Präsident der Finanzprokuratur Löw hingegen ging im KZ zugrunde, und Sektionschef Schwarzwald starb in der erzwungenen Emigration.

In den Apriltagen 1945 fanden viele ehemalige Mitarbeiter wieder den Weg in die Himmelpfortgasse und erweckten das Haus zu neuem, altem Leben. Zwar hatte eine Fliegerbombe am 8. April das Haus getroffen, der Schutt war aber rasch weggeräumt. Die aufrechten republikanischen Beamten wurden zurückgeholt – alle Sektionschefs hatten vor 1938 im Haus gedient und 20 der 23 Abteilungsleiter: Einer von ihnen, Georg Zimmermann, war dann auch der erste Finanzminister und er reorganisierte nicht nur das Haus, sondern konnte zunächst auch eine desaströse Inflation wie nach 1918 vermeiden. Der Anfang war aber genauso armselig wie damals – der Minister und die leitenden Beamten gingen mittags in die Wohnung des Personalchefs in der nahen Göttweihergasse, wo für sie gekocht wurde. Doch es gelang den Menschen in den ungeheizten Salons des Palais, den Finanzapparat rasch wiederaufzubauen, sich mit der Postsparkasse eine große Finanzmacht im Ressort aufzubauen und Geld hereinzuholen, das das Funktionieren einer demokratischen Ordnung ermöglichte. Die Verstaatlichung von Schlüsselindustrie und Banken trug ein Weiteres zur Stärkung bei. Die hohen Besatzungskosten aber verursachten ständig wachsende Defizite.

Der nächste Hausherr ab 1949 war der Industriellenfunktionär Eugen Margarétha, der sich gleich am Anfang damit herumschlagen musste, dass man ihm den Großteil des Ministeriums des korrupten Wirtschaftsministers Krauland umhängte. So schlimm war es, dass er öffentlich betonen musste, die Himmelpfortgasse sei kein Korruptionsnest. Politisch bemühte er sich, mit Steuersenkungen, der Stabilisierung des Schillings und des Budgets sowie mit der Forcierung öffentlicher Investitionen die Wirtschaft in Ordnung zu bringen und nutzte dafür auch seine Macht über die bedeutenden ERP-Mittel. Doch trotz der Lohn-Preis-Abkommen stiegen Inflation und Defizit. Als 1951 die eigene Partei Kanzler Figl stürzte, fiel sein Finanzminister mit – allerdings hinauf, auf den Posten des Nationalbankpräsidenten.

Sein Nachfolger Reinhard Kamitz drehte das Steuer komplett herum und verordnete einen harten Sparkurs. Acht Jahre lang führte er das wieder mächtig gewordene Haus. Der erst 45-jährige Wirtschaftsgelehrte hatte eine NS-Vergangenheit – er war Chef der Wiener Gauwirtschaftskammer gewesen –, aber Kanzler Raab störte das nicht. Er vertraute seinem finanzpolitischen Geschick, und in den Jahren des Wirtschaftswunders bildeten Raab und Kamitz eine starke Achse der Stabilisierung von Haushalt und Wirtschaft. Kamitz hielt auch nicht viel von den CVern, die allenthalben in die Verwaltung sickerten, und schuf sich mit einem eigenen Akademikerverein eine kleine Hausmacht. Netzwerke im Hintergrund hatten in dieser Zeit (und auch danach) viel zu sagen im Staatsapparat. Zunächst trug sein hartes Sparen keine Früchte – die ÖVP verlor deshalb die Wahl 1953 –, doch bald konnte der Raab-Kamitz-Kurs dauerhafte Währungsstabilität, geringe Staatsverschuldung und stetes Wirtschaftswachstum für sich verbuchen und nutzen. In jener Phase war Kamitz ein erfolgreicher Finanzminister, aber auch einer, der wegen seiner Kompromisslosigkeit besonders in der Kritik stand. Als 1958 die Konjunktur einbrach und das Budgetdefizit explodierte, musste er den Hut nehmen.

Im weiteren Verlauf bauten sich die Finanzminister ein Imperium, das weit über die Rolle des Säckelwarts der Republik hinausging. Der riesige Konzern der staatlichen Wirtschaft – Industrie, Banken, Immobilien, Beteiligungsholding, Aktienanteile – wurde peu à peu den anderen Ressorts entzogen. Wo das nicht ging, etwa bei der

Bahn und im Kulturbereich, verankerte sich die Finanz stark in den Aufsichtsräten. So ist heute der Finanzminister auch der Chef der Wirtschaftspolitik und der größte Unternehmer Österreichs mit Einfluss in viele Branchen; ohne ihn geht wenig, man muss sich mit ihm gutstehen. Das macht seine große Macht aus, die Herkules und die starken Atlanten im Palais somit wieder zu Recht zeigen.

Die Minister der Sechzigerjahre konnten unterschiedlicher nicht sein: Nach einem farblosen Sektionschef Heilingsetzer kam 1962 ein Politstar, der Salzburger Landeshauptmann Klaus. Und dieser zeigte, welche Macht sich aus dem Amt entfalten ließ. Zunächst fuhr er wieder einen energischen Sparkurs, und als dagegen Widerstand in der Partei entstand, demissionierte er – um sich aus seiner starken Position heraus an die Spitze der ÖVP zu kämpfen und den Kanzler zu stürzen und abzulösen. Als solcher ließ er 1965 die Koalition am Budget platzen und führte 1966 die Konservativen in eine Alleinregierung. Seine Zeit und Erfahrung in der Himmelpfortgasse hatten wesentlich zu dieser Karriere beigetragen.

Sein Finanzminister wurde Wolfgang Schmitz, der die Reihe der knapp 40-Jährigen im Palais fortsetzte. Er war primär loyaler Gehilfe seines Kanzlers, Meister der Budgetdisziplin, aber nicht stark genug, sich beim Koalitionspartner durchzusetzen. Daher entließ ihn der Kanzler 1968 und er durfte – wie bereits viele seiner Vorgänger – an der Spitze der Nationalbank wohlbestallt weiterwirken. Klaus ersetzte ihn durch Stephan Koren, erst seit Kurzem ÖVP-Mitglied und sein Staatssekretär. Er war ein engagierter Ökonom, entwickelte einen ambitiösen Reformplan, arbeitete unter seinem Kristallluster fleißig als One-Man-Show an Strategien, übte sich wortstark in Kassandrarufen und überließ den Alltag im Haus den Beamten. Sein Meisterstück war ein „Paukenschlag" von Steuererhöhungen, der allerdings wesentlich dazu beitrug, dass die ÖVP die Wahl 1970 verlor und eine SPÖ-Regierung antrat. Damit war die „schwarzen" Zeit des Winterpalais einmal für 30 Jahre vorbei.

Am Dienstag, dem 21. April 1970, stürmte daher ein groß gewachsener, dynamischer 32-Jähriger aus dem ungemütlich kalten Frühlingswetter ganz allein in die breite Einfahrt des Winterpalais, vorbei am Portier, der den ihm Unbekannten nicht aufhalten konnte, nahm

Kanzler Kreisky verabschiedet seinen Finanzminister Androsch, 1981.

die Treppe in schnellen Schritten und steuerte auf das prunkvolle Ministerzimmer zu. Die dort versammelten Finanzer waren mehr als erstaunt über diese Forschheit und keiner von ihnen dachte auch nur im Entferntesten daran, dass hier der längstdienende Finanzminister Österreichs sein Amt antrat. Sein Vorgänger war aber noch nicht weg und so „amtierte" er zwei Tage in der Milchbar. Es dauerte auch, bis die Türtafeln aktualisiert wurden, denn der scheidende Minister sagte allen, dass er in ein paar Wochen ohnehin wieder da sein werde.

Der erste Finanzminister der Sozialdemokraten, Hannes Androsch, war Steuerberater, Abgeordneter, eloquent, machtbewusst und ehrgeizig und verband den Sachverstand des Experten mit dem Talent des Politikers: Auch wenn er deutlich jünger, linker, politischer war als die Mannschaft, die er im Hause vorfand, gelang es ihm in kurzer Zeit, vertrauensvolle Zusammenarbeit aufzubauen, weil er Sektionschefs und Haus schon als Klubsekretär und als Abgeordneter kannte. Getragen von Sympathie in der Bevölkerung steuerte er in der stürmischen Hochkonjunktur der ersten Jahre erfolgreich sein Ressort, erwirtschaftete Budgetüberschüsse und nutzte seine Position, um rasch zur Nummer zwei in der Partei und zum Vizekanzler aufzusteigen. Wie er sich als „Roter“ im Prachtpalais gefühlt hat, darüber schweigt er bis heute. Dass er nie eine Weisung geben musste, darauf ist er stolz. Antizyklische Budgetpolitik, engagierte Verteilung zugunsten sozial Schwacher, aber auch eine wachsende Staatsverschuldung ab dem Krisenjahr 1975 kennzeichnen seine Amtszeit. Doch seine Machtfülle und dieser Ehrgeiz in der Himmelpfortgasse störten seinen Kanzler Kreisky zusehends, und als ein veritabler Korruptionsstrudel rund um das AKH Androsch und seine Steuerberatungskanzlei erfasste, montierte ihn sein politischer Ziehvater grantig ab: Er musste 1981 das Ministerium verlassen, das er länger geführt hatte als jeder andere davor.

Wieder kam wie oft nach einer starken Persönlichkeit ein unscheinbarerer Nachfolger: Herbert Salcher, Gesundheitsminister, linker Tiroler Sozialdemokrat, musste übernehmen und tat dies mit großen Ambitionen. Allerdings agierte er mit seinen Initiativen, Steuerprivilegien zu reduzieren und die Steuerlast sozialer zu verteilen, glücklos. Ein Sparpaket, das ihm 1983 vom Kanzler diktiert worden war, kostete seine Partei die absolute Mehrheit, und ein Jahr später brachte ihn eine unüberlegte Aktion gegen seinen Vorgänger Androsch zu Fall. In den barocken Hallen des Palais hat er sich nie wohlgefühlt.

Ihm folgte mit Franz Vranitzky wieder ein politisches Ausnahmetalent. Obwohl er in seiner Partei als „Sozialist im Nadelstreif“ zunächst sehr kritisch gemustert wurde, profilierte sich der smarte junge Ressortchef rasch. Er tat dies so erfolgreich, dass er – so wie bereits einige seiner Vorgänger – bald seinen Kanzler Sinowatz schwach aussehen ließ und ihm nach rund eineinhalb Jahren nachfolgte.

Und noch einmal konnte die Sozialdemokratie einen Langzeitfinanzminister stellen: Der aus der Arbeiterkammer kommende und als Kreiskys Kabinettschef, Staatssekretär und Verkehrsminister regierungserfahrene Ferdinand Lacina führte das Haus neun Jahre lang. Er war kompetent, durchschlagkräftig, persönlich integer und ein politischer Kopf ersten Ranges. 1988 schaffte er eine große Steuerreform mit starker sozialpolitischer Wirkung, zugleich forcierte er aber auch den Ausstieg des Staates aus diversen Unternehmen und schuf wirksame Investitionsanreize. 1992 wurde er sogar zum weltbesten Finanzminister gekürt. Die Integration Österreichs in die EU schaffte er mit Bravour. Macht hatte er zweifellos, aber er nutzte sie nicht für persönliche Ambitionen. Als ihn 1995 die Gewerkschaft aus fadenscheinigem Grund als unsozial kritisierte, trat er zurück. Sein Nachfolger Viktor Klima nutzte noch einmal die in diesem Amt erworbene Popularität in kurzer Zeit dazu, auf die Position des Bundeskanzlers aufzusteigen. Zuvor hatte er allerdings immerhin zwei erfolgreiche Sparpakete und einen spektakulären Bankenverkauf zustande gebracht.

MIT DER JAHRTAUSENDWENDE änderte sich viel in der österreichischen politischen Landschaft. Vor allem die inneren Strukturen der Verwaltung erfuhren dramatische Änderungen. Der Chef der Freiheitlichen, Haider, verzichtete auf ein Regierungsamt und verhandelte seinen jungen Adepten Grasser ins Finanzministerium. Dieser hatte zwar keine Ahnung vom Finanzfach, war aber politisch so klug, sich voll auf die erfahrene Bürokratie des Hauses zu stützen. Damit, mit der Unterstützung des Kanzlers, und mit der medialen Glorifizierung des „Nulldefizits" reüssierte er so, dass ihn Schüssel auch nach der Wahl 2003 als Minister behielt – jetzt als seinen treuesten „parteilosen" Gefolgsmann. Er diktierte ihm die Finanz- und Steuerpolitik, ließ ihm aber ansonsten im Ressort freie Hand. Ein Machtzuwachs der Himmelpfortgasse gegenüber den anderen Ressorts, der Sozialversicherung und den Ländern war eine Folge, eine andere ein Wildwuchs im Ministerbüro, das sich zusehends als Ansammlung von Karrieristen darstellte. Diese Tendenz sollte sich später noch verstärken. Ein völliges Novum aber waren die privaten finanziellen Machenschaften des Ministers, speziell mehrfache Vorwürfe von Geldflüssen im Kontext von Ausschreibungen, die letztlich auch zu gerichtlichen Verurteilungen führten.

Als 2007 wieder eine große Koalition aus SPÖ und ÖVP übernahm, wandelte sich die Rolle der Himmelpfortgasse nachhaltig: Der Finanzminister war jetzt nicht mehr der stärkste Verbündete und Umsetzer des Kanzlers, sondern – weil dieser das Amt dem Koalitionspartner überließ – plötzlich ein Machtzentrum gegen ihn. Eines noch dazu, das aufgrund seiner Zuständigkeiten eine schier unbegrenzte Vetomacht in der Regierung hat. Unter Molterer begann ein immer zäher werdendes Gerangel in der Regierung – nicht Kompromiss war das Ziel, sondern das Abschießen jeder Initiative des „Partners". Die Macht des Finanzressorts wurde destruktiv eingesetzt, große Kabinette übten sich in Palastintrigen. Das Verhältnis der ÖVP zum Ressort war nicht klar: Sollte es der Obmann als starke Bastion des Vizekanzlers nutzen oder ihm ausweichen und sich in weniger exponierten Ressorts entfalten? Auch die Symbolkraft des Hauses reichte ihnen nicht: Kleinlich verlangten die Vizekanzler zwei Zimmer am Ballhausplatz, um auch dort arbeiten zu können. Öffentlich äußerten sie sich eher als Vizekanzler zu allgemeinen Fragen als zur Finanzpolitik, und in der Finanzkrise 2008 schien auch eher der Kanzler als der Minister die Entscheidungen zu treffen.

In diesem Jahr verließ das Ministerium das Palais, da es generalrenoviert wurde. So amtierten Pröll und Fekter im Zweckbau der Bundesstatistik, den man zuvor sündteuer umgebaut hatte. Auch die Kosten der Palaissanierung explodierten von 70 auf 198 Millionen, sodass 2013 die Ministerin nicht wagte, dorthin rückzusiedeln, sondern mit nichtssagenden Büros im Hinterhaus, dem Palais Questenberg, vorliebnahm – da hatte einst sogar Richelieu gewohnt, jetzt ist von altem Glanz nichts zu merken. Die Adresse des Ministeriums änderte man auf „Johannesgasse". Die Prunkgemächer Eugens wurden in einsamer Entscheidung der Ministerin ohne Konzept dem Museum Belvedere gegeben – ein Experiment, das gründlich misslang. Seit diesem Intermezzo dösen die Räume funktionslos vor sich hin. Nur einmal tauchten sie in den Medien prominent auf, als dort die Regierungsverhandlungen zwischen ÖVP und Grünen vom 18. November bis Silvester 2019 geführt wurden.

Den folgenden Finanzministern der ÖVP – Spindelegger, Schelling, Löger, Blümel – sind zwei Entwicklungen gemeinsam: einerseits die Festigung der Macht des Ressorts über die staatsnahen Unternehmen, Konzerne und Beteiligungen, andererseits aber das Ende der Kreativität und Reform des Finanzwesens – zeitlich zusammenfallend mit dem Abgang des legendären Budgetsektionschefs Steger. Noch größere Ministerbüros mit wechselnden, einander

Moderne Architektur ist in das Finanzministerium eingezogen.

bekämpfenden parteiinternen Seilschaften sowie die Verselbstständigung einzelner Sekretäre taten ein Übriges. Dass ab etwa 2010 regelmäßig ganze Kohorten von Sekretären ins Haus hineingeschoben und mit Führungsfunktionen betraut wurden, hat der Qualität des Ministeriums nicht gutgetan. Vollends aber geriet es in eine Imagekrise, als Kanzler Kurz im Zuge seiner Zentralisierung des Regierens auch ins Finanzressort einen Generalsekretär setzte, der ihm direkt berichten und den Minister politisch überwachen sollte: Thomas Schmid. Es ist also kein Zufall, dass dieser das Gefühl hatte, allmächtig und allgegenwärtig wie Herkules in der Himmelpfortgasse zu sein, und sich auch wie der Prinz verhalten zu dürfen. Er vergab Posten absolutistisch und forderte – wie weiland Eugen – auch für sich Macht und Geld – letztlich den bestdotierten Generaldirektor der Republik. Dass er damit letztlich seinen Mentor zu Fall brachte, ist der Treppenwitz der Geschichte. Ohne den Hintergrund des allmächtigen Winterpalais allerdings wären seine Köpenickiaden kaum gelungen, mit dieser Hausmacht aber waren die Möglichkeiten schier unbegrenzt.

Allen, die jemals dabei waren beim großen Poker um den Staatshaushalt, dort wo wirklich das Budget gemacht wurde, das danach das Parlament eigentlich nur absegnete, sind die Szenen unvergesslich: Im wunderbaren Gelben Salon saßen sich der Finanz- und der Ressortminister gegenüber. Jeder begleitet vom Kabinettschef und ein, zwei Beamten, an der Seite des Finanzministers der allmächtige Budgetchef, alle bis ins Detail vorbereitet. Hier wurden die harten Brocken endentschieden. Man verließ die barocke Galerie entweder als Sieger oder gedemütigt. Brutal ging es her, auch unter Parteifreunden, die danach mitunter wochenlang nicht miteinander redeten. Die große Runde fand dann unter Schlachtenbildern – wie bezeichnend – bis in die Nacht statt. Das ist heute noch genauso, nur der Saal im Hintertrakt ist kulturloser und die Sekretäre haben die Zahlen nicht mehr so präzise parat.

Dem Gebäude in der Himmelpfortgasse gaben immer seine Chefs, die Finanzminister, eine besondere Bedeutung. Auffallend viele waren Juristen – offenbar erwartet ein Kanzler hier einschlägige Qualifikation. Genies und Gelehrte von Rang befanden sich darunter, aber auch qualifizierte Beamte und Defraudanten. Ein braver Sektionschef Hock schrieb 1860: „Finanzminister zu werden ist eine Mission, ein Prophetentum oder Apostolat, dem man sich nur dann unterziehen darf, wenn man unzweifelhaft weiß, es ist Gottes Wille und nicht der eigene, der es uns auferlegt." Da ist schon was Wahres dran, denn kaum ein anderes Regierungsamt führt seinen Träger mit so viel Pomp und Einfluss in Versuchung, auch auf sich selbst zu schauen. Auch wenn er nicht allmächtig ist, die Macht ist allemal so groß, dass sie anscheinend auch zum „kriegst eh alles, was Du willst" pervertieren kann. Wie bezeichnend dieser Spruch für das Finanzministerium ist, sieht man daran, wohin die Finanzminister wechselten: Zehn von ihnen verbesserten es sich als Chef der Nationalbank oder einer Großbank, vier wurden Bundeskanzler.

Die starken Werkzeuge des Finanzministers sind die Budgethoheit, Kredit-, Währungs- und Steuerpolitik, er ist das eigentliche Zentrum der Wirtschaftspolitik im Land, er verfügt über hoch qualifizierte Mitarbeiter, die sich primär als Staatsdiener verstehen, und mit ihnen kann er die Makroökonomie steuern. Dennoch hat dieses Amt bei all seiner Machtfülle auch Grenzen, wie es der Finanzbeamte Franz Grillparzer ausdrückte: „Der Minister der Finanzen muss nach jedermanns Pfeife tanzen." In guten wie schlechten Zeiten tendiert die Regierung dazu, viel auszugeben, und das Volk, wenig Steuer zu zahlen – und der Finanzminister muss das ausgleichen. Schaffte er das, war er oft zu Höherem berufen. Scheiterte er, war es oft rasch vorbei mit dem Platz hinter der prachtvollen Fassade der Himmelpfortgasse.

Recht und Unrecht

Am 15. Juli 1927 gegen zwölf Uhr mittags stürmte eine aufgebrachte Volksmenge aus Protest gegen einen Freispruch politischer Attentäter, die in Schattendorf einen Arbeiter und ein Kind erschossen hatten, den Justizpalast. Sie setzte mehrere Stockwerke in Brand und warf bündelweise die brennenden Akten aus den Fenstern. Die eintreffende Feuerwehr wurde blockiert, bis zum Abend brannte das Gebäude lichterloh. Die Polizei schoss auf die Demonstranten, am Ende des Tages zählte man 89 Tote und 1000 Verletzte. Diese Katastrophe war nicht nur ein einschneidendes Ereignis für die Geschichte des Hauses der Justiz, sondern auch ein Wendepunkt in der österreichischen Innenpolitik: Von da ab steuerte man der Ausschaltung der Demokratie und einem verhängnisvollen Bürgerkrieg im Jahr 1934 zu.

HEUTE RESIDIERT das Justizministerium an der stolzen Adresse des Palais Trautson hinter dem Justizpalast. Das Ministerium hatte aber seit der Gründung der Obersten Justizstelle 1848 schon eine wahre Odyssee an Umsiedlungen hinter sich gebracht, als es 1918, zu Beginn der Republik, an den Schillerplatz 4 übersiedelte. Dieses riesige Gebäude, zuvor Hotel Britannia, nahm die gesamte Platzfront ein und war repräsentativ, aber keineswegs prunkvoll. Es beherbergte neben dem kleinen Justizressort auch den Verfassungsgerichtshof.

Der erste Staatssekretär – so damals die Bezeichnung des Ressortchefs – war Julius Roller, deutschnationaler Abgeordneter und Richter aus Böhmen. Mit der Republikgründung übernahm er das Amt bis zum Frühjahr 1919, und später noch einmal für fünf Monate. Danach wurde er Präsident des Obersten Gerichtshofs und setzte hier durchaus Akzente für die richterliche Unabhängigkeit. Später wurde allerdings bekannt, dass er bereits vor 1938 als illegaler Nationalsozialist aktiv war. Drei Kurzzeitminister amtierten zwischen seinen zwei Funktionsperioden: der steirische Deutschnationale Richter Bratusch, der spätere Kanzler Ramek und für ein paar Tage der sozialdemokratische Innenminister Eldersch.

Mit dem Inkrafttreten der Bundesverfassung kam wieder ein Burschenschaftler in die Führung des Ressorts – diesmal aus der Bürokratie, nämlich Sektionschef Paltauf, der nach seinem Rücktritt seine Karriere als Gerichtspräsident fortsetzte. In der Justizgeschichte hinterließ er keine Spuren. Die politische Ausrichtung der Ressortleitung aber festigte sich in der Ersten Republik trotz der häufigen Ministerwechsel zu so etwas wie einer Erbpacht der Großdeutschen Volkspartei, die für die dominanten Christlichsozialen unverzichtbarer Koalitionspartner war: Zweimal, 1922 und 1924, leitete der Finanzbeamte Waber die Justiz. Danach war er Dritter Nationalratspräsident und später wurde auch er NSDAP-Mitglied, wegen seiner Verdienste sogar rückwirkend aufgenommen. Zwischen seinen beiden Ministerjahren leitete sein Parteifreund, der Staatsanwalt Felix Frank das Ressort. Deutschnationale hatten also in den ersten 14 Jahren die Führung des Justizwesens in ihrer Hand. Von hier aus bauten sie eine politische Machtbasis auf, die sich auf die Entwicklung bis 1938 und das Schicksal Österreichs verhängnisvoll auswirkte.

Mit April 1923 wurde aufgrund der Einsparungsvorgaben des Völkerbunds die Zahl der Ministerien reduziert, und dem fiel auch das eigenständige Justizministerium zum Opfer. Es wurde Teil des Bundeskanzleramtes, die Minister wurden allerdings nicht eingespart. Das große Haus wurde verkauft und die zwei Sektionen wechselten als „Bundeskanzleramt (Justiz)" in die Herrengasse 7, ins heutige Innenministerium. Diese Adresse blieb bis 1934, als man die Justiz ins Regierungsgebäude am Stubenring absiedelte.

20 Männer waren in der Ersten Republik Justizminister, 1923–27 waren sie gleichzeitig auch Vizekanzler in der Herrengasse. Der pro-

filierteste Deutschnationale war wohl der von Oktober 1926 bis Juli 1928 regierende Franz Dinghofer. Er war von Jugend ein glühender Antisemit, Berufsrichter, mit 34 Jahren noch in der Monarchie Bürgermeister von Linz gewesen, wo er weitreichende kommunale und sozialpolitische Initiativen setzte. Linz galt als bestversorgte Stadt in der Notzeit des Ersten Weltkriegs. Am 12. November 1918 hatte er seinen größten Auftritt, als er von der Rampe des Parlaments die Republik Deutschösterreich ausrief. In den Zwanzigerjahren war er Dritter Nationalratspräsident, nahm aber daneben auch eine Führungsrolle im antisemitischen und antisozialistischen Geheimbund „Deutsche Gemeinschaft" ein. Es kann wohl angenommen werden, dass er hier am starken Netz in der Justiz mitknüpfte. Im Juli 1928 trat er zurück, als seine Entscheidung, den Kommunisten Béla Kun entgegen einem Gerichtsurteil nicht an Ungarn auszuliefern, heftige innenpolitische Kritik hervorrief. Danach war er zehn Jahre OGH-Präsident, 1940 wurde auch er NSDAP-Mitglied.

An ihm kann man gut erkennen, wie die Justiz in der Ersten Republik funktionierte. Das Schattendorf-Urteil 1927 war da nur der Anlass, der das Fass zum Überlaufen brachte, aber die gesamte Rechtsprechung war von Rechtsaußen massiv unterwandert. Das war die Macht der damaligen Justizminister – nicht in ihrem Amt im Ministerium, sondern durch ihr Parteinetzwerk weit in die Gerichte hinein waren sie stark. Kein Wunder, dass es in dieser Zeit zu zahlreichen politisch motivierten Fehlurteilen kam: 1923 wurde der SP-Betriebsrat Franz Birnegger von Monarchisten auf offener Straße erschossen – die Täter kamen mit kurzen Arreststrafen davon. Im selben Jahr erschossen zwei Naziaktivisten den Eisenbahner Still – eine geringe Geldstrafe. Genau dieselbe Strafe bei einem Attentat in Spillern. 1925 erschlugen Nazis einen Mödlinger Gemeinderat – Haft von mehreren Monaten war das milde Urteil. Beim „Halsmann-Prozess" im Herbst 1928 in Innsbruck wurde ein jüdischer Student unter dubiosen Umständen wegen Mordes verurteilt – im Gerichtsakt hatte man den Tatort mit einem Hakenkreuz markiert. Es war also kein Zufall, dass sich eine breite Empörung, insbesondere der Arbeiterschaft, gegen die Gerichte und ihre Zentrale im Justizpalast richtete, der so gründlich devastiert wurde, dass er bis 1931 unbenutzbar blieb.

Eine indirekte Folge dieses Protests war, dass man im August 1927 das Justizressort wieder zu stärken versuchte, indem man es vom Bundeskanzleramt trennte und abermals zu einem eigenständigen Ministerium machte. Auf Dinghofer folgte Franz Slama, der aber einen noch expliziteren deutschnationalen Kurs fuhr und damit seinen Gesinnungsgenossen im Justizapparat noch mehr den Rücken stärkte. Seine Anwaltskanzlei war bekannt dafür, dass sie illegale Nazis vertrat, und in seiner Amtszeit ließ er keine Gelegenheit aus, österreichische Rechtsvorschriften der deutschen Rechtslage anzupassen. Seine Positionierung war so deutlich, dass sie sogar zu Kritik seines Koalitionspartners führte.

Und noch einmal kam – nach einem kurzen Intermezzo des Heimwehrlers Franz Hueber, der sich allerdings später ebenfalls als ein verkappter Brauner herausstellte und als Schwager Hermann Görings Karriere in Hitlers Reich machte – ein Deutschnationaler an die Spitze der Justiz: der Mödlinger Bürgermeister und frühere Handelsminister Hans Schürff. Auch er bemühte sich tatkräftig um die Angleichung ans Deutsche Recht, sonst hat er in der Justiz keine Spuren hinterlassen.

Im Jänner 1932 kam das Ministerium in christlichsoziale Hände. Der 35-jährige Kurt Schuschnigg, jüngster Nationalratsabgeordneter und Gründer der antisemitischen Ostmärkischen Sturmscharen, übernahm das Amt zu einem Zeitpunkt, als seine Partei bereits offen über die Ausschaltung der Demokratie diskutierte und er dabei als Hardliner auftrat. 1932 war er auf der Suche nach einem schnellen Hebel, um per Verordnung die Manager für den Zusammenbruch der Creditanstalt haftbar zu machen. Er holte sich Sektionschef Hecht als juristischen Berater und entwickelte das Modell, Notverordnungen des alten Kriegswirtschaftlichen Ermächtigungsgesetzes gegen das Parlament einzusetzen. Der Plan scheiterte an den Sozialdemokraten, noch blieb das Gesetz in der Schublade, aber eineinhalb Jahre später wurde genau damit die Verfassung ausgehebelt.

Schuschniggs autoritäre Gesinnung wurde bald im Justizkontext sichtbar: Mit 11. November 1933 führte er Todesstrafe und Standrecht wieder ein. Nach dem Aufstand im Februar 1934 weigerte er sich, Gnadengesuche von Februarkämpfern vorzulegen, sondern ließ im

Gegenteil „zur Abschreckung“ acht Todesurteile sofort vollstrecken, unter ihnen auch am schwerverletzten Karl Münichreiter. Er entwickelte auch in späten Jahren keinerlei Schuldbewusstsein, sondern bezeichnete in einem Interview jene Hinrichtung bloß als „Fauxpas“. Als Justizminister war er führend an der Konzeption des Ständestaates beteiligt, dessen Kanzler er nach Dollfuß für vier Jahre werden sollte, bis er vor Hitler kapitulierte.

Die brutale Klassenjustiz wirkte weiter, als Schuschnigg Kanzler geworden war und Egon Berger-Waldenegg das Amt übernahm. Er musste zwar mit seinem Ministerium ins Mezzanin des Regierungsgebäudes am Stubenring übersiedeln und war dort wohl nur eine Marionette des Kanzlers und der Heimwehr. Er trägt jedoch die Verantwortung dafür, dass über die gnadenlosen Urteile gegen die Arbeiterführer hinaus auch deren Familien jahrelang übel schikaniert wurden. Die Ehefrauen mussten hohe Zahlungen für die Verpflegung der Inhaftierten leisten, was für viele von ihnen Hunger und Elend bedeutete. Der Minister aber wechselte ins Außenamt und setzte sich 1936 als Botschafter nach Rom ab. In seinen Memoiren freut er sich nicht nur über seinen Acht-Zylinder-Dienstwagen, sondern betont gegen jede Realität, er sei als Minister „gegen Willkür in der Rechtsprechung eingetreten“.

Die ab Oktober 1935 folgenden Minister hatten ein etwas anderes Profil, anscheinend wollte Schuschnigg jetzt einen Anschein von Fachkompetenz schaffen: Der Generalprokurator Robert Winterstein war ein gesetzestreuer Beamter und als Jude gegen jeden faschistischen Anflug gefeit – er wurde nach dem „Anschluss“ 1940 im KZ Buchenwald umgebracht. Der frühere Braunauer Bezirkshauptmann und Staatssekretär für das Sicherheitswesen Hammerstein sah sich auch primär als Beamter und fühlte sich als verkannter Dichter. Der konservative Richter Pilz war den Nazis so verhasst, dass er nach dem Berchtesgadener Treffen mit Hitler von Schuschnigg geopfert werden musste. Kurzzeitminister Adamovich hatte 1933 zumindest versucht, der Ausschaltung des Parlaments juristisch gegenzuhalten. Überzeugte Demokraten waren wahrscheinlich alle diese Herren nicht, aber zumindest kann man ihnen keine persönlichen Übergriffe und Aktionen gegen die Demokratie vorwerfen. Justizpolitisch hatten sie allerdings ohnehin nichts zu bestimmen – ihre Rolle war nur, das Amt zu verwalten und dem „Frontführer" alle Schwierigkeiten aus dem Weg zu räumen.

Mit Erlass vom 23. April 1938 erfolgte die Auflösung des BMJ und die Eingliederung seiner Dienststellen in das deutsche Reichsministerium der Justiz.

ALS 1945 DAS DEUTSCHE REICH zusammenbrach, installierte man in den Apriltagen das Staatsamt erstmals im Justizpalast. Dieser Bau war von Alexander Wilemans zwischen 1875 und 1881 auf dem bis dahin freien Glacis im Zuge der Errichtung der Ringstraße im Stil eines überdimensionierten italienischen Renaissancepalazzo errichtet worden. Sein riesiger Baukörper und die Ehrfurcht gebietende Eingangsrampe sollten wohl schon von außen die Bedeutung der dritten Staatsgewalt, der Justiz, symbolisieren.

Da 1927 ein großer Teil des Hauses zerstört worden war, hatte man bis 1931 gründlich umgebaut. Die ursprünglich reich gegliederte Dachkonstruktion wurde beseitigt und ein schlichtes oberstes Geschoss aufgesetzt, das als Fremdkörper auffällt. (2007 setzte man übrigens nochmals ein Geschoß drauf, das – von der Straße nicht sichtbar, aber mit einem der prächtigsten Blicke über die Wiener Innenstadt – heute ein Café beherbergt.)

Die sechsgeschossige, imposant gegliederte Fassade dominiert den Schmerlingplatz mit einem mächtigen Mittelrisalit, zu dem eine geschwungene Auffahrt führt. Die Fassade ist mit Figuren, Arkaden, gewaltigen Säulen und Balustraden sowie einer Fülle von Symbolen verziert. In den Dreißigerjahren wurden prominent beim Eingang und gleich 16-mal an der Balustrade der großen Halle Doppeladler-Wappen des Ständestaates angebracht. Diese haben der Wiederherstellung der Demokratie 1945 getrutzt und nehmen noch heute die Justiz gewissermaßen unter die Fittiche des Ständestaates.

Man betritt das mit Stuckmarmor verkleidete Vestibül und von dort die mächtige Aula des Palais. Sie erstreckt sich über alle Geschoße, ein mit Glas überdachter Arkadenhof zieht den Besucher geradezu an den Fuß einer breiten Prunktreppe, die zum Wandelgang im ersten Stock führt. Säulen, Konsolen, Wappen, Figuren zieren die

Justitia amtiert im Justizpalast noch immer unter dem Doppeladler.

Wände und die tragenden Konstruktionen. Die Treppe ist aus Untersberger Marmor, sie umrahmt eine thronende Justitia mit Schwert und Gesetzbuch. Der Boden der Aula besteht aus mehrfarbigem Marmor, die Decken der Umgänge sind teilweise Kassettendecken, teilweise mit Stucco verziert. In der Beletage finden sich heute zwei repräsentative Verhandlungssäle und die mit allem Prunk des späten 19. Jh. ausgestatteten Zimmer des OGH-Präsidenten, der Blaue Salon, das Zimmer des Generalprokurators, der Gelbe Salon und das Säulenfoyer des Obersten Gerichtshofs.

1945 hatte man diese den Justizministern zugewiesen. In deren unmittelbaren Umgebung siedelte das Präsidium ein, der Rest des Ministeriums verteilte sich im ganzen Haus, wo grade eben ein Zimmer frei war, saßen Ministeriale und Gerichtspersonal nebeneinander. In den ersten Nachkriegsjahren bis 1954 stand aber noch nicht einmal das ganze Haus der Justiz zur Verfügung, denn es war auch noch Sitz der sowjetischen Kommandantur. Sie benutzte den repräsentativen Eingang am Schmerlingplatz, die Justiz musste mit dem rückwärtigen Eingang von der Museumsstraße vorliebnehmen. Erst nach Auszug der Sowjets wurden die letzten Bombenschäden des Weltkriegs beseitigt und das Gebäude auch als Sitz des Obersten Gerichtshofes, der Generalprokuratur und anderer Behörden reaktiviert.

Politisch erinnerte man sich 1945 bei der Zusammensetzung der Provisorischen Staatsregierung sehr gut daran, welche Macht die Justizminister der Ersten Republik ausgeübt hatten. Viele von ihnen hatten ein Netz ihrer deutschnationalen Politfreunde geknüpft, etliche hatten diese Macht bis hin zu Entscheidungen über Leben und Tod ebenso ausgiebig wie einseitig genutzt. Kein Wunder also, dass sich nach dem NS-Terror die Gründer der Republik jetzt ganz bewusst bemühten, von Anfang an derartigen Tendenzen vorzubeugen. Das Engagement einiger demokratischer Richter kam ihnen dabei zu Hilfe.

So fiel am 27. April die Wahl der für diese Position vorschlagsberechtigten SPÖ auf den parteilosen Staatsanwalt Josef Gerö. Er war von den Nazis wegen seiner beruflichen Tätigkeit sowie als „Halbjude“ ohne Bezüge entlassen und ins KZ deportiert worden und schlug sich danach in Zagreb in der Privatwirtschaft durch. Bereits vor dem 17. April 1945 hatte er in Wien die Initiative ergriffen und sich selbst zum Landesgerichtspräsidenten im Grauen Haus bestimmt, von wo aus er frühere Justizbeamte koordinierte, die sich zum Einsatz in der neuen Republik meldeten. Zweimal, 1945–49 und 1952–54, leitete er das Ressort, zwischenzeitlich war er Wiener OLG-Präsident. Seine große Leidenschaft gehörte übrigens dem Fußball, wo er bis zu seinem Tod Funktionen bekleidete. In der Richterschaft konnte er jedoch trotz seines Einsatzes die politischen Erbsünden der Ersten Republik und der NS-Zeit nicht ganz beseitigen: Ein Großteil der nationalsozialistisch orientierten Richter wurden wieder in den Dienst genommen – nur schwer Belasteten blieb das verwehrt.

Der sozialdemokratische Anwalt Otto Tschadek führte zwischen 1949 und 1960 ebenfalls zweimal das Ministerium. Er war bereits vor dem Krieg politisch aktiv gewesen und leistete im Krieg Dienst als Marinerichter. In dieser Funktion fällte er auch mehrere Todesurteile – im Gegensatz zu seinen späteren Beteuerungen, seiner Überzeugung gemäß immer ein milder Richter gewesen zu sein. Er hatte unmittelbar nach Kriegsende in Kiel kurz politische Karriere gemacht, wo man ihn sogar noch zum Oberbürgermeister gewählt hatte. Er kehrte aber 1946 nach Wien zurück und zog in den Nationalrat ein. Im Ministeramt führte er eine umfassende Strafrechtskodifizierung durch.

In den ersten 15 Jahren der Zweiten Republik erkennt man keine spektakulären Konzepte und keine neuen Prinzipien einer engagierten Justizpolitik: Gerö wie Tschadek konzentrierte sich darauf, einen „ordentlich verwalteten demokratischen Rechtsstaat" wiederherzustellen. Das ist schon etwas, aber ihr Nachfolger zeigte dann, dass auch mehr geht.

DOCH ZUNÄCHST beschloss kurz nach dem Ausscheiden Tschadeks aus dem Amt am 21. März 1960 der Ministerrat den Ankauf des Palais Trautson von der Volksrepublik Ungarn. Der ziemlich heruntergekommene Bau musste zunächst gründlich renoviert und im hinteren Teil mit einem modernen Bürozubau ergänzt werden. Das Palais selbst zeigte Spuren seiner wechselhaften Geschichte: 1657 kaufte die aus Tirol stammende Adelige Maria Margarete Trautson das Grundstück, ihre Erben wurden 1711 in den Reichsfürstenstand erhoben. Obersthofmeister Johann Leopold Trautson, der erste Minister am Hof der Kaiser Joseph I. und Karl VI., folgte der Mode, sich neben dem Stadtpalast auch ein Sommerpalais zu bauen, das ab 1710 entstand. Der Entwurf stammte von Johann Bernhard Fischer von Erlach, der den Baumeister Christian Alexander Oedtl mit dem Bau beauftragte.

Fischer gruppierte das Gartenpalais um zwei Innenhöfe mit weitläufigen Anlagen, von denen heute nur mehr ein spärlicher Rest unverbaut ist. Jean Trehet legte diesen Garten an, der nicht hinter dem Palais, sondern seitlich davon lag. Der Sohn des Bauherrn, Johann Wilhelm, mit dem die männliche Linie der Trautsons ausstarb, verkaufte das Haus 1760 an die kurz zuvor von Maria Theresia gegründete königlich-ungarische Leibgarde – und so entstand die Bezeichnung als „Palais der Ungarischen Garde". Diese Funktion

Der große Festsaal des Palais Trautson

behielt das Haus bis 1848. Nach der Auflösung der Garde wurde der Bau als niederösterreichisches Armeekommando genutzt, bis anlässlich der Krönung Franz Josephs I. zum König von Ungarn 1867 die Ungarische Garde reaktiviert wurde und sie ihren früheren Palast wieder zurückerhielt. Mit dem Ende der Monarchie ging er in den Besitz des ungarischen Staates über und beherbergte bis 1963 das Collegium Hungaricum – ein Zentrum für ungarische Studenten, Wissenschaftler und Künstler.

Es war einmal einer der elegantesten Barockpaläste Wiens, von der ehemaligen Pracht sind aber nur mehr wenige Bauteile erhalten. Der Haupttrakt hat an seiner der Stadt zugewandten Seite eine Fassade, deren Mitte durch einen dreiachsigen hervortretenden Risalit betont wird. Über dem Sockel dominiert eine kolossale Ordnung korinthischer Pilaster, an den Flanken erscheinen auch die schmalen Mauerstreifen zwischen den Fenstern mit den Konsolen des Kranzgesimses wie Pilaster. Die Krönung sind die plastischen Verzierungen der Fenster des Hauptgeschosses sowie lebensgroße Figuren

Österreichs längstdienender Ressortchef, Justizminister Broda

über dem Portalvorbau und auf der Dachbalustrade. Das große Relief im Giebel zeigt die Götter im Olymp.

Das nahezu quadratische, säulengeschmückte Vestibül nimmt das ganze Erdgeschoss des Mittelbaues ein, von dem links eine auffallend flache Prunktreppe, von Sphingen und Atlanten von Giovanni Giuliani flankiert, in die Beletage führt. Angeblich ist sie deshalb so flach, damit der Gardekommandant zu Pferde hinaufreiten konnte. Den zentralen Raum im ersten und zweiten Stock bildet der große Festsaal, früher Kapellensaal der Garde. Er wurde zwar mehrfach umgestaltet, beeindruckt aber nach wie vor durch seine Größe und architektonische Klarheit. Die Stuckaturen aus dem Jahr 1712 stammen von Santino Bussi. Die im Erdgeschoss des Seitentrakts gelegene, von Marcantonio Chiarini illusionistisch freskierte Sala Terrena ist einer der wenigen im Original erhaltenen Räume dieser Art.

Der Ankauf des neuen Amtssitzes der Justiz fiel mit dem Beginn der ersten Amtszeit von Christian Broda zusammen, der das Ressort 19 Jahre leitete und die Entwicklung der österreichischen Rechtsordnung maßgeblich prägte. Der Umzug des Ministeriums samt Minister aus den eng gewordenen Räumlichkeiten des Justizpalasts in das Palais fand erst im August 1971 in seiner zweiten Funktionsperiode statt.

Die Ministerräume, in die Broda einzog, waren insgesamt schlicht und bescheiden – keine Zimmerflucht für ein Kabinett, denn damals hatte der Minister nur vier Mitarbeiter rund um sich; ansonsten arbeitete er mit dem Haus. Er war der längstdienende Minister der Republik überhaupt, aber auch die kürzeste Amtszeit hatte ein Justizminister – Michael Krüger, der nach nur 25 Tagen unter anderem über einen Jaguar als Dienstwagen stolperte. Broda machte mit starker Hand Rechtspolitik. Seine immer wiederholte Grundthese lautete, dass Recht dort angepasst werden müsse, wo es nicht der veränderten Gesellschaft entsprach. Vier große Reformen setzte er um: Strafrecht und Strafvollzug sollten in gleichem Maß dem Schutz der Gesellschaft wie der Wiedereingliederung der Rechtsbrecher dienen, im Familienrecht war die Ungleichheit der Frau zu beseitigen, ein modernes Medienrecht zu schaffen, und die Grundrechte sowie der Kampf gegen die Todesstrafe wurden forciert. Bei diesen Themen ließ er über 20 Jahre hinweg das Ziel nicht mehr aus den Augen.

Zum Strafrecht zitierte er gerne Churchill: „Die Stimmung und Haltung der Öffentlichkeit zu Verbrechen und Rechtsbrechern sind die untrüglichsten Anzeichen der Zivilisationsstufe eines Staates. Eine ruhige und leidenschaftslose Beurteilung und der Glaube, dass in jedem Menschen etwas Wertvolles verborgen ist, das sind die Symbole, die die Kraft einer Nation anzeigen". Er beseitigte das Konzept vom „Haupt der Familie" und die Diskriminierung unehelicher Kinder. In seiner Zeit wurde die Strafbarkeit der Abtreibung und der Homosexualität abgeschafft. Der Kampf gegen die Todesstrafe und ihren „kleinen Bruder", das lebenslange Gefängnis, bewegte ihn bis in die letzten Lebensmonate. Für viele Maßnahmen wurde er von konservativer Seite angefeindet. Er blieb jedoch konsequent, ja nachgerade stur, immer mit Ideen und Aktionen bei der Hand: „Es gibt nichts Gutes, außer: man tut es", pflegte er häufig und schmunzelnd Kästner zu zitieren.

Die Geradlinigkeit, mit der er seine Ansichten vertrat, und seine Bescheidenheit waren der stärkste Eindruck, den jeder gewann, der ihm begegnete. Es war ihm unmöglich, Zugeständnisse zu machen, wenn es um die Ehrlichkeit im Denken und in der Politik ging. Bisweilen war er auch zu volksnah – etwa als er bei einem Besuch der Kantine des Ministeriums alle Anwesenden, auch die in der Küche eingesetzten „Freigänger“-Häftlinge als „werte Kollegen“ begrüßte. Sein innerparteilicher Kampf, den er vom Trautson aus gegen Innenminister Olah in der Herrengasse führte, war auch ein Teil dieser Gradlinigkeit.

SEINE NACHFOLGERINNEN und Nachfolger setzten die Möglichkeiten des Ressorts, Staat und Gesellschaft zu verändern, nie mehr wieder so kraftvoll ein. Dies gilt sogar für den überaus profilierten Juristen, der von 1966 bis 1970 das Ressort leitete, den Tiroler Staatsrechtslehrer Klecatsky, in dessen Zeit formell die Todesstrafe abgeschafft und das Strafvollzugsrecht modernisiert wurde, und der sich auch um die Menschenrechte verdient machte. Es war dies noch eine Zeit, in der Minister auch wissenschaftliche Bücher schrieben und Renommee für ihre juristischen Arbeiten erwarben – heute ist das kaum mehr vorstellbar. Allerdings verbrachte der Professor auch mehr Zeit an der Uni Innsbruck als im Justizpalast, wobei er diese Distanz zumeist mit seinem riesigen amerikanischen Ford zurücklegte.

In den Koalitionsregierungen nach Broda, in denen das Ressort öfters dem kleineren Koalitionspartner überlassen wurde, folgten Minister, die sich im Amt deutlich weniger profilieren konnten: der freiheitliche und sehr cholerische Anwalt Ofner, der geachtete parteiunabhängige Sektionschef Foregger und – immerhin für zehn Jahre – der parteilose Notar Michalek, zurückhaltend im Stil und akribisch in Details. Jeder von ihnen hat sich für wichtige Reformen stark gemacht – so etwa die endgültige Gleichstellung unehelicher Kinder, ein neues Jugendstrafrecht – und alle bemühten sich mit strukturellen Verbesserungen und in Einzelfällen um die Sicherung der Unabhängigkeit der Justiz. Aus dieser Zeit stammt aber auch ein „Effizienzerlass“ gegen Aktenrückstände, um dem Eindruck entgegenzuwirken, „die Justiz arbeite zu langsam und wenig effektiv“. Was man allerdings nicht optimierte, waren die beiden „Vorzimmerherren“, die vor dem Ministerbüro ihren antiquierten Gehilfendienst versahen.

Bis zu dieser Zeit waren auch noch die Ministerbüros klein. Das änderte sich mit den nächsten, von der FPÖ nominierten und für sie auch immer wieder politisch agierenden Ministerpersönlichkeiten, die auch politisch viel umstrittener waren als ihre Vorgänger. Es begann mit Böhmdorfer, der das Ressort vier Jahre lang leitete, und von Beginn an mehrere politische Sekretäre ins Haus brachte. Er war mit sieben Misstrauensanträgen konfrontiert, seine Aussagen in der Zeit der EU-Sanktionen wurden vielfach als überzogen angesehen, die Auflösung des Jugendgerichtshofs fand allseits Kritik und er hatte einen beachtlichen Verschleiß an Kabinettsmitarbeitern. Auch die Kärntner Beamtin Gastinger musste viel Kritik ertragen – von zwei Seiten, weil sie einerseits ihrer eigenen Partei im Familienrecht zu liberal war, andererseits im Strafvollzug aber eine harte Linie vertrat.

In der kurzen Regierungszeit des Kanzlers Gusenbauer vertraute man das Ressort der Sozialdemokratin Maria Berger an, deren fachliche Kompetenz als Spitzenjuristin allenthalben anerkannt war, für viele markante justizpolitische Entscheidungen war ihre Amtszeit zu kurz, aber immerhin konnte sie die Wirtschafts- und Korruptionsstaatsanwaltschaft realisieren, die später eine wesentliche Rolle in der Korruptionsbekämpfung spielen sollte. Nach ihrem Abgang war sie noch jahrelang als Richterin am EUGH tätig und setzte sich mit beherztem Engagement für die Verbesserung und Absicherung der Arbeitsbedingungen der Justiz ein.

Nun fiel das Justizressort wieder in den Einflussbereich der ÖVP, die spektakulär die Richterin Bandion-Ortner betraute, die im BAWAG-Prozess einer breiten Öffentlichkeit bekannt geworden war. Sie hatte allerdings mangels politischer Routine nicht immer eine glückliche Hand in ihrer Amtsführung und auch danach, als sie wegen der schnoddrigen Äußerung zur Menschenrechtslage in Saudi-Arabien, es fänden dort ja nicht jeden Freitag Hinrichtungen statt, scharf kritisiert wurde. Justizpolitisch kam ihr mangels Hausmacht und Durchsetzungsvermögen ebenso wenig eine prägende Rolle zu wie ihrer Nachfolgerin Karl. Das Trautson spielte politisch keine besondere Rolle mehr.

Erst der Strafrechtsprofessor und Anwalt Wolfgang Brandstetter, der ab 2013 dort saß, gab der Funktion in seinen vier Jahren wieder etwas mehr Profil. Dies zum einen, weil er als konstruktiver Verhandler erfolgreich war, und zum anderen, weil er nach dem Rücktritt des ÖVP-Vizekanzlers Mitterlehner Vizekanzler wurde – der neue ÖVP-Chef Kurz hatte es abgelehnt, selbst diese Funktion auszuüben. Nach seinem Ausscheiden aus der Bundesregierung wechselte Brandstetter in der VfGH, wurde dort aber später von massiven Korruptionsvorwürfen eingeholt und musste 2021 nach einer Hausdurchsuchung in seinem Amtsraum im Gerichtshof zurücktreten. In seiner Zeit begannen auch akkordierte politische Angriffe auf die Justiz und ihre Behörden, vornehmlich die Staatsanwaltschaften.

Als Minister folgte ihm der frühere Rechnungshofpräsident Moser, der eigentlich aus der FPÖ kam, aber von Kanzler Kurz als nunmehr Parteiloser geholt wurde. Sein primäres Interesse galt nicht der Justiz, sondern der Verwaltungsreform, weshalb er auch den Verfassungsdienst, das Bundesverwaltungsgericht und die Datenschutzbehörde aus dem Bundeskanzleramt in sein Ressort holte. Das traf sich mit dem Interesse des Kanzlers, operative Aufgaben abzugeben. Ferner bemühte er sich, eine gewisse Unabhängigkeit von Kurz zu zeigen – beispielsweise indem er es ablehnte, sich einen Generalsekretär ins Haus setzen zu lassen. Dass er sich jenen im Ressort suchte und da auf Sektionschef Pilnacek verfiel, stellte sich später als keine gute Entscheidung heraus, weil dieser in offensichtlicher Überschätzung seiner Macht in mehrere Strafverfahren schlitterte, die ihn schließlich auch die Funktion kosteten und dem Ansehen der Justiz beträchtlichen Schaden zufügten.

Noch einmal wurde die Funktion des Justizministers mit jener des Vizekanzlers verbunden, nämlich in der Regierung Bierlein unter dem früheren Präsidenten des VwGH Jabloner. Seine Person wie seine Amtsführung fanden eine wahrlich breite Zustimmung sowohl in Justizkreisen wie in der Öffentlichkeit. Seine klaren Aussagen darüber, was notwendig ist, um einen „stillen Tod der Justiz“ zu verhindern, prägten die Diskussion. Seine Linie wurde teilweise von der ersten Grünen im Ministeramt fortgesetzt. Alma Zadić profilierte sich nicht nur wegen ihrer außergewöhnlichen Biografie – vom bosnischen Flüchtlingskind zur Ministerin –, sondern auch durch einen konsequenten Einsatz für die Unabhängigkeit der Justiz und insbesondere der Staatsanwaltschaften, als man aus politischen Gründen versuchte, diese in die Korruptionsaffären von ÖVP-Funktionsträgern hineinzuziehen. Die vorgefundene Fehlentwicklung eines übergroßen Ministerbüros, das sich häufig in die Routinearbeit des Ressorts einmischt, setzte sie allerdings weiter fort – aber sie kam zumindest ohne Generalsekretär aus.

Die Macht der Justizminister in der Zweiten Republik war eine andere, verdeckter als in der Ersten Republik. Zum Glück hatten sie nicht mehr über Leben und Tod zu entscheiden und entwickelten auch keine breit wirksamen Ambitionen, den Justizapparat zugunsten ihrer Partei oder ihrer Klientel umzukrempeln und zu beeinflussen. Vereinzelt gab es schon auch Vorwürfe, dass Minister versucht hätten, durch Weisungen in Verfahren einzugreifen – das waren allerdings seltene Ereignisse und viele der Vorwürfe wurden auch zu Unrecht erhoben. Dennoch übten die Minister und ihr Ressort großen Einfluss auf die Gesellschaft aus: Die bedeutenden Rechtsreformen im Strafrecht, im Familienrecht, beim Grundrechtsschutz, bei der Beseitigung von Regelungen veralteter Lebensmodelle veränderten die Realität im Lande nachhaltig. Und daneben ist es offenbar lange Zeit gelungen, real und in den Augen der Öffentlichkeit das Vertrauen in die Unabhängigkeit, Korruptionsfreiheit und Wirksamkeit der Justiz nachhaltig zu sichern. Das ist keine Selbstverständlichkeit, wie manch andere Beispiele – sogar in Ländern der EU – zeigen.

Zum Erfolg dieser Entwicklung haben nicht nur die Ressortchefs beigetragen. Einen wesentlichen Anteil daran hatten auch die Beamten, in erster Linie der hoch qualifizierte Mitarbeiterstab im Palais Trautson. Seine Rolle war so stark, dass die meisten Minister – jedenfalls bis zum Beginn der 2000er-Jahre – der Verlockung widerstanden, direkt oder durch ihre Ministerbüros parteipolitisch ins Haus hineinzuregieren oder Günstlinge auf Führungsposten zu hieven. Das hat dem Ministerium eine solide Qualität gesichert und auch dazu geführt, dass langfristige Prozesse der Veränderung durchgezogen werden konnten. Ein streng dem Rechtsstaat verpflichteter „Geist des Hauses" hat ein Übriges dazugetan.

Ordnung und Missbrauch

Donnerstag, 24. August 1989, Flughafen Schwechat.
In der hereinbrechenden Nacht werden an einer abgelegenen Ecke des Rollfelds ein paar Tischchen aufgebaut. Dahinter nehmen Beamte des Innenministeriums unter Leitung des Sektionschefs Hermann und Beamte der deutschen Botschaft unter Leitung des Botschafters von Brühl Platz. Sie haben Stempel und Formulare dabei, und beginnen in der stockfinsteren Nacht bis zum Morgengrauen zu arbeiten: Ungarn hat 108 DDR-Bürger, die in der Deutschen Botschaft in Budapest Zuflucht gefunden hatten, ausreisen lassen. Im Rahmen einer „einmaligen humanitären Aktion“ nicht direkt in die BRD, aber zumindest per Flugzeug nach Österreich. Und im nächtlichen Spezialeinsatz, vor den Medien streng geheim gehalten, statten die Österreicher die Menschen, die aus dem Flugzeug strömten, zunächst mit Einreisevisa aus, registrieren sie, und die Deutschen geben ihnen am nächsten Tisch westdeutsche Notpässe. Dann geht es per Bus nach Passau weiter. Alles hat somit seine rechtliche Ordnung und das Innenministerium hat wieder einmal eine heikle Aufgabe gelöst.
Vier Tage später warten schon wieder 1400 DDR-Bürger in Budapest auf Ausreise. In der Nacht vom 10. zum 11. September öffnet Ungarn seine Westgrenze.

NICHT ALLE AKTIVITÄTEN des Innenministeriums fanden also am Schauplatz Herrengasse statt. Dieser heutige Sitz des Innenministeriums, das lang gestreckte, fast unscheinbare Palais Modena mit der

Hausnummer 7 ist ein altes Adelshaus mit einer bunten Geschichte, bevor es Zentrum der Ordnungspolitik des Landes wurde. Wenig bekannt ist, dass hier in den ersten Jahren der Republik die Bundeskanzler amtierten: Sie hatten ihren Amtssitz von 1918 bis 1923 im ersten Stock.

Die heutige Gestalt und der Name des Palais gehen auf Maria Beatrix von Ferrara und Modena zurück, Schwiegermutter des Kaisers Franz, die das Gebäude 1814 vom damals modernen, engagierten Architekten Alois Pichl in dreijähriger Umbauzeit der klassizistischen Moderne entsprechend adaptieren ließ. 1842 wurde es vom Ärar erworben und diente ab 1843 als Sitz der obersten Polizei- und Zensur-Hofstelle. Nach 1848 war es Sitz der kaiserlichen österreichischen Ministerpräsidenten – insgesamt 34 an der Zahl mit einer durchschnittlichen Amtszeit von zwei Jahren. Sie hatten hier auch ihre Dienstwohnung, und 1867 war dort auch der Sitz des Ministeriums für Landesverteidigung und öffentliche Sicherheit untergebracht. 70 Jahre lang trat die Ministerkonferenz in dem Gebäude zusammen, womit auch geografisch zwischen dem Außenministerium am Ballhausplatz und dem Innenministerium am Judenplatz das Zentrum der Staatsmacht in der Herrengasse lag.

Die Fassade des Palais kommt heute gegenüber dem in den 1930er-Jahren errichteten ersten Wiener Hochhaus nicht mehr so richtig zur Geltung. Vom Michaelerplatz her erkennt man aber durchaus noch, wie herrschaftlich die lange dreigeschossige Fensterfront mit ihren klassizistischen Giebeln, den beiden Toren und den darüberliegenden Balkonen gewirkt haben muss, als gegenüber nur das etwa gleich hohe Palais Liechtenstein stand.

Von der Haupteinfahrt betreten die Minister täglich einen Vorraum zur Stiege – beides von strengen klassizistischen Bauelementen geprägt. Dieser eher enge und niedrige Raum führte früher direkt weiter zu einer freskierten weitläufigen Sala Terrena, deren offene Arkaden einen kleinen Gartenhof umschlossen. Das Treppenhaus selbst ist großzügiger, aber ebenso klar in seinen Linien, nur die Statuen von Athene, Diana und Ceres dokumentierten Luxus, wobei zu vermuten ist, dass die selbstbewusste Bauherrin den Gästen gleich beim Eingang zeigen wollte, dass Gott weiblich ist.

In der noch in ihrer ursprünglichen Ausstattung erhaltenen Beletage, in der bis heute die Minister arbeiten, betritt man zunächst einen großen Vorsaal, der die gesamte Hofseite einnimmt. Nach links führt der Weg in ein prachtvoll ausgestattetes und oben mit einer Laterne geschlossenes Oktogon, das noch unverändert aus dem 18. Jh. stammt. Dieses ist der zentrale „Verteilerraum" zwischen den Amtsräumen der Herrengassenfront, dem Durchgang zum Festsaal und den ehemaligen Privaträumen. Acht Arkaden nehmen Türen, Spiegel und Scheinkamine auf, die Lünetten sind mit antiken Szenen dekoriert – der Künstler war der Wiener Bildhauer Klieber. Zwischen ihnen finden sich weitere Figurengruppen, ein Fries bildet den Abschluss zur Decke, deren Felder ebenfalls Reliefs verzieren.

Im ersten Durchgangsraum zum Saal ist die ursprüngliche reiche Malerei erhalten; vor allem die bemalte Tonnendecke ist geradezu ein Bilderbuch antiker Zitate. Der zwischen den beiden Gebäudeflügeln liegende große Festsaal hat Fenster an beiden Schmalseiten, was ihn sehr hell macht, die längsseitigen Wände mit Halbsäulen und einfachen Strukturelementen sind zur Gänze mit kühlem Stuckmarmor überzogen, die Friese und Deckenmalereien sind relativ schlicht und wieder sehr streng in ihrer Geometrie ausgeführt.

Im Herrengassentrakt weisen die Zimmer noch die ursprüngliche architektonische Gestaltung auf. Drei Prunkstücke sind hier das alte und das neue Ministerzimmer; Ersteres ist ganz in Weiß und Gold gehalten, gerahmten Wandfeldern und Supraporten wurde großes Augenmerk gewidmet; das andere wird durch eine prächtige Decke und einen riesigen Luster dominiert und schafft eine standesgemäße Arbeitsumgebung für die Minister. Dahinter schließt das zierliche, über und über dekorierte ovale Goldkabinett an, in das man eine kleine Kuppel und verspiegelte Wände eingebaut hat. Die übrigen Räume – jetzt Ministerbüro – zeigen in den Deckenmalereien, Friesen, Supraporten und Kaminen einen kühlen und distanzierten Empirestil. Einziger Kontrast dazu ist das hofseitige letzte Zimmer, das mit einer warmen Holztäfelung im Barockstil sogar gemütlich wirkt. Zum Kamin im alten Ministerzimmer wurde jahrzehntelang erzählt, es seien hier am Vorabend eines Ministerrücktritts so viele Akten verbrannt worden, dass sich der Fang verlegte und von den

Sitzungssaal des Innenministeriums im Palais Modena

Rauchfangkehrern Jahre später wieder mühsam freigekratzt werden musste.

Im ehemaligen Wohnungstrakt hinter dem Repräsentationsflügel sind heute nur mehr zwei Räume in der alten architektonischen Ausgestaltung erhalten: Das kleine Musikzimmer mit einer prachtvollen Stuckdecke, deren detailverliebte Kassetten vergoldet und ornamental bemalt sind. Hier lag für sechs Jahre mein Arbeitsplatz. Der zweite Raum ist die halbkreisförmige Hauskapelle, jüngst renoviert, wobei die Elemente der Ausstattung von 1814 im Wesentlichen rekonstruiert werden konnten. Das Altarbild allerdings war verloren gegangen und wurde durch ein schlichtes Holzkreuz von Arnulf Rainer ersetzt.

ALS DIE MONARCHIE im November 1918 unterging, die Republik Österreich ausgerufen wurde und völlig neue politische Verhältnisse das Land prägten, blieb an der Staatsspitze eines unverändert: diese Amtsräume im ersten Stock des Sitzes des Regierungschefs. In den ersten Novembertagen hatte man genau hier noch in dramatischen Nachtsitzungen die Abdankung des Kaisers vorbereitet, wenige Tage später amtierte darin schon der Staatskanzler Renner. Er saß 1918 aber an den meisten Tagen nicht hier, sondern im Parlament, das ihm viel vertrauter war. Im Sommer 1919 übernahm er formell auch noch die Führung des Staatsamts des Äußeren und hatte so einen weiteren Dienstsitz am Ballhausplatz. Auch diesen nutzte er wenig. Er war zudem viele Wochen in Saint-Germain, wo er die Verhandlungen über einen Staatsvertrag führte, die für das Land am 10. September mit einem Abkommen endeten, das fast ein „Todesurteil für Österreich" bedeutete. In den ersten Nachkriegsjahren fand im Modena auch noch das Staatsamt für Unterricht Platz.

Die Nachkriegskoalition zerbrach im Sommer 1920 und als die Wahl am 17. Oktober eine christlichsoziale Mehrheit brachte, wurde Michael Mayr als Kanzler einer kleinen Koalition installiert. Sein Kabinett bestand zum Teil aus Fachleuten, er selbst führte das Außenressort mit, und hier lag auch seine Hauptaufgabe – internationale Kredite zu beschaffen. Wieder war also die Herrengasse nur ein „Teilzeit-Kanzlerbüro". Von hier aus schaffte es der Mann des Ausgleichs aber, das Bundes-Verfassungsgesetz zum Abschluss zu bringen.

Im Juni 1921 übernahm der Wiener Polizeipräsident Johann Schober die Kanzlerschaft in einer Bürgerblockregierung, formal ein parteiloser Beamter, im Herzen konservativ und autoritär. Er ging sehr gerne in das Haus in der Herrengasse, das ihm aus der Polizeizeit wohl vertraut war. Politische Erfolge blieben ihm hier aber versagt: Als die Teilung des Burgenlandes drohte, konnte er trotz einer Blitzreise nach Italien die diktierte Volksabstimmung in Ödenburg nicht verhindern, die für das Burgenland vorgesehene Hauptstadt verblieb bei Ungarn. Die einst so mächtige Regierung in der Herrengasse, die einmal halb Europa gelenkt hatte, spielte nur mehr die Rolle eines machtlosen Zusehers.

Das „Beamten"-Kabinett hielt bloß ein Jahr. Als Schober eine einigermaßen befriedigende internationale Finanzzusage verhandelte, wollte der Führer der Christlichsozialen, Prälat Seipel, diesen Erfolg für sich verbuchen. Er ließ den Kanzler von heute auf morgen fallen und übernahm im Mai 1922 selbst das Ruder. Der 46-jährige Theologieprofessor legte mehrere Ressorts zusammen und übersiedelte das

Kanzleramt an den Ballhausplatz. Er kam von seiner Wohnung im 3. Bezirk immer in der Soutane ins Haus, gab sich asketisch, fleißig trotz schlechter Gesundheit und umgänglich, hinter seinen Aktivitäten steckte aber eine einzige Strategie: der Kampf gegen die Parteiendemokratie.

Seipel bemühte sich – noch von der Herrengasse aus – zunächst um eine Verbesserung der katastrophalen wirtschaftlichen Lage und reiste dafür, quasi als Super-Außenminister, in die Nachbarstaaten und zum Völkerbund nach Genf. Dort erreichte er Ende 1922 ein Darlehen von 650 Millionen Goldkronen, jedoch mit der Auflage einer Verwaltungsreform und eines Verzichts auf den Anschluss an Deutschland. Die Sparmaßnahmen hatten dann eine unmittelbare Auswirkung auf die Herrengasse, weil ihnen am 9. April 1923 das selbstständige Außenministerium zum Opfer fiel, in dessen Haus am Ballhausplatz das Bundeskanzleramt umzog. Jetzt siedelte in die Herrengasse das Innenministerium ein, das am Judenplatz 11 in der Böhmischen Hofkanzlei residiert hatte. Allerdings blieb es die ganze Erste Republik hindurch rechtlich auch ein Teil des Bundeskanzleramts. Die Innenminister waren nämlich ins BKA eingegliedert, ebenso wie die parallel ab 1932 bestellten Minister für das Sicherheitswesen, die personell mitunter mit dem Innenminister identisch waren.

27 Innenminister dienten in der Ersten Republik. Alle nur kurz – fünf davon nur wenige Tage – und viele davon waren als Ressortchefs ohne weitere Bedeutung. Das Ressort wurde mehrmals von den Bundeskanzlern mitgeführt. Verselbstständigen konnte sich das Haus als zentrale Ordnungsmacht daher nicht, vielmehr war es ein ständig hin und her geschupfter Spielball der Macht. In den gewaltsamen Auseinandersetzungen der Ersten Republik und auf dem Weg in den autoritären Staat spielte die Polizei aber eine wichtige und mächtige Rolle. Von ihr, und damit von der Herrengasse, ging nicht nur Ordnung aus, sondern auch Gewalt, militärischer Klassenkampf von oben und Bürgerkrieg.

In diesen 20 Jahren lassen sich mehrere Phasen erkennen, in denen die Macht jenes Schlüsselressorts recht unterschiedlich ausgeübt wurde: In der ersten Phase, noch am Judenplatz, war der Sozialdemokrat Matthias Eldersch Innen- und Unterrichtsminister zugleich. Sein politisches Augenmerk lag dabei primär bei sozialen und Bildungsfragen – mit dem Polizeibereich befasste er sich kaum. Die Polizei wurde von den Polizeichefs, und da allen voran vom Wiener Polizeipräsidenten Schober geführt. Bei ihm lag das Sagen, das Ministerium spielte nur eine mittelbare Rolle. Das änderte sich auch nicht unter seinem Nachfolger Breisky, einem Sektionschef, der kurioserweise gleich dreimal kurz Innenminister war. Die Christlichsozialen hatten ihn nominiert, weil sie bewusst einen „unparteiischen Fachmann" als Leiter dieses Doppelressorts und als Vizekanzler präsentieren wollten. Er kümmerte sich um das Sicherheitswesen aber ebenso wenig wie sein Vorgänger. Der untadelige Beamte fand viele Jahre später ein tragisches Ende: Als ihn 1944 die GESTAPO wegen Empfang des „Feindsenders" BBC festnahm und verhörte, setzte er, wieder in Freiheit, wegen dieser „Schande" seinem Leben selbst ein Ende.

1924 wurde die Herrengasse zusätzlich zum Innenministerium auch formal Sitz des vom Schillerplatz ausquartierten Justizressorts, das hier bis 1934 seine Postadresse hatte. Dann zog es auf den Stubenring um und überließ das Modena wieder zur Gänze dem Innenminister und seiner Generaldirektion für die öffentliche Sicherheit.

IN DER ZWEITEN PHASE der Ersten Republik gab es zwei Politiker, die die Macht eines Innenministers erkannten – und auch nutzten und leider zum Verderben vieler einsetzten: Johann Schober und Ignaz Seipel. Ersterer war von Beruf zuerst Polizeipräsident von Wien, zusätzlich aber seit Ende 1918 Leiter des gesamtstaatlichen öffentlichen Sicherheitswesens, und damit stärker als der Innenminister. Er wurde von den Christlichsozialen mehrmals als Chef von Beamtenkabinetten nominiert und führte das Ressort auch im Rahmen seiner Kanzlerschaft im Jahr 1922 viereinhalb Monate mit. In dieser Zeit trat er in seiner Zusatzfunktion als Innenminister kaum in Erscheinung. Umso mehr tat er das als Polizeipräsident im Jahr 1927 bei der blutigen Niederschlagung der Proteste am 15. Juli rund um den Justizpalastbrand. Er hatte den Schussbefehl auf die Demonstranten zu verantworten, die das Gebäude in Brand gesetzt hatten, und damit auch den Tod von 84 Menschen, von denen die meisten getroffen wurden, als sie flüchteten.

Zu jenem Zeitpunkt war bereits Seipel zum zweiten Mal Ressortchef der Herrengasse, weil er wieder das Innenressort als Bundeskanzler mitführte, wie er das erstmals 1923/24 getan hatte. Auch als er 1926 nochmals Bundeskanzler wurde, behielt er sich das Innenressort vor – damit war er schließlich der längstdienende Innenminister der Ersten Republik. Der Theologe und langjährige Chef der Christlichsozialen Partei war ein Hardliner und liebäugelte seine gesamte politische Laufbahn hindurch mit der Entmachtung des Parlaments, der Zurückdrängung der Parteien, mit autoritären Regierungsformen, antisemitischen Tendenzen und rechtsradikalen Geheimorganisationen. Es ist evident, dass er 1927 die harte Linie Schobers und den Feuereinsatz der Polizei billigte, sagte er doch selbst im Parlament wenige Tage danach, man dürfe gegen die Opfer und die „Schuldigen an den Unglückstagen" keine Milde walten lassen. Schober nutzte die Gelegenheit, die Polizei massiv mit Panzern aufzurüsten.

1927 ist aber nur die spektakuläre Momentaufnahme einer einseitig ausgerichteten staatlichen Ordnungsmacht. In Wahrheit war der polizeiliche Sicherheitsapparat der Herrengasse die gesamte Erste Republik hindurch und in zunehmendem Maße parteipolitisch dominiert, gegen die Sozialdemokratie eingesetzt und autoritär. In der Nachkriegsphase wurde er personell massiv aufgestockt und Schober verstand es auch, „seinen Machtapparat" finanziell gut abzusichern. Es wurden sogar eigene Spitäler, Erholungsheime und Wohnanlagen für Polizisten geschaffen, sie verdienten gut, und bei Neuaufnahmen wurde politisch handverlesen. So entstand nach und nach ein Staat im Staat, der später verlässlich von der autoritären Regierung gegen die politischen Gegner eingesetzt werden konnte. Im Feber 1934 spielte daher die der Generaldirektion für die öffentliche Sicherheit im Palais Modena unterstellte Polizeimacht bei der Ausschaltung der Demokratie und der Arbeiterorganisationen eine ganz zentrale Rolle. Schon zuvor hatte Kanzler Dollfuß bei der Ausschaltung des Parlaments mithilfe der Polizei ein Wiederzusammentreten des Nationalrats gewaltsam verhindern lassen.

In der Ära nach Seipel war das Innenressort zwar kurz an den kleinen Koalitionspartner, den Landbund gefallen. Dessen Minister waren aber schwach, weil sie einerseits jeweils nur weniger als ein Jahr im Amt in der Herrengasse waren, und weil sie andererseits teilweise bereits heimlich den Nazis nahestanden und daher kein besonderes Engagement für Österreichs Sicherheit spürten. Eine schärfere Kontur zeigte hier erst wieder Emil Fey, Heimwehrführer und Innenminister (Staatssekretär für das Sicherheitswesen) ab 1932. Er war es auch, der 1933 den Befehl erteilte, weitere Nationalratssitzungen zu verhindern; er vermengte Polizei und Heimwehreinheiten; er veranlasste die Razzien in Arbeiterheimen, die 1934 zur blutigen Niederwerfung der Sozialdemokratie führten. Im Alltag dürfte er lieber am Ballhausplatz antichambriert haben, als in seinem Büro im Modena zu sitzen, denn am Tag des Dollfuß-Mordes war er den ganzen Vormittag dort und nicht an seinem Schreibtisch. Weil er gefühlt hatte, dass ihn Dollfuß entmachten wollte, hatte er bereits 1934 Kontakte zu den Nazis gesucht. Vier Jahre später, als diese ihn nach dem Einmarsch 1938 einvernahmen und so gar keine Dankbarkeit für seine Annäherungsversuche zeigten, erschoss er am 16. März seine Familie und sich selbst.

Das Sicherheitswesen war ab 1934 immer stärker in den Fokus der illegalen Nationalsozialisten gerückt und Kanzler Schuschnigg fand – oder suchte – kein wirksames Mittel dagegen. Geradezu das Gegenteil bewirkte er: Er ernannte den deutschnationalen Edmund Glaise-Horstenau zum Minister – und behielt selbst nur die Oberhoheit über das Sicherheitswesen –, bis ihn dieser gemeinsam mit dem Nazi Seyß-Inquart am 13. März 1938 zum Rücktritt zwang. Es ist anzunehmen, dass Glaise-Horstenau dazwischen seine zweijährige Ministerschaft auch dafür genutzt hat, möglichst viele seiner Gesinnungsgenossen in den österreichischen Sicherheitsapparat einzuschleusen.

Während der nationalsozialistischen Annexion übernahm die Reichs-Polizeiverwaltung den traditionsreichen Sitz der Innenminister in der Herrengasse. Am 10. September 1944 wurde das Haus durch Bombentreffer in Mitleidenschaft gezogen. Unmittelbar nach Kriegsende zog dennoch wieder das Innenministerium ein und seither gingen alle Innenminister der Republik täglich über die Prunkstiege und durch das Oktogon in ihr klassizistisches Büro und hielten ihre wichtigen Sitzungen und Feiern im großen Saal des Palais.

BEI DER WIEDERERRICHTUNG eines demokratischen, freien Österreich legten die Sowjets größten Wert darauf, direkten Einfluss auf den Sicherheitsapparat zu erhalten. Sie nominierten daher einen ihrer bewährtesten Genossen für die Position des Staatssekretärs für Inneres, Franz Honner. Er hatte in den letzten Kriegsjahren in der Sowjetunion österreichische Einheiten der jugoslawischen Partisanen ausgebildet und sich sowohl in der Politik als auch im Militärbereich bewährt. Er sollte den Sicherheitsapparat von Nazis säubern und verlässliche Positionen für die KPÖ aufbauen. Ersteres gelang ihm, für Zweiteres war seine achtmonatige Amtszeit zu kurz. Neben ihm saßen auch zwei versierte „Aufpasser“ im Vordertrakt der Herrengasse: der „rote“ Oskar Helmer und der „schwarze“ Raoul Bumballa; und zur Vorbereitung der ersten Wahl bestellte man noch einen weiteren Unterstaatssekretär.

Da aufgrund des Wahlergebnisses vom November 1945 die Kommunisten nicht mehr der Regierung angehörten, fiel das Innenressort den Sozialisten zu, und diese besetzten es mit ihrem engagiertesten Antikommunisten Helmer, der praktischerweise schon im Haus saß und es danach 14 Jahre lang führte – nahezu allmächtig und für Jahrzehnte prägend. Das Innenministerium wurde unter ihm ein rotes Ressort, straff organisiert, korruptionsfrei und stark. Helmer war der Exponent des rechten Parteiflügels der SPÖ und man sagt ihm eine antisemitische Haltung und zur Restitution jüdischen Vermögens das Zitat nach: „Ich wäre dafür, dass man die Sache in die Länge zieht.“ Er stützte auch die Parteigründung des VdU, weil er sich davon eine Schwächung der ÖVP erhoffte. Durch die Konsequenz, mit der er Kommunisten von tatsächlicher Macht fernhielt und Polizei wie Gendarmerie dem Einfluss der sowjetischen Besatzungsmacht entzog, erwarb er sich aber allseits hohes Ansehen. Das Innenressort und seine verzweigten Dienststellen baute er als Bastion sozialdemokratischer Beamter aus. Keiner seiner mittlerweile 25 Nachfolger erreichte annähernd seine Bedeutung für das Ressort und den Staat.

Innenminister Olah und Demonstranten 1964 vor der SPÖ-Zentrale in der Löwelstraße

Ihm folgte 1959 der farblose frühere Wiener Stadtrat Afritsch – über den sogar die eigene Polizei Spitzelakten zu seinem Privatleben anlegte, ohne dass er das je erfuhr. Danach prägte eine kurze, aber betriebsame Amtszeit des ÖGB-Präsidenten Franz Olah die Atmosphäre am Schauplatz Herrengasse.

Olah war Machtmensch und Antikommunist wie sein Vorvorgänger, knallharter Stratege, bestens vernetzt, und über ihn munkelte man auch, dass er solide Verbindungen seines Ressorts zum US-Geheimdienst aufbaute und pflegte. Unter ihm wurde also in der Herrengasse Machtpolitik in österreichischer und internationaler Dimension realisiert. Intern beließ er nichts beim Alten. Er versetzte 36 Führungskräfte, verbot dem rechtslastigen Kameradschaftsbund das Marschieren, warf vor laufender Kamera der VP-nahen Führung seiner Staatspolizei deren Spitzelkartei über 70.000 Österreicher vor, ließ diese öffentlichkeitswirksam vernichten und war auch sonst gegenüber politischen Gegnern und den Medien nicht zimperlich. Er polarisierte, vor allem auch in seiner Partei, deren Vorsitz er übernehmen wollte. Letztlich stürzte er über illegale Machenschaften: Er hatte rechtswidrigerweise Gewerkschaftsgeld in die Gründung der „Kronen Zeitung“ investiert und eine Finanzspritze in Millionenhöhe an die FPÖ gegeben, um eine kleine Koalition mit der SPÖ vorzubereiten – wohl unter seiner Führung. Als er den Parteivorsitzenden offen angriff, musste er 1964 binnen Stunden die Herrengasse verlassen.

Die folgenden drei Innenminister – auch die beiden der ÖVP-Alleinregierung nach 1966, die sich in einem „roten" Haus kaum durchsetzen konnten – haben keine besonderen Spuren ihrer Politik im Ressort hinterlassen. Sie wechselten allerdings ihr Dienstzimmer, um sich auch topografisch von Olah abzuheben. Bedeutsam für die Machtausübung der Exekutive war erst wieder der Sozialdemokrat Otto Rösch, ab 1970 sieben Jahre lang Hausherr im roten Salon. Er brachte wieder Ruhe und Stabilität ins Ressort, obwohl ihn selbst auch Geschichten aus einer unrühmlichen Vergangenheit einholten – als junger Mann war er bei der NSDAP und nach dem Krieg in Aktionen zugunsten von „Ehemaligen" verwickelt. Als Innenminister allerdings führte er sein Amt ohne den geringsten Vorwurf von Rechtslastigkeit und stärkte das Ressort wie die Exekutive nachhaltig. Man sagt ihm nach, dass er in seiner Amtszeit keinen Tag im Ausland war und regelmäßig einen kleinen Mittagsschlaf in der Herrengasse hielt. Ein einziges Mal geriet der „Große Schweiger" in die Schlagzeilen, als er 1975 nach dem OPEC-Attentat den Terroristen Carlos am Flugfeld mit völlig unpassendem Handschlag verabschiedete.

Ihm folgten zwei Minister aus dem Innersten der SPÖ, die eher dem linken Parteiflügel zuzurechnenden Funktionäre Erwin Lanc, der sechs Jahre lang als Sir in seinen Umgangsformen gut in die weiß-goldenen Zimmer passte, und danach ebenso lange der in seiner Persönlichkeit umtriebige Karl Blecha, der sich über deren abgeschabte Verstaubtheit auch lustig machen konnte. Er war von Kanzler Sinowatz in der Herrengasse installiert worden, weil dieser im Unterschied zu Kreisky den geschäftsführenden Parteiobmann in der Löwelstraße nicht mehr brauchte und ein großes politisches Talent anders einsetzen wollte.

Blecha trat mit dem engagierten Programm an, aus dem Haus ein Bürgerserviceministerium zu machen, strukturierte vieles um – von der Staatspolizei bis zur Cobra –, löste eine ganze Reihe dramatischer Sicherheitskrisen und stolperte schließlich über einen Kriminalfall: Unter ihm verschwand im Juli 1985 im Ministerbüro ein Telegramm des Botschafters Amry, in dem dieser über illegale Waffenlieferungen der Firma Noricum informierte – der Kabinettschef und der Staatspolizeichef gaben dazu später die Fälschung von Aktenvermerken zu. Als wegen jener Information ein Lieferstopp für die Kanonen verhängt wurde, hob die für Waffenexporte zuständige Beamtin diesen unverzüglich wieder auf, obwohl die Aktenlage klar dagegensprach. Im weiteren Verfahren fielen zahllose weitere Ungereimtheiten auf und verschwanden Zeugen. Der Minister und Beamte wurden in diesem Kontext letztlich strafrechtlich verurteilt. Auch die Verwicklung des Ministers in eine weitere Causa – insbesondere die Weisung, Ermittlungen gegen einen Freund des Ministers, Udo Proksch, einzustellen, der in einem Versicherungsbetrugsfall das Schiff Lucona samt Besatzung versenkt hatte – führte zu Verurteilungen. Die Fälle zeigten deutlich, wie viel Macht ein Innenminister hat und wie leicht er sie missbrauchen kann.

Blecha musste zurücktreten und der Kanzler fand einen unter Compliance-Gesichtspunkten untadeligen Nachfolger, den Verwaltungsfachmann Franz Löschnak. Er lenkte in pragmatischer Art die Strukturen und das Innenleben der Bürokratie im Modena einige Jahre lang effizient wie kaum ein anderer, festigte sofort seine starke Position im Ressort – und wurde von der größten Migrationswelle nach dem Weltkrieg nach dem Fall des Eisernen Vorhangs und dem Jugoslawienkrieg vor schier unlösbare Herausforderungen gestellt. Seine bedachtsame, doch restriktive Linie in der Migrationspolitik wurde damals von links stark kritisiert, heute mutet sie liberaler an als die der Grünen.

Aber diese Kritik führte dazu, dass als sein Nachfolger ein dezidiert linker Sozialdemokrat, Caspar Einem, in die Herrengasse berufen wurde, der sich allerdings im und mit dem Ressort schwertat. Er wechselte daher auch bald das Wirkungsfeld und wurde durch Karl Schlögl ersetzt, der wohl das Zeug für einen zweiten, erfolgreichen Helmer gehabt hätte, doch Wahlergebnisse setzten ihm Grenzen: Ab dem Jahr 2000 übernahm nämlich die ÖVP das Ressort mit dem klaren Willen, es nie wieder abzugeben und nach Kräften zu nutzen.

Der Niederösterreicher Ernst Strasser kam in das Modena mit einem klaren Ziel: Der stärkste und kompakteste Machtapparat in der Republik sollte politisch „umgefärbt“ werden. Er ging mit allen denkbaren Mitteln an dieses Werk, jagte eine Reorganisation nach der anderen durchs Haus und stellte die Weichen dafür, dass die „rote“ Herrengasse binnen einem Jahrzehnt „schwarz“ wurde. Der Preis dafür war allerdings der Niedergang der Motivation und ein merkbarer Qualitätsverlust. Auch am Gebäude setzte Strasser Akzente, indem er die Hauskapelle und die viele Jahre verborgene Sala Terrena revitalisieren ließ. Auf das Machtverständnis des Ministers wirft seine spätere „Cash for laws“-Affäre ein bezeichnendes Licht, wegen der er zu einer Haftstrafe aufgrund von Bestechlichkeit verurteilt wurde.

Unter den rasch folgenden vier weiteren VP-Ministern und -Ministerinnen wurde das bereits parteilich eingefärbte Ressort dann mehr und mehr zum Spielball einer Landesorganisation dieser Partei und alle, die Niederösterreich nicht nahestanden, wurden von den Schaltstellen verdrängt. Den Abschluss fand jener Prozess mit der fünfjährigen Ressortleitung von Johanna Mikl-Leitner, unter deren Herrschaft der Aufbau eines wenig transparenten Netzwerks durch ihren Kabinettschef erfolgte, das danach auch die Gerichte beschäftigte.

In einem immer kürzeren Takt amtierten danach Minister, die das Ressort vor allem zur eigenen politischen Profilierung zu nutzen suchten – zuerst der niederösterreichische ÖVP-Mann Wolfgang Sobotka, der von der Herrengasse aus Breitseite um Breitseite gegen die eigene große Koalition und die sie anführenden Sozialdemokraten abschoss; dann der Freiheitliche Innenminister Kickl, der sich aus der Herrengasse heraus in der Koalition als rechter Recke profilierte und Breitseiten gegen seinen ÖVP-Koalitionspartner losließ. Nach seiner vom Kanzler erzwungenen Entlassung folgten zwei Übergangsverwalter und der wieder aus der NÖVP stammende spätere Bundeskanzler Nehammer. Sie alle konnten das Bild und die Realität nicht korrigieren, das sich mittlerweile verfestigt hatte: Aus dem ehedem ebenso mächtigen wie untadeligen Ordnungsministerium, das kraftvoll eine weitgehend akzeptierte Sicherheitsstrategie für das Land verfolgte, schien teilweise ein Agglomerat von Klüngeln und Seilschaften geworden zu sein, ständig in personelle Intrigen

Die Sala Terrena im Innenministerium wurde erst nach 2000 wieder freigelegt.

und Machenschaften involviert, für parteipolitische Zwecke missbraucht, letztlich mehr Unsicherheit und Gefahr als Sicherheit und Ordnung vermittelnd.

BEI DER BETRACHTUNG der hundertjährigen Geschichte fällt auf, wie wenig profiliert eigentlich eine der wichtigsten Machtzentralen der Republik, das Innenministerium, in der Wahrnehmung der breiten Öffentlichkeit ist. Der Ballhausplatz, die Hofburg, die Himmelpfortgasse sind allseits geläufige Adressen – die Herrengasse 7 ist das nicht. Möglicherweise hängt das daran, dass das Ressort meist erfolgreich im Hintergrund gearbeitet hat und seine Aufgaben perfekt und diskret beherrschte. Sicherheit und Ordnung kann man am besten gewährleisten, wenn die Befehlszentrale gut abgeschirmt arbeiten kann, in Ruhe – um nicht zu sagen, im Geheimen – wirkt. Kaum jemand weiß, welche Aufgaben der Generaldirektor für die Öffentliche Sicherheit hat und wie er 30.000 bewaffnete, mit weitreichenden Befugnissen ausgestattete Menschen befehligt. Und befehligt ist das richtige Wort, denn im Gegensatz zu anderen Ministerien ist das Innenressort von einer straffen Hierarchie und klaren Prozessstrukturen geprägt. Wenn man dort ganz oben etwas anweist, wird es auch bis hinunter vollzogen. Mitunter vielleicht in Schwejk'-

scher Manier übertrieben eifrig und ohne nachzudenken – die Bestrafung von auf Parkbänken sitzenden Pensionisten zur Corona-Zeit ist ein Beispiel dafür –, im Großen und Ganzen aber rasch und effektiv. Ich habe das selbst – mit einem gewissen Erstaunen – in meiner zehnjährigen Zeit im Innenministerium erlebt und auch gelernt, wie wichtig es ist, mit dieser großen realen Macht sehr behutsam und bedacht umzugehen.

Nicht alle Teile des Ressorts sind allerdings so mächtig, wie sie es gerne wären oder wie es ihnen nachgesagt wird. Wer sich jemals intensiver mit dem „Geheimdienst" im Innenressort – Staatspolizei, BVT, DSN oder wie immer die Bezeichnungen lauteten – auseinandergesetzt hat, weiß, dass hier ein recht zahnloser Tiger sitzt. Viel Bürokratie erzeugt da geradezu hanebüchene Ergebnisse – etwa Lageberichte, die man auf Basis einiger Qualitätsmedien und des Internets selber schreiben könnte. Ein Wust interner Intrigen hemmt die Institution – nachzuverfolgen an der sogenannten BVT-Affäre 2016, und kleinkrämerisch Vormärzliches beschäftigt die Leute. Auch ich konnte 1990 als Kabinettschef meinen StaPo-Akt lesen und habe herzlich darüber gelacht. Man soll das aber auch nicht verharmlosen, besonders dann nicht, wenn politische Gegner des Ressortchefs bespitzelt, Netzwerke im halbseidenen Bereich gesponnen oder notwendige Untersuchungen torpediert und unbegründete Exekutivmaßnahmen aus dubiosen Gründen forciert werden. Für all das gibt es von Olah bis heute zahlreiche, auch gerichtskundige Beispielsfälle.

Hier ist ein Grundsatz offenbar besonders wichtig: Macht braucht Kontrolle. In der Herrengasse, wo die Staatsmacht in das Leben jedes Einzelnen eingreifen kann, besonders. Kontrolle in Form eines rechtsstaatlichen Rahmens – als Primat des Rechts vor der Politik; durch unabhängige Organe wie Gerichte und Staatsanwaltschaften; und durch einen demokratieverpflichteten Ressortchef und jene politischen Institutionen, die wiederum jenen überprüfen und binden können. Dieses System hat in der hundertjährigen Geschichte des Ressorts nicht immer funktioniert und es ist auch aktuell beständig bedroht. Wachsamkeit tut also not – insbesondere vor der Fassade des Palais Modena in der Herrengasse.

Gewalt und Geschäft

„9. Oktober 1981. ‚Komm zum Mittagessen!‘, rief die Frau. Doch der Mann verließ nur wortlos das Haus, stieg in seinen Geländewagen und fuhr weg, in den Wald. Sie war beunruhigt, denn er gehörte nicht zu den Schweigsamen, Undurchschaubaren, denen solches Verhalten zuzutrauen ist. Also fuhr sie ihm nach. Vier Kilometer weiter fand sie ihn, auf einem Wendeplatz der Forststraße.
Er saß noch in seinem Wagen, der Motor war abgestellt, beide Türen verschlossen. Vornübergebeugt, aus Mund, Nase und Ohren blutend, gab der 67-Jährige kein Lebenszeichen mehr von sich. Seine geschockte Frau alarmierte die Polizei, die nur noch den Tod von Karl Lütgendorf feststellen konnte. In seiner linken Hand hielt er einen Smith-&-Wesson-Revolver. Der Gemeindearzt stellte Tod durch Selbstmord fest. Ob der General aus altem Adel, ehemaliger Verteidigungsminister, eine der schillerndsten Personen in Kreiskys Regierung, Waffenlobbyist und zeitweiliger Militärgeheimdienstler in seinem Wald in Schwarzau am Gebirge freiwillig aus dem Leben geschieden war, ist bis heute noch Gegenstand zahlreicher Spekulationen.“

(„DER STANDARD“, 9.10.2016)

BEREITS AM 1. NOVEMBER 1918, also elf Tage vor der Ausrufung der Republik, begann Julius Deutsch als Unterstaatssekretär für das Heerwesen, im riesigen Gebäude des Kriegsministeriums am Stubenring mit der Aufstellung einer Volkswehr. Er musste einfach schneller sein als die zahlreichen unterbeschäftigten Kader im Ministerium, um Restaurationsversuchen zuvorzukommen. Formal war sein Chef der mit der Ressortleitung betraute böhmische Abgeordnete Josef Mayer. Beide amtierten noch bis 1921 gleichzeitig mit dem alten Apparat des „liquidierenden Kriegsministeriums" der Monarchie. Und gleich in den ersten Tagen ihrer Arbeit nahm ihnen der durchschlagskräftige Sozialminister Hanusch obendrein einen beträchtlichen Teil des Personals – das Kriegsfürsorgeamt – weg.

Eine durchaus chaotische Anfangszeit. Die Finanzsituation erlaubte weder Aufbau noch Ausrüstung einer Armee, der größte Teil der Arbeit und Macht des Ressorts bestand darin, die zurückströmenden Massen von Soldaten irgendwie zu versorgen, Lebensmittel zu verteilen und den riesigen Beamtenstab auf den Bedarf des kleinen Deutschösterreich zu reduzieren. Dabei setzte der erst 35-jährige Sozialdemokrat Deutsch, brillanter Kopf, Stratege und Organisator, politische Akzente. Er nutzte die in seiner Gewerkschaftsarbeit im k. u. k. Kriegsministerium aufgebaute Vertrauensmännerstruktur und organisierte gemeinsam mit dem kundigen Oberst Theodor Körner, den er zu seinem obersten Beamten machte, in eineinhalb Jahren einen roten Stützpunkt im Ressort – früh erkennend, dass es wichtig war, diese Staatsgewalt nicht reaktionären und antidemokratischen Einflüssen zu überlassen. Schwer war das nicht, hatten sich doch viele Soldaten im Krieg nach links gewendet. Das ihm unterstellte Heer bewährte sich auch sofort bei der Verhinderung derartiger Umtriebe, der Abwehr einiger Putschversuche und im Kärntner Abwehrkampf. Besonders wichtig war ihm, den ziemlich intakten Heeresapparat zur Verteilung jener Konsumgüter an die Bevölkerung einzusetzen, die in beträchtlichen Mengen in den Armeedepots lagerten.

Diese Phase endete im Oktober 1920. Nacheinander übernehmen drei Beamte die vielen Baulichkeiten des Ressorts und dessen Leitung, die aber als Kanzleramts-, Innen- oder Unterrichtsminister das Heer nur „mitführten". Ihnen waren die 56.000 überwiegend roten Soldaten der Volkswehr politisch suspekt. Für die gesamte Zeit der Ersten Republik danach ist kennzeichnend, dass die Heeresminister weniger die Landesverteidigung nach außen im Fokus hatten – hier setzte der Vertrag von Saint-Germain noch zusätzliche Grenzen. Vielmehr wurde das Ressort als innenpolitischer Faktor betrachtet und von seinen Befehlshabern mehr und mehr für ihre parteipolitischen Zwecke genutzt.

Es ist daher auch nicht verwunderlich, dass das dominante Gebäude des Kriegsministeriums diese Epoche nicht mehr prägte. Das Heeresressort war nur mehr einer von mehreren Mietern im jetzigen Regierungsgebäude am Stubenring (wo der Heeresminister selbst bis 1938 bloß phasenweise saß) und duckte sich ohne eigenes Profil politisch unter die Fittiche des Bundeskanzlers. Eine Entwicklung, die schließlich verhängnisvoll war, begann im Jahr 1921 nach der ersten Bewährungsprobe der Militärkräfte gegen ungarische Freischärler im Burgenland, als der christlichsoziale Parteimann Carl Vaugoin die Leitung des Ressorts erhielt und fast zwölf Jahre dort verblieb. Er machte sich nämlich mit aller Kraft sofort an die vollständige Umfärbung des Heeres auf Schwarz. Dabei bediente er sich eines karrierebewussten Juristen, Robert Hecht, den er mit 44 Jahren zum jüngsten Sektionschef der Republik machte und der später dem Austrofaschismus rechtlich den Weg bahnte.

Man muss sich für das Folgende die strategische Rolle des Bundesheers in der Ersten Republik vergegenwärtigen: Ausgangslage war die von politisierten Soldatenkadern und deren Vertrauensmännern dominierte Volkswehr. Ein demokratisches Wehrgesetz sicherte deren Position und die Verfassungstreue rechtlich einigermaßen ab. Dann wurde das Heer sukzessive zum zentralen Instrument im Kampf der Christlichsozialen gegen die Sozialdemokraten um die Hegemonie im Staate umgebaut. Den rechten politischen Kräften, denen die Ministerebene und das Offizierskorps näherstanden, war klar, dass es für ihre Interessen unabdingbar war, diese Bastion zu schwächen. Nur so konnte sie in ihrem Sinne funktionieren, wenn es um eine Entscheidung zur Übernahme der Republik kommen sollte. Der spätere Obmann der Christlichsozialen, Vaugoin, verfolgte also ausschließlich ein Ziel: die Ideologisierung und personelle Besetzung des Heeres im Interesse seiner Partei.

Ab 1922 wurden durch gezielte Personalpolitik Dienstverträge von Soldaten mit politisch unerwünschtem Hintergrund nicht verlängert, die von konservativen Gewährsleuten indes schon. Die Auswahl neuer Leute besorgte die Ressortführung durch die Rekrutierung tief katholischer Bauernburschen. Dann folgte der zweite Schritt, eine von Hecht listig vorbereitete Änderung des Systems der Vertrauensmännerwahl. Es wurde so umgestaltet, dass die Zahl der Vertreter nicht mehr nach dem Verhältnisprinzip bestimmt wurde, sondern jede Einheit – egal ob groß oder klein – einen einzigen Vertrauensmann wählte. Sodann wurden viele kleine konservativ dominierte Einheiten gebildet, die großen sozialdemokratisch geprägten jedoch belassen. Die Wahlergebnisse änderten sich dann im Sinn der Erfinder: 1927 erreichte der schwarze Wehrbund mit 40 Prozent eine Mandatsmehrheit, 1929 fiel der sozialdemokratische Militärverband mit zehn Prozent in die Bedeutungslosigkeit. Ein drittes Instrument waren Ministerverordnungen. Zwar garantierte das Wehrgesetz den Soldaten volle politische Rechte, doch Hecht ging daran, die Modalitäten und Grenzen dieser Rechte Schritt für Schritt einzuengen. Zuerst wurde eine „außerdienstliche militärfeindliche Propaganda" definiert und als Disziplinarvergehen geahndet, danach wurde die Tätigkeit für die kommunistische Partei, dann die bloße Diskussion in der Öffentlichkeit über Wehrpolitik sanktioniert. Schließlich untersagte man das Tragen von Parteiabzeichen an der Zivilkleidung und beschränkte die Verbreitung von Zeitungen in den Kasernen. Die Folge war eine ständige Rechtsunsicherheit, die die konservativen Kommandanten nutzten, um eine Atmosphäre der Angst aufzubauen. Schauplatz jener gewaltigen Machtverschiebung im Staatsgefüge war der Stubenring, an dem scheinbar nur ein wenig Dienstrecht, in Wahrheit aber die totale Wende im Staat festgeschrieben wurde. 1929 stellte Deutsch verbittert fest, dass „dort eine Willkür herrscht, wie sonst in keinem anderen Teil unseres Staatswesens".

Vaugoin ahnte, dass die Auseinandersetzung zwischen rechts und links in der Republik letztlich mit Waffengewalt entschieden werden wird. Nicht ohne Zynismus betonte er bei der Ordensverleihung an seinen treuen Paladin Hecht, dass dieser „die vielen, so ungemein verwickelten Rechtsfragen, die unsere Wehrverfassung mit sich bringt, jederzeit in hervorragender Art löste." Er hoffte daher, „dass er noch recht lange dem Ministerium und mir als Berater und Mitarbeiter erhalten bleibt".

Als Vaugoin 1930 für kurze Zeit Bundeskanzler wurde, setzte sein Ressort noch eine Aktion: Kurz zuvor war die Parlamentskommission für Heeresangelegenheiten suspendiert worden. Als sich die Sozialdemokraten dagegen an den Verwaltungsgerichtshof wandten, äußerte Hecht zuerst in einer Zeitung Zweifel an der Verfassungsmäßigkeit dieser – 1923 vom Minister selbst eingerichteten – Kommission. In der Folge lieferte er dem Parlament einen Bericht, dass die Abschaffung der Kommission erhebliche Einsparungen bringt. Danach verstärkte er in der Äußerung des Ressorts die vermeintlichen Verfassungsprobleme. Als daraufhin der VwGH die Sache an den Verfassungsgerichtshof abtrat, verteidigte Hecht in Vertretung der Bundesregierung nicht wie üblich das Wehrgesetz. Und als der VfGH tatsächlich die der Kommission zugrunde liegenden Paragrafen aufhob, ließ Hecht binnen dreier Tage deren Büros räumen.

Bei der Ausschaltung des Parlaments im Frühjahr 1933 und der Installation des Ständestaates übernahm der Bundeskanzler selbst die wichtige Leitung des Heeresressorts: Zunächst war das Engelbert Dollfuß, der im Feber 1934 auch nicht zögerte, das ihm bereits völlig ergebene Heer wie im Krieg gegen die Arbeiterschaft und ihre Organisationen einzusetzen. In Wien schoss sogar Artillerie gegen die Gemeindebauten. Dieser Einsatz des Bundesheeres mit schweren Waffen blieb dann auch tief im kollektiven Gedächtnis Österreichs verankert und bewirkte eine lange andauernde Aversion der österreichischen Sozialdemokratie gegen das Heer.

Als die Nazis versuchten, 1934 gegen Kanzler Dollfuß zu putschen und ihn ermordeten, setzte die Regierung auch das Bundesheer ein. Dabei wurde Anton Rintelen, bisher Gesandter in Rom, den die Putschisten zum neuen Kanzler ausriefen, vom Hotel Imperial, wo er den Gang der Dinge abgewartet hatte, in das Heeresministerium am Stubenring gebracht und in den dortigen Amtsstuben einige Zeit vom Militär festgesetzt.

Nach Dollfuß übernahm Kanzler Schuschnigg wie sein Vorgänger das Ressort. Er ließ aufrüsten, schuf eine Luftwaffe und vergrößerte den Mannschaftsstand auf über 30.000 – beides entgegen dem Vertrag von Saint-Germain. 1936 wurde die allgemeine Wehrpflicht eingeführt. Als es jedoch im März 1938 darum ging, Österreich gegen

Panzerwagen des Heeres 1934 vor dem Bundeskanzleramt

den Einfall von Nazideutschland zu verteidigen, waren Schuschnigg, sein politisches Umfeld und die Heeresführung zu schwach, um sich zu einer derartigen Entscheidung durchzuringen.

Österreich ging für sieben Jahre unter, teilte das Kriegsschicksal Deutschlands bis zur Niederlage und erlangte daher 1945 keine militärische Souveränität, womit sich auch ein Verteidigungsministerium erübrigte. Die Räume am Stubenring waren ohnedies zum Großteil zerstört und unbenutzbar. Das Gewaltmonopol lag bei den vier Alliierten, nicht bei einem österreichischen Heer. Bis 1956 waren daher die Verteidigungsagenden bloß Sache des Amtes für Landesverteidigung, einer Sektion im Bundeskanzleramt.

ERST NACH DEM STAATSVERTRAG wurde ein im Innenministerium angesiedelter Staatssekretär dafür politisch verantwortlich. Ferdinand Graf hatte sich gegen die Sowjets profiliert und galt schon lang als Kandidat für den allfälligen neuen Ministerposten. Aber erst am 11. Juli 1956 wurde wieder ein Verteidigungsministerium errichtet und er der Minister im früheren Kriegsministeriumsgebäude. Die Idee Schärfs, beim Bundespräsidenten ein Militärkabinett als Gegengewicht zu installieren, lehnte ausgerechnet Körner ab. Graf war aber nur Verwalter und Organisator des Neuaufbaus der Institution; Spielraum für große Politik gab man ihm nicht und 1959 wurde ihm obendrein ein sozialdemokratischer Staatssekretär, Otto Rösch, als Aufpasser ins Haus gesetzt. Dieser blieb auch unter dem Nachfolger Karl Schleinzer, der 1961 mit 37 Jahren das Ressort übernahm. Er war ein Kärntner Bauernsohn, der nebenbei studiert hatte und in die Politik gegangen war; das Interesse des introvertierten ÖVP-Politikers galt aber eher der Partei und der Landwirtschaft, wohin er 1964 auch gerne wechselte, als dem Heer. Im Apparat des Ressorts wurde allerdings in diesen Jahren eine erste ÖVP-Führungsmannschaft solide etabliert.

Auf Schleinzer folgte ein politisches Schwergewicht: Georg Prader. In seinen sechs Amtsjahren, die längste Zeit davon in der ÖVP-Alleinregierung, leitete er die Anschaffung von schwedischen Abfangjägern ein und erntete 1968 Kritik, als er beim sowjetischen Einmarsch in die ČSSR das Bundesheer erst 30 Kilometer hinter der Staatsgrenze Position beziehen ließ. Vor allem aber begründete er jene Reihe von Ministern, die als Parteisoldaten im eigentlichen Wortsinn aus dem niederösterreichischen ÖAAB kamen und das Ressort recht offen für die Personalpolitik dieser Organisationen nutzten. Er war der erste vom Dienst freigestellte niederösterreichische Hofrat an der Spitze des Ministeriums; wieder wurde hinter dessen Fassade in gewissem Sinne ein Parteistaat im Staate aufgebaut.

Mit der Regierung Kreisky ging die Ära der konservativen Ressortchefs allerdings zu Ende – nicht ganz undramatisch: General Freihsler, Berufssoldat und der SPÖ nahestehend, wurde binnen eines Jahres in den Intrigennetzen des politisch ganz anders orientierten Ressorts aufgerieben. Er konnte zwar die Verkürzung des Präsenzdienstes auf sechs Monate umsetzen, doch die Widerstände im Heer waren riesig, ein Erlass des Ministers konnte die offene Kritik der Offiziere nicht bändigen, und als ihn der Kanzler nicht voll stützte, gab er letztlich auf.

Sein Nachfolger, der parteilose altadelige Karl Lütgendorf, passte eigentlich gar nicht in die Reformmannschaft des neuen Kanzlers. Seine Berufung zeigte aber, dass das Verhältnis der SPÖ zum Heer seit dem Jahr 1934 noch immer so gestört war, dass es einfach kaum kundige und im Ressort akzeptierte Sozialdemokraten gab, denen man das Amt hätte anvertrauen können. Kreisky entschied sich für Lütgendorf auch aus taktischen Gründen, um der Offiziersphalanx entgegenzukommen. Dieser, ein richtiger General im Tonfall, ein Aristokrat in der Wortwahl, hatte dann auch kaum Schwierigkeiten mit dem Apparat am Stubenring und in der Stiftskaserne. Am Ende seiner siebenjährigen Amtszeit geriet er aber massiv in den Verdacht illegaler Waffengeschäfte. Als er dann noch öffentlich log, er kenne in diesem Kontext einen Vertrag des Beschaffungsamtes mit Steyr nicht, musste er gehen. Vier Jahr später erschoss er sich unter mysteriösen Umständen auf seinen Latifundien.

Jetzt zog Kreisky den Schluss, dass kein General mehr Verteidigungsminister sein sollte, sondern dass es besser wäre, einen Zivilisten an den Stubenring zu berufen. Er „versetzte" den routinierten Innenminister Rösch ins Ressort – und dieser brachte Ruhe und Stabilität, wie schon in seinem vorherigen Ministerium. Er wurde von der mächtigen Heeresspitze durchaus akzeptiert, war er doch bereits sieben Jahre Staatssekretär am Stubenring gewesen. Der „große Schweiger" provozierte weder das Offizierskorps noch negative Schlagzeilen, aber er formulierte einen politischen Anspruch, nämlich „das Heer mit der Arbeiterschaft zu versöhnen". Letzteres gelang ihm tatsächlich, große Reformen und weitere politische Initiativen setzte er nicht um. Unter ihm verließ aber das Ministerium das Traditionsquartier am Stubenring und bezog einen eher charakterlosen, vielstöckigen schmalen Neubau am nahen Donaukanal.

Als 1983 eine kleine Koalition die Regierung bildete, fiel das Verteidigungsressort an die Freiheitlichen und damit an Friedhelm Frischenschlager. Dieser stellte von Beginn an klar, er sei Politiker, zwar Generalsenkel, aber kein Militär, und er würde diese unterschiedlichen Rollen nicht vermischen wollen. Ihm begegnete abermals eine ziemlich offene Ablehnung der Heeresführung – eine derart nach außen getragene Illoyalität wäre heute wohl nicht mehr möglich. Mit Reforminitiativen drang er daher nicht durch und auch sonst agierte er eher mutlos in seiner unzweckmäßigen Ressortzentrale. Als ihn etwa Major Szokoll einmal ersuchte, von dort zur Präsentation seines Buchs über den Widerstand gegen die Nazis ins Regierungsgebäude am Stubenring zu kommen und zu sprechen, entschuldigte er sich wegen Heiserkeit. Ein mehr als unglücklicher Handschlag mit dem aus italienischer Strafhaft heimkehrenden schwerstbelasteten SS-Major Reder auf dem Flughafen empörte dann die Öffentlichkeit, brachte die Koalition fast zum Scheitern – und letztlich einen Ministerwechsel.

ABER NICHT NUR bei den Ministern, auch beim architektonischen Schauplatz kündigte sich eine nachhaltige Veränderung an. 1985 siedelte die Wiener Polizei aus der Rossauer Kaserne aus und das Heeresressort sah eine einmalige Chance, seine Zentrale sowie zwei Dutzend in Wien verstreute Dienststellen loszuwerden und in ein einziges Gebäude zu ziehen. Danach wurde allerdings viele Jahre lang verhandelt, gewidmet, abgeblasen, rückgewidmet, bis endlich 2002 das Ministerium definitiv den Baukomplex übernehmen konnte.

Die ehemalige Kronprinz-Rudolf-Kaserne ist ein Produkt der Revolution von 1848. Geschockt von der Gewalt des Aufstands und entschlossen, so etwas nie wieder zuzulassen, ließen Kaiser und Regierung diese Bilderbuchfestung errichten, die künftig – wie ihr Spiegelbau am anderen Ende des Rings – die Innenstadt schützen sollte. 1864 erfolgte der Spatenstich, die Militäringenieure Pilhal und Markl führten den Bau in historisierendem Rundbogenstil mit dominanten Backsteinfassaden, Kalksteinquadern und beherrschenden Ecktürmen aus. Letztere waren als Artilleriebasen gedacht. Schön war das Ganze nicht, aber großmächtig.

Pompöse Toranlagen prägen die Schmalseiten, um drei Innenhöfe – von denen heute einer den Namen Szokolls, des mutigen Widerstandskämpfers im seinerzeitigen Kriegsministeriumsgebäude, trägt – gruppieren sich eineinhalbtausend Räume. Romantische Zackenfriese behübschen das Militärische, und für Gottes Segen baute man eine Kapelle hinein, die bis heute im Originalzustand erhalten ist.

Während des Ersten Weltkriegs wurden hier Ausländer aus Feindstaaten festgehalten, und am 1. November 1918 wurde hier die „Rote Garde" gegründet. Egon Erwin Kisch und Franz Werfel waren da auch dabei. 1927 wurde ein Obdachlosenasyl eingerichtet.

Aber zurück zum Verteidigungsministerium: Noch im alten Haus in der Dampfschiffstraße hatte nach der Abberufung des unglücklich

Rossauer Kaserne, der aktuelle Sitz des Verteidigungsministeriums

agierenden Frischenschlager für kurze acht Monate der Chemiker Helmut Krünes die Bemühungen um den neuen Standort fortgesetzt, Politisches blieb jedoch erst wieder seinem Nachfolger vorbehalten: Der aus der ÖVP-Organisation kommende Robert Lichal, zuvor jüngster niederösterreichischer Hofrat, war von 1987 bis 1990 ein ebenso aktiver wie umstrittener Minister der Koalition. „Draken-Robert" nannte man ihn wegen seines Engagements für die neue Flugabwehr, wegen der Vergabe einer Beschaffung an einen viel teureren Zweitbieter, bei der Parteispenden im Raum standen, geriet er in öffentliche Kritik. Auch er hatte seine starke Hausmacht im ÖAAB und nutzte sie weidlich für weitere personalpolitische Aktionen. Er war ebenso konsequent wie autoritär, was ihm den Spitznamen Django der „Stahlhelm-Fraktion in der ÖVP" einbrachte.

Ihm folgte ein in der Außenwahrnehmung weitaus zurückhaltender Ressortchef, der dann zehn Jahre – die längste Amtszeit eines österreichischen Verteidigungsministers – das Ressort führte. Werner Fasslabend war zwar auch der Chef der schwarzen Arbeitnehmerorganisation, in Personalfragen hatte er aber eine feinere Klinge als

im „Regierungsbunker"

sein Vorgänger und eckte weit weniger an. Eines der prägenden Themen seiner Amtszeit war die Integration Österreichs in die gemeinsame Außen- und Sicherheitspolitik der EU, die Übersiedlung aus dem Betonsilo in die Rossau konnte er aber nicht mehr durchführen.

In diesen Zeiten wurde in mehreren Etappen aber eine geheime Schaltstelle des Heeres und der Republik für den absoluten Krisenfall eingerichtet: das „Objekt 6" in der Stiftskaserne. Dort steht bekanntlich das Monstrum eines Flakturms, und in dessen Inneren wurden auf 10.000 Quadratmetern viele weiß getünchte Kammern geschaffen, wo im Bedarfsfall alle Minister samt einem kleinen Stab auf 280 Arbeitsplätzen unterkommen und weiter regieren können. 120 Betten, Küche, Notstrom, Brunnen und IT-Zentrale vervollständigen das Setting. Ob in diesen Betonzellen wirklich regiert werden kann, sei dahingestellt – sie sind klein, unzweckmäßig, und ihre technische Ausrüstung wurde in den letzten Jahrzehnten immer zu wenig und zu spät auf den letzten Stand gebracht. Aus der Nähe musste man bei diesen Adaptierungen den Eindruck gewinnen, dass das Ganze eher als Alibiaktion und für gelegentliche Führungen ausgewählter Medienleute und ausländischer Gäste denn als realistische Struktur einer Kommandozentrale verstanden wurde.

Nach Fasslabend kam wieder ein Freiheitlicher, Herbert Scheibner, für drei, und nach ihm der Tiroler Gendarm und ÖVP-Politiker Günther Platter für vier Jahre. Im Februar 2004 konnte dieser endlich in die neuen Amtsräume in der Rossauer Kaserne übersiedeln. Seine Amtszeit war wieder von einer anhaltenden Diskussion über eine Beschaffung, nämlich die der Eurofighter-Flugzeuge und damit verbundene massive Korruptionsvorwürfe überschattet. Manipulationen von Ausschreibungen, Schmiergeldzahlungen, fragwürdige Kooperationen mit Lobbyisten, Kickbacks standen im Raum und führten zu zahllosen Verfahren und sogar zu einzelnen strafrechtlichen Verurteilungen. Anscheinend gab es Kontakte und Gespräche in diesem Kontext in den Hinterzimmern der Rossauer Kaserne. Das nahm die Kapazitäten der Ressortleitung für mehrere Jahre recht eingehend in Beschlag, dennoch konnte auch eine Reform der Heeresstruktur und des Präsenzdienstes in Angriff genommen werden. Die Nutzung von Heeresflugzeugen für einen Urlaubsrückflug und eine Ausflugsfahrt zur Militärmusik brachten dem späteren Tiroler Landeshauptmann viel Kritik und Häme ein.

Noch sein Nachfolger, der Sozialdemokrat Darabos, hatte alle Hände voll mit den Nachwehen des Eurofighter-Komplexes zu tun. Er bereinigte die Sache zwar einigermaßen, erreichte auch Rückzahlungen, machte dabei aber keine besonders glückliche Figur. Mehr Anerkennung erntete er für sein konsequentes Auftreten gegen rechtsextreme Tendenzen im Heer. Letztlich scheiterte er mit der Initiative zur Abschaffung der Wehrpflicht in einer Volksbefragung und einem unklug vom Zaun gebrochenen Streit mit dem Generalstabschef. Er hätte aus dem Schicksal einiger seiner Vorgänger erkennen können, dass ein Konflikt des Heeresministers mit der Generalität in der Regel Ersterem schadet. Solche Konflikte vermied danach der Anfang 2016 ins Amt geholte frühere burgenländische Polizeichef Doskozil in seinen zwei Jahren. Er konnte sein Budget nach vielen Jahren der Stagnation erhöhen, griff die Eurofighter-Affäre nochmals auf und klagte Airbus auf Schadenersatz – die Sache verlief trotz eines Untersuchungsausschusses im Sand.

Ein freiheitlicher Exponent und zwei beamtete Kurzzeitminister folgten, bis 2020 erstmals eine Frau – wieder aus der ÖVP Niederösterreich kommend – die Position übernahm. Ihre Initiativen für interne Reformen brachten immer wieder personalpolitische Querelen und Compliance-Verstöße in die Öffentlichkeit, kamen aber in der Sache zumeist über Ansätze nicht hinaus. Das Verteidigungsressort lieferte allerdings keine Schlagzeilen mehr im Kontext großer Korruptionsgeschichten. Die Corona-Krise und der Ukraine-Krieg bewirkten, dass die Notwendigkeit einer funktionsfähigen Assistenz in Krisenlagen und die bittere Erkenntnis, dass es auch heute noch notwendig sein könnte, Österreich militärisch zu verteidigen, die Bedeutung des Heeres wieder positiv ins Bewusstsein riefen.

DIE POLITISCHE MACHT des Heeres und des Verteidigungsressorts in der Zweiten Republik ist durchaus überschaubar – was angesichts der tragischen Entwicklungen in der Ersten Republik nicht als Nachteil erscheint. Die Ressortchefs agierten zwar immer beherzt personalpolitisch, niemals aber ließen sie Zweifel an der Demokratie- und Verfassungstreue der Armee aufkommen. Es gab auch kein fokussiertes politisches Interesse am Ressort, die Verbindung zwischen Politik und Militär war schwach: Als ein Indiz dafür mag gelten, dass von 17 Kanzlern nur fünf beim Heer gedient und eine Reihe von Ministern keinen Wehrdienst geleistet hatten. In Regierungsverhandlungen galt das Ressort eher als „Restposten" – legendär ist die Frustration des Ministers Darabos, als er anstelle des angestrebten Innenressorts „nur" die Verteidigung bekam. Interessant war die Ressortleitung eigentlich für die Politiker nur als Möglichkeit, eine Machtbasis im großen Personalkader zu schaffen und Parteigänger beruflich versorgen zu können. Diese Klientelperspektive ist zweifellos bedauerlich, da sie sich negativ auf die Qualität des Personals und des Ressorts auswirkt – sie ist allerdings verglichen mit der Nutzung des Heeres als bewaffnetes Machtmittel gegen politische Gegnerorganisationen ein geringeres Übel. Schwerer wiegt der Umstand, dass das Ressort immer und immer wieder in den Strudel illegaler oder dubioser Waffengeschäfte geriet. Man wird den Eindruck nicht los, dass zu den Mächtigen im österreichischen Verteidigungsressort mitunter auch die Strippenzieher internationaler Rüstungskonzerne und ihre Satrapen, Lobbyisten und Agenten im Inland gehörten.

Daneben ist ein kleiner postfeudalistischer Rest von Herrschaft dem Verteidigungsressort bis heute geblieben: ein riesiger Grundbesitz, verstreut über ganz Österreich, der von Geschäftslokalen in der Wiener Mariahilfer Straße bis zu Wäldern in Kärnten und dem Schloss Rothschild in Reichenau reicht. Letzteres gehört so wie die Villa Dumba in Bad Ischl und repräsentativen Wohnungen in Wien den Vereinigten Altösterreichischen Militärstiftungen, wird aber vom Heer für Schulungen und Strategieseminare genutzt und bis vor nicht allzu langer Zeit hatten dort auch noch Ministerwitwen ihr Ferienappartement. Diese Kopie eines Loire-Schlosses hatte 1887 Baron Nathaniel Rothschild errichten lassen, vor allem um die nahe, tieferliegende Villa Wartholz des Kaisers zu übertrumpfen, was auch durchaus gelang. Nach der Fertigstellung verlor der Baron allerdings die Lust am Anwesen und schenkte es dem Kriegsministerium als Offiziersheim.

Dass es im Kontext alter Heereslatifundien auch noch günstige Jagdreviere – allein die in Allentsteig liefern 25 Tonnen Wildbret im Jahr – gibt, die in früheren Zeiten auch von mächtigen Politikern gerne genutzt wurden, gehört zu den gut gehüteten, aber sicherheitspolitisch wenig relevanten Geheimnissen der österreichischen Landesverteidigung.

Kulturkampf und Schulkrampf

4. März 1968. Beim Festakt am Minoritenplatz hielt zuerst der Minister die Laudatio. Es folgte Thomas Bernhards Rede: „Es ist nichts zu loben, nichts zu verdammen, nichts anzuklagen, aber es ist vieles lächerlich; es ist alles lächerlich." Im Folgenden „begann Bernhard Österreich zu schmähen", empfand der Minister: „Man geht durch das Leben, beeindruckt, unbeeindruckt, durch die Szene, alles ist austauschbar, im Requisitenstaat besser oder schlechter geschult: ein Irrtum! Man begreift: ein ahnungsloses Volk, ein schönes Land – es sind tote oder gewissenhaft gewissenlose Väter, Menschen mit der Einfachheit und der Niedertracht, mit der Armut ihrer Bedürfnisse. Wir sind Österreicher, wir sind apathisch; wir sind das Leben als das gemeine Desinteresse am Leben, wir sind in dem Prozess der Natur der Größenwahn-Sinn der Zukunft. Wir brauchen uns nicht zu schämen, aber wir sind auch nichts und wir verdienen nichts als das Chaos." Die kaum 300 Wörter zählende Rede wurde höflich beklatscht. Nachdem sich der Autor gesetzt hatte, folgte ein Streichquartett. Danach trat Minister Piffl-Perčevič – außer Programm – nochmals ans Mikrofon und sagte fuchsteufelswild: „Wir sind trotzdem stolze Österreicher", schloss die Feier und verließ den Saal, ohne beim anschließenden Buffet zu bleiben.

HINTER DER FRÜHBAROCKEN Fassade des Palais Starhemberg am Minoritenplatz 5 hat das Unterrichts- und Bildungsministerium seit jeher seinen Sitz. Es ist ein großes und einflussreiches Ressort, herrscht es doch über 130.000 Lehrer und 6000 Schulen im Land und bestimmt maßgeblich den Alltag und die Entwicklung von Bildung, Wissenschaft und Kunst – also zentrale Elemente der „Kulturnation Österreich".

Das 1667 errichtete Haus diente bis 1814 als Stadtpalast der Familie Starhemberg – auch für deren Staatsgeschäfte. Der erste Hausherr Konrad war Statthalter von Niederösterreich und brauchte in seiner Position eine repräsentative Residenz möglichst im Herrenviertel. Im Sommer 1683 erlebte hier im Haus sein Sohn Ernst Rüdiger in der zwei Monate dauernden Belagerung Wiens durch ein türkisches Heer von 300.000 Mann sein größtes Drama. Als Kommandant von nur 11.000 Soldaten und 6000 Freiwilligen konnte er die Verteidigung der Stadt am Ende nur mit größter Mühe halten. An einem der letzten Abende saß er in seinem Zimmer und schrieb an Karl von Lothringen, den Kommandeur des Entsatzheeres: *„Die Türken sind noch zweimal in den Graben gestiegen, einmal gegen die Löwel-Bastei, das anderemal gegen die Hof-Bastei, wo sie die Unsrigen wacker hinauswarfen bei hellichtem Tag unter dem Schutz unseres Abwehrfeuers. Aber es ist Zeit, daß Eure Hoheit uns zu Hilfe kommen; wir verlieren viele Leute und viele Offiziere, mehr durch die Ruhr als durch das feindliche Feuer. Täglich sterben 60 an dieser Krankheit. Wir haben keine Granaten mehr; unsere Geschütze sind teils durch den Feind demoliert, teils zersprungen."* Und plötzlich zu Tode erschrocken: *„... diesen Augenblick melden mir die Mineure, daß sie die Feinde unter sich arbeiten hören. Sie müssen den Graben unter der Erde passiert haben, es ist keine Zeit mehr zu verlieren."* So dramatisch wurde es zum Glück später niemals wieder im Haus.

Nach seinem Tod ging es an Georg Adam, Maria Theresias Staats- und Konferenzminister. Dieser baute um und erwarb auch das angrenzende Haus Windisch-Graetz, das „kleine Majoratshaus". Als die Franzosen 1809 einmarschierten, gab Napoleon angeblich den Befehl, Starhembergs Besitzungen mit Einquartierungen besonders zu belasten und zu plündern. So wird kolportiert, dass der fürstliche Lieferant „zum Kameel" Wein um 100.000 Gulden an die Franzosen liefern musste. Die Kosten hatte Starhemberg zu tragen, was seine Finanzen tief erschütterte. Als der verschuldete Fürst von seinen Gläubigern bedrängt wurde, musste er das Palais aufgeben. Es wechselte danach mehrmals seinen Besitzer und wurde 1820 vom aus Mailand stammenden Architekten Pichl umgebaut.

1855 kam das heutige Ministerium an die Privilegierten Österreichischen Staatseisenbahnen, die das Palais 1871 dem Staat verkauften. Der Kaufpreis von 400.000 Gulden sowie die Adaptierung um 68.000 Gulden mussten durch ein privates Darlehen finanziert werden. Seither sitzt hier das Bildungsministerium, in dem schon Leo Graf Thun die erste Schulreform durchführte, die Neuordnung der Mittelschulen, Gymnasien, Realschulen und Universitäten. Sie sollte nicht die letzte bleiben. Das „kleine Majoratshaus" wurde 1895 mit dem Palais Starhemberg optisch verbunden und seither beherrscht die gemeinsame Fassade mit betonten Fensterbekrönungen, dominanten Pilastern und von Putten getragenen Konsolen am Kranzgesims den Minoritenplatz. Die Spannung zwischen den Stilen – frühbarock prächtig das Starhemberg, verspielt im Rokoko das Dietrichstein, italienisch das barocke Liechtenstein und monolithisch die gotische Minoritenkirche – macht das Ensemble zu einem der schönsten Winkel im Zentrum Wiens.

Das Vestibül der Toreinfahrt, in dem von jetzt an die Minister zuerst den Kutschen und dann den Dienstwagen entstiegen, hat ein auf griechischen Säulen ruhendes, mit Kassetten versehenes Tonnengewölbe. Die Wände zeigen in Arkaden-Nischen allegorische Steinplastiken, die Landwirtschaft, Staatskunst und Weisheit symbolisieren sollen. Sie stammen vom Tiroler Bildhauer Josef Klieber.

Die Beletage beherbergt als geschlossenes Ensemble im Stil des Empire die Minister und hohen Beamten der Bildungs- und Kulturverwaltung. Hier verbindet heute der „Ministergang" die Repräsentationsräume, in denen die Ressortchefs – oft auch zwei, nämlich für Unterricht und für Wissenschaft – arbeiteten. Die Ausstattung ihrer „Empirezimmer" stammt noch zur Gänze aus 1820: Die Wände hier wie im Audienzsaal sind durch Pilaster locker gegliedert, das darüber liegende Gesims ist üppig bemalt. Die Plafonds aller Räume mit plastischer Ornamentmalerei verleihen der Etage eine durchaus unbürokratische Farbigkeit. Der „Blaue Salon" und das Eckzimmer, der „Rote Salon" waren hier zumeist die eigentlichen Ministerzimmer. Die reiche Deckengestaltung, ein reizvoller Löwenfries, der an

Ministerzimmer im Palais Starhemberg

die zeitweilige frühere Besitzerfamilie Löwenthal gemahnt, und die in Weiß-Gold gehaltenen Wandfelder, teilweise mit Spiegeln verkleidet, verbinden Klassizismus und Empire. Die daran anschließende Raumflucht endet in einem kleinen „Empire-Kabinett", das durch eingebaute Bücherkästen und Türportale architektonisch gegliedert wird. Seine erlesene Ausstattung wurde für die Pariser Weltausstellung des Jahres 1900 exakt nachgebildet.

An der Rückseite des Palais wird das Geschoß vom Großen Sitzungssaal dominiert. Hier ist noch einiges von der künstlerischen Ausstattung aus dem Jahr 1784 erhalten geblieben. Auch die daneben liegenden Räume sind reich ausgestattet und seit Beginn des 19. Jh. weitgehend unverändert. Durch eine geradezu modern wirkende, aber bereits 1820 gebaute ovale Wendeltreppe kommt man von diesem Bereich wieder herunter ins Erdgeschoß, in dem sich heute eine der besten Kantinen unserer Ministerien großer Beliebtheit erfreut.

Dieses majestätische Haus wurde also das Zentrum der Kulturnation Österreich, jenes Politikbereichs, der angeblich in besonderer Weise das Bild unseres Landes prägt. Es war nicht so sehr die wirtschaftliche und finanzielle Macht, die das Haus so bedeutend machte, sondern seine Entscheidungsgewalt über Staatsoper, Burgtheater, Festspiele, Universitäten und das breite Schulwesen, über jene Institutionen, die so viele bedeutende Künstler und Wissenschaftler hervorgebracht haben, die „den Minoritenplatz“ so bedeutsam machte. Und es ist eines von nur zwei Ministerien, die sich seit 1918 im selben Haus befinden.

MEHR ALS 60 MINISTER waren hier im Amt. Im Übergang zur Republik amtierten manche nur wenige Wochen, die Erste Republik sah allein 23 Ministerwechsel. Der erste exponierte republikanische Bildungspolitiker im Haus war Otto Glöckel, 1918 Unterstaatssekretär für Staatskanzler Renner, der formal auch das Unterrichtsministerium leitete, und er setzte mit vollem Engagement und der Gründung einer eigenen Reformabteilung im Ressort Akzente: Frauenzugang zur Uni, Koedukation, Klassensprecher, Aufhebung des verpflichtenden Schulgottesdienstes. Letzteres wurde in der „Reichspost“ wütend kritisiert, Glöckel musste bald gehen und sein umfassendes Konzept konnte er erst danach in Wien umsetzen.

In den Anfangsjahren der Ersten Republik leiteten einige Minister das Ressort gemeinsam mit dem Innenministerium – nach Renner Beamte, die mehr Verwalter als Gestalter der Bildung und Kultur waren. Man setzte das Schulwesen der Monarchie strukturell nahezu unverändert fort, transferierte Hofburgtheater und Hofoper in Republikbesitz – und berief den bisherigen Direktor des Gewerbeförderungsamtes Vetter zum Präsidenten der Staatstheaterverwaltung. Der Finanzaspekt interessierte da offenbar mehr als die Kultur.

Erst der relativ junge Vorarlberger Lehrer Emil Schneider brachte ab 1922 für vier Jahre wieder ein bildungspolitisches Konzept ins Haus, allerdings ein völlig anderes als Glöckel: Im „Kulturkampf“ der Universitäten gegen klerikale Einflüsse, der vor allem an seiner Universität Innsbruck eskalierte, hatte er sich als Student für die kirchliche Seite entschieden und blieb auch als Minister, zwar immer verbindlich und konziliant, auf dieser Linie. Da profilierte er sich gerne gegen den sozialdemokratischen Wiener Stadtschulratschef. Der Schulstreit zwischen beiden fokussierte vor allem auf die Rolle von Kirche und Religion im Unterricht, auf die gemeinsame Schule bis 14 sowie auf das pädagogische Konzept der „Arbeitsschule“. Da für

Schulgesetze eine Zweidrittelmehrheit im Parlament notwendig war, aber zwischen rechts und links kaum Kompromisse zu erreichen waren, waren ihm als Minister keine großen bildungspolitischen Schritte möglich. Dafür griff er aber ungeniert direkt in künstlerische Belange der Staatsoper und ins Programm der Philharmoniker ein.

In diesen Jahren wohnten auch noch die Minister mit Familie im Haus in einer recht ansehnlichen Zimmerflucht. Und gerne wurde erzählt, dass sich am Sonntag, wenn nichts los war, der Minister im Hemd mit Hosenträgern vors Haus aufs Bankerl gesetzt und mit dem Portier getratscht hat, während oben die Präsidialsekretärin seiner Frau half, den Töchtern die Locken für den Kirchgang zu wickeln.

Nach einigen Kurzzeitministern übernahm Richard Schmitz für drei Jahre die Ressortführung. Diesem katholischen Juristen gelang es, den Schulstreit mit den Sozialdemokraten beizulegen; Haupt-, Arbeitermittel- und Aufbauschule wurden gesetzlich geregelt. Im Ständestaat wurde er später zum Wiener Bürgermeister berufen, die Jahre nach 1938 musste er in Konzentrationslagern und Haft verbringen. Die Ausrichtung seiner Schulpolitik war und blieb streng konservativ – man kann sich heute gar nicht mehr vorstellen, dass in der ganzen Ersten Republik für Lehrerinnen ein Zölibat galt (das übrigens nach 1945 Salzburg, Tirol und Vorarlberg noch immer fortsetzen wollten).

1929 wurde der Historiker Heinrich Srbik berufen, ein international wegen seiner Forschungen über Metternich angesehener Professor, aber glühender Deutschnationaler. Warum die Christlichsozialen ausgerechnet ihn zum Minister machten, ist kaum erklärbar, auf ihrer ideologischen Linie lag er nicht. Er war Mitglied des antisemitischen Professoren-Geheimbundes „Bärenhöhle", dessen Ziel es war, die Habilitation und Berufung von Juden und Linken an der Universität Wien zu verhindern; Karl Popper war eines ihrer Opfer. Srbik bekannte sich zeitlebens zu Gesamtdeutschland, im Ressort förderte er seine Kameraden, wo es nur ging. Konsequenterweise wurde er später auch NSDAP-Mitglied und brachte es unter den Nazis bis zum Präsidenten der Akademie der Wissenschaften. Nach Kriegsende war er daher auch kurz inhaftiert und verlor seine Lehrbefugnis.

Wie das Ressort damals Kulturpolitik verstand, mag man der 1931 gesetzten und ganz modern medial beworbenen Initiative zur Reduzierung der „Stargagen“ an der Staatsoper entnehmen: Von der Begrenzung auf umgerechnet etwa 4500 Euro waren fast nur regimekritische oder mit jüdischen Partnern verheiratete Künstler betroffen – Lehmann, Piccaver, Slezak, Jeritza. Als Operndirektoren reüssierten hingegen nach dem noch aus der Monarchie übernommenen Dirigenten Franz Schalk die Nazifreunde Richard Strauss und Klemens Krauss. Und die Salzburger Festspiele wurden mithilfe des Minoritenplatzes geradezu ein – religiös-konservativ orientiertes – Bollwerk gegen Hitlers Diktate, Musik wurde als Propaganda des Austrofaschismus eingesetzt. Die regimefreundliche Presse meinte, dass „die Mächtigen die gottgewollte Aufgabe haben, Schirmherren der schönen Künste zu sein“.

Die Dreißigerjahre waren trotz der vom Minoritenplatz konzedierten Gestaltungsfreiheit einiger Ausnahmetalente im Kunstbereich wie Max Reinhardt insgesamt eher eine Phase der wachsenden Unterdrückung und Ausgrenzung jener Intellektuellen und Künstler, die dem Nachkriegswien international so großes Ansehen verschafft hatten. Das galt vor allem für die Schulen und Unis. Der Mord an Prof. Schlick, einem Protagonisten des Wiener Kreises, setzte ungeahnte rassistische und intolerante Emotionen frei, das Anatomische Institut des Sozialdemokraten Prof. Tandler wurde mehrmals von Prügeltrupps überfallen. Am Minoritenplatz aber sah man vom Blauen Salon aus all dem nur zu.

Das verwundert nicht, waren doch der wenig profilierte nunmehrige Minister Czermak ebenso wie der später am Putschversuch 1934 beteiligte Anton Rintelen Antisemiten und Rechtsextreme. Schließlich übernahm 1933 Kurt Schuschnigg das Amt und führte es, als er Kanzler wurde, weiterhin nebenbei mit. Es war ihm offensichtlich wichtig, Bildung und Kultur in die Uniformierung der Gesellschaft nach seinem Modell einzubinden. Kein Zufall, dass da ein Exponent der Vaterländischen Front, Hugo Burghauser, Philharmoniker-Vorstand wurde.

Schuschnigg berief 1936 einen linientreuen Sektionschef, den Leiter der Bundestheater Hans Perntner zu seinem gehorsamen Nachfolger. Dieser profilierte sich nebenberuflich auch als Ideologe der Ostmärkischen Sturmscharen, indem er jener radikalen Parteiformation eine kulturpolitische Mission geben wollte. Genau deswegen wurde er aber 1938 im „Anschlusskabinett“ durch den Deutschnationalen Oswald Menghin, einen Freund Srbiks und ebenfalls Mitglied der „Bärenhöhle“, ersetzt. Perntner wurde ins KZ gebracht, zum Tod verurteilt, letztlich aber im April 1945 entlassen. Danach war er für einige Tage sogar ÖVP-Obmann und kehrte sodann als Kultur-Sektionschef wieder ins Unterrichtsressort zurück.

AM 27. APRIL 1945 öffnete das Gebäude am Minoritenplatz, wo die Nazis die „Abteilung für Erziehung und Volksbildung der Verwaltung des Reichsgaues Wien“ untergebracht hatten, wieder seine Pforten als „Staatsamt für Volksaufklärung, Unterricht, Erziehung und Kultusangelegenheiten“. Bei den Beamten im Haus gab es 1945 dabei offenbar eine große Kontinuität zur Zeit und Ausrichtung der Ersten Republik. Nicht so an der Ressortspitze, denn hier übernahm zunächst einmal der Kommunist Ernst Fischer, der in die Empire-Zimmer im ersten Stock einzog, das Sagen.

Fischer war allerdings zu sehr mit seiner Partei beschäftigt, als dass er sich in den wenigen Monaten seines Amts intensiv um sein Ressort hätte kümmern können. Er vertraute seinem katholischen Präsidialchef Musil und akzeptierte interessanterweise eine schnelle pauschale „Entnazifizierung“ der Philharmoniker, obwohl die Hälfte von ihnen NSDAP-Mitglied gewesen war, weil ihm „die Erhaltung dieses einzigartigen Klangkörpers“ ein Anliegen war. Diese Linie, den „weltfremden“ Künstlern ihr Hitler-Engagement nachzusehen, setzte man dann in Bezug auf Böhm, Karajan und Furtwängler unter konservativen Nachfolgern nahtlos fort.

Die Ministerrolle nahm danach sieben Jahre lang Felix Hurdes mit großem parteipolitischem Engagement ein. Er war im Widerstand gegen die Nazis tätig gewesen und ab 1945 ÖVP-Generalsekretär, eine Funktion, die er durch seine gesamte Ministerzeit hindurch behielt. Damals waren solche Doppelfunktionen durchaus üblich. Es lag daher nahe, dass er auch seine Macht am Minoritenplatz – wo er eigentlich nur Teilzeit arbeitete – ganz für seine Ziele als ÖVP-Sekretär einsetzte. Hurdes war ein untadeliger Österreicher, Antifaschist, ließ sich schelten, als er das Fach „Deutsch" durch „Unterrichtssprache" ersetzte, aber er machte eifrig seine Personalpolitik. Darüber hinaus verkörperte er symbolhaft die Verfilzung und Privilegienritterei der Nachkriegspolitik: Als er gar seinen missratenen Sohn nach einem von diesem verursachten tödlichen Verkehrsunfall freibekam, schrieb Bronner an die Adresse des Minoritenplatzes das Couplet „Der Papa wird's schon richten ...".

Bezeichnend für den damaligen Geist im Ressort ist auch eine Episode: Hurdes machte den ihm aus gemeinsamer Haft in Dachau bekannten Egon Hilbert 1946 zum Bundestheater-Chef. Im Jahr darauf holte er Karl Böhm an die Staatsoper zurück. Dieser befürchtete nicht ohne Grund vor dem ersten Konzert Proteste wegen seiner Nazi-Vergangenheit. Hilbert aber steckte sich kurz entschlossen den roten Winkel des KZ-Häftlings an und führte Böhm ans Dirigentenpult. Später wurde Hilbert selbst Staatsoperndirektor und als solcher im wahrsten Sinne Opfer von Intrigen; von der Kulturverwaltung am 17. Jänner 1968 zur Demission genötigt, starb er tags darauf auf dem Weg in die Oper an Herzversagen.

Hurdes' Nachfolger, der frühere Handelsminister Kolb, tat sich bildungspolitisch nicht besonders hervor, außer dass er die Unterrichtssprache wieder in „Deutsche Unterrichtssprache" zurücktaufte. Er wurde aber bald von einem besonderen politischen Schwergewicht abgelöst: Heinrich Trimmel war ab 1954 für zehn Jahre Hausherr am Minoritenplatz. Der wuchtige Intellektuelle hatte schon in der Zeit des Ständestaates als Sachwalter der Hochschüler im dritten Stock des Hauses gearbeitet, dann als Sekretär von Minister Hurdes, hatte feste konservative politische Wurzeln und fühlte sich über den Statuen von Ceres, Athene und den Löwen im Entree durchaus wohl. Er sah sein Ressort als Machtinstrument in einem katholischen Kulturkampf gegen links, und da scheute er sich auch nicht, etliche ehemalige Nationalsozialisten wie Borodajkewycz, Höfler, Kindermann, Mayrhofer und Wolfram an die Universitäten zu berufen – war doch auch er ein erklärter Schüler des „Bärenhöhlen"-Mitglieds Richard Meister und ließ sich von diesem altdeutschen Eiferer in der Hochschulpolitik beraten. Als Ressortchef war Drimmel nachhaltig erfolgreich: Die große Schulreform 1962, das Konkordat 1962, die Rechtsbasis der evangelischen Kirche, Hochschulgründungen in Linz, Salzburg und Graz sind sein Werk.

Kulturpolitisch agierte er glücklos: Zwar integrierte er 1955 die Volksoper in die Bundestheater und holte Karajan in die Staatsoper, später aber konnte und wollte er dessen Rücktritt nicht verhindern. Lauthals verkündete er, „ich halte nichts von proletarischer Kultur", und sein Kampf „gegen Schmutz und Schund" war legendär. Österreichs Kulturlandschaft fiel in dieser Zeit in langweilige Mittelmäßigkeit, und ein biederer Ministerialrat namens Thalhammer führte die Bundestheater.

Die Kulturpolitik änderte sich auch nicht unter dem nächsten Minister, Piffl-Perčević, dessen öffentlich ausgetragener Konflikt mit Thomas Bernhard, wie wir sahen, ein recht autoritäres Kulturverständnis offenbarte. Konsequent war er auch in Schulfragen: Als er das 13. Schuljahr nicht durchsetzen konnte, trat er 1969 aus Protest zurück. Seine beiden jungen Nachfolger – Mock und Gratz, politisch grundverschieden – waren jeweils nur ein Jahr im Amt und konnten trotz der Alleinregierungen schulpolitisch nur wenig umsetzen. Immerhin aber organisierte man zu Beginn der SPÖ-Regierung die Bundestheater neu und gab ihnen eine gewisse Selbstständigkeit – zuerst mit einem Fünfergremium als Leitung, dann mit Robert Jungbluth als starkem Chef des Bundestheaterverbandes. Dieser schrieb in der Geschäftsordnung der Bundestheater sogar fest, dass der Direktor die Theater „in allgemein künstlerischer und staatspolitischer Hinsicht" kontrolliert.

Die Realisierung der sozialdemokratischen Schul- und Bildungsreformen – eines der erfolgreichsten Beispiele für die Ausübung demokratischer ministerieller Gestaltungsmacht auf die gesamte Gesellschaft – blieb von 1971 bis 1983 Fred Sinowatz vorbehalten. Seine nachhaltige Verbreiterung des Bildungsniveaus im Land wurde durch Gratisschulbücher, Schulfreifahrt, den Bau höherer Schulen in jedem Bezirk, durch Schulbeihilfen, Abschaffung der Aufnahmeprüfung ins Gymnasium und flächendeckende Koedukation geschaffen. Leider aber blieb eher in Erinnerung, wie ihn sein übermotivierter Kabinettschef Pusch in einen zu engen Skianzug und auf die Rodel-

Firnberg und Sinowatz teilten sich als Minister ihren Dienstsitz.

bahn zwängte. Und wie begrenzt die Macht des Unterrichtsministers ist, musste er 1975 erfahren, als er beim Vorarlberger Landeshauptmann die Wiederaufnahme einer Lehrerin, die wegen des Tolerierens „unanständiger" Schülerzeichnungen entlassen worden war, nicht durchsetzen konnte.

Kongeniale Partnerin, mit der sich Sinowatz im Haus eng abstimmte, war Hertha Firnberg, Chefin des Wissenschaftsressorts, die durchaus gerne im Palais unter den josephinischen Ornamenten und Palmetten aus 1784 arbeitete, ja mit dem Stil einer Grande Dame dort gewissermaßen residierte. Sie reformierte das Universitätswesen von Grund auf, gab der wissenschaftlichen Forschung neue Impulse und machte dafür beim Finanzminister Androsch viel Geld locker. Wer immer in ihr feines Büro ein- oder vorgeladen wurde, weiß zu berichten, wie bestimmt und durchsetzungskräftig sie dort Verhandlungen führte, Anweisungen erteilte und Kritiker ihrer Grundsätze eiskalt in die Schranken wies.

Auch in der Kunstpolitik wurden neue Akzente gesetzt und das System durchlüftet und geöffnet – was der nachkommende Kurzzeitminister Helmut Zilk engagiert und polternd weiterführte. Dessen drei Nachfolger – in der großen Koalition wurde bis 1994 das Unterrichtsressort sozialdemokratisch geführt – legten dann geradezu demonstrativ einen Schwerpunkt auf die Kunst – vielleicht auch, weil es in dem an Zweidrittelmehrheiten gebundenen Schulsektor kaum ein Weiterkommen gab und sie daran ebenso wie an der Gewerkschaft mit ihren Initiativen permanent scheiterten. Dieses Engagement galt vor allem für Hilde Havlicek und den Langzeit-Kulturminister Rudolf Scholten.

Nachdem 1994 wieder die ÖVP die Führung des Unterrichtsressorts – künftig allerdings meist ohne die Kulturagenden – übernahm, prägte zwölf Jahre lang die Vorarlberger Lehrerin und Landesschulratspräsidentin Gehrer das Ressort. Manche meinten allerdings, dass der in ihrer unmittelbaren Nachbarschaft in der Beletage sitzende Präsidial- und Kabinettschef Mahringer zumindest Co-Ressortleiter war. Sie war ab 2000 auch einflussreiche Ratgeberin des Kanzlers, und die Gründung von Fachhochschulen, die Wiedereinführung von Studiengebühren, Ausgliederung der Museen und eine Reihe von Organisationsänderungen im Schulwesen fanden unter ihrer Leitung statt; im internationalen Vergleich fiel die Qualität des österreichischen Bildungswesens jedoch ständig zurück.

Die deshalb groß angekündigten Reformen, wie etwa die Abschaffung der Zweidrittelmehrheit für alle Schulgesetze, scheiterten 2005 wieder. Danach konnte nur mehr eine einzige Ministerin das Ressort längere Zeit führen, nämlich Claudia Schmied für sechs Jahre. Sie versuchte noch einmal beherzt das sozialdemokratische Konzept einer Gesamtschule der Zehnjährigen umzusetzen, konnte sich aber nicht durchsetzen und musste sich mit dem Kompromiss der Neuen Mittelschule begnügen. Auch Änderungen im Lehrerdienst waren ihr nicht möglich. Mit dem Ende ihrer Ministerschaft gingen die Kulturagenden ins Bundeskanzleramt, wo sich Josef Ostermayer den Kulturministerposten gewünscht hatte.

Die zwei sozialdemokratischen und drei von der ÖVP nominierten Nachfolgerinnen und Nachfolger im Unterrichtsressort konnten diesem weiterhin kein besonderes Profil geben – das vor allem auch deshalb, weil sie Quereinsteiger waren, über keine Machtbasis verfügten und daher unter dem ständigen Druck standen, sich ja bei ihrem jeweiligen Kanzler nicht unbeliebt zu machen oder negativ aufzufallen, was ihre Gestaltungskraft natürlich weitgehend lähmte. Die ehedem große Macht des Bildungsministers ist in jenen Jahren merkbar geschrumpft, und ab 2018 gängelten überhaupt starke, direkt von Kanzler Kurz installierte Generalsekretäre bzw. Kabinettschefs die Minister. Fast wurde man wieder zum „kleinen Majoratshaus". In der Regierung Kurz II gingen die Kulturagenden an ein inhomogen zusammengekleistertes Ressort des Vizekanzlers und verlor die Materie trotz der Bestellung von Staatssekretärinnen an politischer Bedeutung.

Kaum ein anderes Ressort hat seine gesellschaftspolitische Funktion in der hundertjährigen Geschichte der Republik so stark verändert: Der Minoritenplatz war in der Ersten Republik ein wahres Bollwerk konservativer und kulturkämpferischer Politik, ein Propagandabüro der Regierenden, bis hin zur Geiselnahme durch verkappte Nazis. Die Minister durchsetzten in diesem Sinn konsequent das Bildungswesen des Landes ideologisch und personell bis in die letzte Dorfschule hinaus. In der Zweiten Republik konnte und wollte die Regierung zunächst zu dieser Ausrichtung eine gewisse Distanz zeigen, der Geist der Institution und einige sehr bewusst konservativ-katholisch agierende Ressortchefs führten dann aber doch wieder zu einer Renaissance des überwunden geglaubten Kulturkampfs. Erst die sozialdemokratischen Reformen änderten das Bild – eine Umkehr in der gesellschaftspolitischen Wirksamkeit konnte nur im Bereich der Kunst, in einem gewissen Ausmaß bei der Universität, kaum aber im Schulwesen erreicht werden. Allerdings nahm die Macht des Minoritenplatzes über die Gesellschaft, über die Stammtische und die Geisteswelt des Landes deutlich ab. Der Diskurs und das Denken in Österreich werden heute von hier aus nicht mehr dominiert.

In den realen Machtverhältnissen haben die Länder ihre Bastionen zulasten des Minoritenplatzes ausgebaut und der Bund hat sich mit der komplexen Kompetenzverteilung im Schulrecht selbst gefesselt. Personalpolitik und Infrastruktur liegen de facto in der Hand der Länder, bei den Universitäten und Fachhochschulen gewinnen Private mehr und mehr an Terrain. Zudem schränken die Uni-Standardisierungen der EU die nationalen Spielräume ein. Ja, das Ressort ist noch immer groß, was Personal und Budget anlangt, aber der

Gestaltungsraum der Bildungsminister ist überschaubar geworden. Visionen, neue Ansätze, dynamische Modernisierung, effizientes Management, eine international beachtete Verbesserung des Bildungsniveaus der Jugend lassen sich hier offensichtlich nicht machen.

Dennoch blieb es ein mächtiges Ressort, weil die Personalpolitik über die Rekrutierung von 130.000 Lehrern Einfluss realisieren kann. Die besonders österreichische Dimension der Macht scheint aber woanders zu liegen: Es sind die Besetzungen der Spitzen in der Hochkultur, wo Minister geradezu absolutistisch agieren können. Die Bestellung des Staatsoperndirektors ist das größte Hochamt des Kulturministers, der schönste Moment seiner Karriere. Schon die Ernennung Mahlers zum Hofoperndirektor war eine einsame Entscheidung der beamteten Intendanz und des Obersthofmeisters gewesen; 1920 realisierte man, „daß die öffentliche Kunstpflege durch den Krieg und seine Folgeerscheinungen in eine Abhängigkeit von politischen Gesichtspunkten geraten ist". Die Bestellungen der Staatsopernchefs bis 1945 waren erkennbar politisch motiviert, die von Karl Böhm 1955 ebenso ein Ministerstatement wie jene von Karajan. Die Minister griffen auch gern auf bewährte Gehilfen zurück. Hilbert war Bundestheater-Sektionschef, Reif-Gintl Beamter, Seefehlner hatte jahrelang in der ÖVP-Bundesparteileitung gedient. Der junge Minister Scholten entschied sich für Holender, weil er ihn persönlich als Macher erlebt hatte. Die Bestellung von Meyer war ein politischer Kraftakt der Ministerin gegen ihren Kanzler, der bereits seinen Freund Neil Shicoff annonciert hatte. Auch bei der Bestellung seines Nachfolgers hatte der Minister schon mit der Ausschreibung engen Kontakt mit dem kommenden Chef aufgenommen.

Was für Spiele am Schauplatz der Kulturpolitik um einen Chefposten, zu dem Operndirektor Schalk meinte: „Jedes Theater ist eine Irrenanstalt, aber ein Opernhaus ist die Station für die Unheilbaren." Und was für ein Gegensatz zum Faktum, dass die Kulturnation Österreich seit Anfang der Republik noch nie einen eigenen, ausschließlichen Kulturminister hatte.

Handel und Wandel

In der Nacht zum 6. April 1945 kamen die Anführer des militärischen Widerstandes im alten Regierungsgebäude am Stubenring, dem nunmehrigen Wehrkreiskommando XVII, zusammen, besprachen noch Einzelheiten und beschlossen, loszuschlagen. Um Mitternacht verteilten sich die Anführer des geplanten Aufstandes, um an ihre Gruppen letzte Befehle auszugeben. Major Szokoll selbst ging zunächst vom Stubenring in die Frankgasse 4, wo er den Vorsitzenden der O5, Bumballa persönlich traf. Er informierte ihn über die mit den Sowjets getroffenen Abmachungen und den Zeitplan. Sie vereinbarten, dass sich die O5 mit 5000 bewaffneten Soldaten am Unternehmen „Radetzky" beteiligen würde. Die militärische Endverantwortung wollte Szokoll aber nicht aus der Hand geben. Anschließend suchte er das geheime Versteck der verbündeten kommunistischen Widerstandsgruppe auf, um auch sie für die Operation zu gewinnen. Danach wollte Szokoll wieder ins Wehrkreiskommando gehen, wurde aber beim Radetzky-Denkmal von Ferdinand Käs aufgehalten: Major Biedermann, Kommandant der Heeresstreife, war als Angehöriger der Widerstandsbewegung denunziert und verhaftet worden. Damit war klar, dass Szokoll sofort untertauchen musste, was er auch tat und überlebte.

Eine Gedenktafel in der Aula des Regierungsgebäudes erinnert heute an diesen Mann, der hier arbeitete und gegen Hitler kämpfte. Spät erst wurde sie angebracht, unmittelbar nach Kriegsende begegnete man Szokoll noch mit größtem Misstrauen – die Sowjets sperrten ihn sogar als amerikanischen Agenten ein, die österreichische Justiz nahm ihn monatelang in U-Haft, weil er angeblich die Regierung Renner stürzen wollte. Beides war falsch, Haftentschädigung hat er aber nie erhalten.

SCHON DER NAME von Szokolls früherem Amtsgebäude ist sperrig: Regierungsgebäude am Stubenring. Das beschreibt nicht mehr als die Adresse. Man hat offenbar aus gutem Grund davon Abstand genommen, das riesige Haus mit 50.000 Quadratmeter Bürofläche weiterhin als das zu bezeichnen, was es am Anfang war: das Kriegsministerium.

In den 1890er-Jahren kam der Ausbau der Ringstraße an sein Ende, es fehlte eigentlich nur mehr der östliche Abschluss am Donaukanal, doch hier stand die klobige Franz-Josephs-Kaserne im Weg, gegen deren Abriss sich das Militär stemmte. Schließlich schrieb aber doch der Thronfolger Franz Ferdinand 1907 nach langem Gezerre die Errichtung eines neuen Kriegsministeriums aus. Bei den zahllosen eingereichten Entwürfen prallten allerdings sofort Gegensätze aufeinander: Die genialen Architekten Wagner und Loos schlugen Bauten mit klaren Linien vor, aber das war der Heeresverwaltung zu modern. Feldmarschallleutnant Ceipek, der schon einmal einen Entwurf gezeichnet hatte, drückte schließlich einen Plan von Ludwig Baumann durch, der seinem eigenen frappant ähnelte. Man wollte keine Nüchternheit, sondern Impressives – also Neobarock mit Reiterstandbild. In die Detailplanung intervenierten danach sogar der Thronfolger – für einen 16 Meter breiten Doppeladler am Dach – und seine Frau Sophie – für einen zweigeschossigen Festsaal.

1913 war das 210 Meter lange Monster mit neun Höfen, Stallungen, der großen Reithalle, Wannenbad, Trafik und Friseur fertig, und das Kriegsministerium zog aus dem alten Gebäude des Hofkriegsrates am Hof um. In den 326.000 Kubikmetern Amtsstube bereiteten 2000 Offiziere und Beamte den Weltkrieg vor – und verloren ihn.

Doch auch nach dem Zusammenbruch Österreich-Ungarns blieb die Fassade weiterhin anachronistisch beladen mit Kriegssymbolen, Skulpturen, Säulen und Zierrat, Feldmarschall Radetzky paradierte weiter an seinem Platz, der doppelköpfige schwerbewaffnete Kriegsadler und die 48 Soldatenköpfe dienten auch in der Republik als Schmuck. Nur die Kaiserkrone wurde dem bronzenen Doppeladler abgenommen. Das Innere des Gebäudes bot aber zunehmend weniger Sehenswürdigkeiten. Erwähnenswert sind heute nur mehr die mächtigen Einfahrten und das dazwischenliegende Vestibül, die Dekoration der Ministerstiege und der zweigeschossige Festsaal. Er ist mit Kunstmarmor, Säulen und Verzierungen an Wänden und Decke in schlichtem Neobarock ausgestaltet. Südlich schlossen das Ministerbüro, nördlich die Räume des Generalstabschefs an. Der frühere Gobelinsaal ist nur mehr ein Zitat seines ehemaligen Aussehens, da die Vertäfelungen und Gobelins zerstört wurden. Ein weiterer Saal und einige Zimmer weisen noch einige Stuckaturen auf.

Das Büro des Kriegsministers war seinerzeit wahrlich repräsentativ: Entree, Wartesaal, Adjutantur, Ministerzimmer, Gobelinsaal, Empfangssaal, zwei kleine und der runde Salon am Ende der Ringstraßenfront waren weit mehr, als jeder andere Minister zur Verfügung hatte. Zum Überfluss schloss an das Ministerbüro in der Monarchie noch eine weitläufige Ministerwohnung an, die zum Wienfluss ausgerichtet war. In der republikanischen Zeit wurde niemals mehr diese gesamte Flucht einem einzelnen Minister zur Verfügung gestellt.

Das bronzene Reiterstandbild vorm Haus, das Feldmarschall Radetzky zeigt, stammt von Caspar von Zumbusch. Es war zunächst 1892 vor dem Ministerium Am Hof feierlich enthüllt und 1912 an den Stubenring versetzt worden. Radetzky war ab 1831 Armeekommandant im lombardo-venezianischen Königreich, 1836 Feldmarschall, seinen Ruhm als bedeutendster Heerführer schuf die Propaganda aber erst 1848/49, als der 82-Jährige bei Custozza die italienische Revolution niederschlug. Seine Popularität war so groß, dass für ihn Grillparzer das Gedicht „In deinem Lager ist Österreich“ und Strauß den „Radetzkymarsch“ schufen.

1918 war es also zu Ende mit dem mächtigen Kriegsministerium und seinem Motto an der Fassade: „Wenn Du Frieden willst, bereite Krieg vor“. Zu dem schrumpfenden Heeresressort zogen sukzessive mehrere Ministerien ein: 1924 kam im Zuge der großen Raumrochade das Handelsministerium und mit ihm die RAVAG, Österreichs

Rundfunkanstalt, die die riesige Funkanlage nutzte, welche zuvor die Armeezentrale mit den Kriegsschiffen verbunden hatte; 1926 zog sie ins Funkhaus in der Johannesgasse. 1934 siedelte die Landwirtschaft ins Haus und 1935 die Justiz. Nach dem Zweiten Weltkrieg sollten dann noch das Sozialministerium und zeitweise das Bauten- und Gesundheitsressort dazukommen.

DAS GRÖSSTE RESSORT am Stubenring war das Handelsministerium, in dem einander in der Ersten Republik 13 Minister folgten. Es war vorher im großen Eckhaus Liechtensteinstraße/Fürstengasse und in der Postgasse untergebracht gewesen und konnte sich endlich in einem Haus konzentrieren. Aber bloß drei dieser vielen Handelsminister amtierten hier deutlich länger als ein Jahr: der Wirtschaftskammer-Mann Eduard Heinl, der 20 Jahre später noch einmal Minister werden sollte, der Mödlinger Bürgermeister Hans Schürff sowie der enge Dollfuß-Freund Friedrich Stockinger.

Heinl war zeitweise auch Vizekanzler, setzte eine Reform der Gewerbeordnung durch und war als Chef der RAVAG lange Jahre ein mächtiger Mann, nicht nur während seiner Ministerjahre 1920/21 und 1930–32. Er war aber auch ein überzeugter Demokrat und zog sich daher 1933 aus der Politik zurück. Sein Interims-Kollege Schürff hat als Ressortminister nur wenig zur wirtschaftlichen Entwicklung Österreichs beigetragen. Seine Ministerposition hatte er vor allem deshalb acht Jahre lang – davon sechs als Handelsminister –, weil er als Obmann der Großdeutschen Volkspartei für die Christlichsozialen als Mehrheitsbeschaffer unersetzlich war. Seine wahren Interessen und seine Geisteshaltung kann man in dem von ihm 1918 herausgegebenen 400-seitigen Pamphlet „Das Verhalten der Tschechen im Weltkrieg“ nachlesen, das von Vorurteilen und Hass nur so überquillt. Die Zeitungsartikel, die man zu Stockinger findet, beschäftigen sich aber nur mit Ordensverleihungen an ihn selbst und einer Huldigung anlässlich seines Ministerjubiläums, ohne auch nur eine einzige konkrete Maßnahme des Ministers zu nennen.

Man wird nicht fehlgehen, wenn man die Machtausübung der Handelsminister dieser zwei Jahrzehnte im Wesentlichen darauf reduziert sieht, dass sie die Interessen der Wirtschaftskammer und der Industriellenvereinigung in der alltäglichen Politik zu vertreten hatten – und das auch beflissen taten. Sie stellten auch persönlich offensichtlich nur die zweite Garnitur ihrer Parteien dar, obwohl einige nach den Kriegsjahren in ihrer Zweitfunktion als Minister für Volksernährung eine enorm wichtige Aufgabe zu erfüllen hatten.

Der letzte Handelsminister, der im austrofaschistischen Regime am Stubenring saß, ist allerdings trotz der Kürze seiner Amtszeit erwähnenswert, weil er nach 1945 noch eine große Karriere machte: Vier Wochen lang führte der vorherige Wirtschaftskammerfunktionär und Abgeordnete Julius Raab das Ressort. Schon 1930 hatte er sich im Parlament durch eine Tirade gegen Otto Bauer hervorgetan: „Ein Frechling sind Sie, ein Saujud'!“, und es ging ihm damals darum, „unser schönes deutsches Vaterland von dem Joche, das volksfremde jüdische Führer errichtet haben, zu befreien“. Von solchen Ansichten war er nach den bitteren Jahren unter den Nazis aber offenbar geläutert.

Ein weiteres Ressort fand – allerdings erst später – neben Handel und Verteidigung seine endgültige Bleibe hinter dem Reiterstandbild Radetzkys: das Landwirtschaftsministerium. Sein Sitz war davor die Böhmische Hofkanzlei am Judenplatz gewesen, erst 1934 brachte man es am Stubenring unter. Dieses Palais war in den ersten Jahren der Republik auch Sitz des Innenministeriums und zeitweise des Unterrichtsministers. Daher verdient auch dieser ehrwürdige Schauplatz österreichischer Politik und Staatsmacht hier Erwähnung.

In der Hofkanzlei waren die Agrarier weitaus repräsentativer situiert gewesen als dann am Stubenring: Das Palais, in dem heute der Verwaltungsgerichtshof Recht spricht, liegt im ehemaligen Ghetto der Stadt, wo ab dem 12. Jh. Schule, Synagoge, Spital, ein Bad sowie eine Reihe von Wohn- und Handelshäusern entstanden, und die Krone im 18. Jh. Grundstücke erwarb. 1708 erteilte der Böhmische Hofkanzler den Auftrag für den Neubau einer repräsentativen Kanzlei, von der aus ein großer Teil der Monarchie gelenkt wurde.

Auftragnehmer war Johann Bernhard Fischer von Erlach, 1714 war das Gebäude – wesentlich kleiner als heute – fertig. Die Hauptfassade zur Wipplingerstraße blickte direkt auf das Alte Rathaus. 1749 nahmen das Direktorium für die Innere und Finanzverwaltung und die oberste Justizstelle hier den Sitz, und diese Aufgabenerweiterung führte zu einer spiegelgleichen Verdoppelung der bisherigen Struktur. Neben der Wohnung des Kanzlers mit ein paar darunterliegenden Büros wurde ein ganzer Kanzleitrakt für die „Böhmische und Österreichische Hofkanzlei“ angebaut. 1782 ließ Joseph II. die mehrstöckige Kapelle durch Einzug von Zwischendecken zum Amtsraum umbauen. Zunehmend konsolidierte sich hier die oberste Verwaltung der Inneren Angelegenheiten der Monarchie, und so wurde 1848 die Hofkanzlei in „Innenministerium“ umbenannt. Dieses Ressort blieb dann bis 1923 im Haus.

Nach 1918 beherbergte das Palais zunächst das gemeinsame Bundesministerium für Inneres und Unterricht und ab 1923 das Landwirtschaftsministerium, wobei hier als letzter Minister Engelbert Dollfuß seinen Dienst versah. Im Dezember 1936 zog in dessen Räume der österreichische Bundesgerichtshof, den die ständestaatliche Verfassung einrichtete, ein. Nach Kriegsende bezogen Verfassungs- und Verwaltungsgerichtshof das Palais, in dessen Untergeschoß damals ein Lebensmitteldepot der sowjetischen Besatzer die Ratten anlockte.

Die Fassade zur Wipplingerstraße erinnert an andere Werke Fischers, etwa an das Palais Trautson. Die Gestaltung ist nicht sehr aufwändig, über zwei Sockelgeschoßen erheben sich eine Beletage und darüber ein niedrigeres Geschoß. Darüber betonen Dreiecksgiebel die Haupttrakte, die durch Pilaster und Skulpturen sowie durch prächtige Torbauten akzentuiert sind. Der ursprünglich reiche Figurenschmuck auf den Gesimsen ist heute nur mehr teilweise vorhanden, die Mittelrisalite zeigen eine prunkvolle Ornamentik. Interessantes Detail an der Fassade sind die vielen Wappen: An einem Eingangstor das des Königreiches Böhmen, flankiert von denen Mährens und Schlesiens. Am anderen das Wappen des Erzherzogtums Österreich, rechts davon das inner- und links das oberösterreichische. An der Front zur Jordangasse klebt der Doppeladler des Reichs und auf der Schmalseite gegenüber das maria-theresianische Wappen.

Man betrat das Palais einst durch das Löwenportal und gelangte durch das Vestibül in den rechteckigen Ministerhof mit teilweise offenen Arkaden, von dem mit zwei Eingängen die Prunkstiege in

Löwenstiege in der Böhmischen Hofkanzlei – Zugang zum Landwirtschaftsministerium bis 1931

die Beletage zu den Ministern führte. Dieses eindrucksvolle Stiegenhaus hat heute seine Funktion weitgehend verloren und wurde auch seiner Marmorstatuen und des Deckenfreskos beraubt. Erhalten sind die Löwen, nach denen die Stiege ihren Namen hat. Eine zweite Repräsentationstreppe, die Puttenstiege mit reichem figuralem Schmuck, führte vom kleineren, sogenannten Kanzleihof in den Kanzleitrakt und zu den Beamten.

Das Palais war von Anfang an sowohl Amtsgebäude als auch repräsentative Wohnung des Amtsträgers, beherbergte im Parterre Ställe für 38 Pferde und Gesinderäume und wies der Beletage zwei Funktionen zu: Große Sitzungen politischer Gremien mussten ebenso abgehalten werden können wie Bälle und Empfänge, daher war der östliche Trakt privat, im westlichen Flügel befand sich das Amt. Die ursprünglich reiche Innenausstattung ist heute nur mehr auf wenige Salons beschränkt. Der Rote Salon ist Präsidentenbüro, der Marmorsaal sein Sekretariat, der Gelbe und der Blaue Salon sind Beratungs- und Veranstaltungsräume. Neben diesen großen Repräsentationssalons ist noch das einstige kleine Tafelzimmer („Indianerzimmer") mit einer bemerkenswerten Stuckdecke aus der ursprünglichen Substanz erhalten. Auch einige Büros haben noch eine historische Innenausstattung – einschließlich der barocken Kamine – bewahrt. Von der Kapelle in der Ecke der Jordangasse ist heute nichts mehr erhalten außer dem Eingang und dem 1945 wiederentdeckten Deckengemälde.

HIER ALSO AMTIERTEN unter anderem die Bauernführer der Ersten Republik, die sich wohl merkwürdig gefühlt haben mussten ob des Kontrastes zwischen ihrem Hof zu Hause und dem Hofgebäude in Wien. Typischerweise kamen die Ressortchefs – allesamt nicht wirklich mächtig in ihrer Funktion – vom Bauernhof, waren Agrarfunktionäre, Landesräte oder Bürgermeister gewesen. Zwei von ihnen hatten eine interessante Vita: Rudolf Buchinger, der von 1922 bis 1926 das Haus führte (und 1945 nochmals kurz Minister war), hatte sich als Bauernsohn bis zum mächtigen Raiffeisen-Generalanwalt hinaufgearbeitet. Schon damals spielten augenscheinlich die Agrargenossenschaften und ihre Bank eine bedeutende Rolle in der Gestaltung der Agrarpolitik. Buchinger war aber ein überzeugter Genossenschafter und nicht engstirnig, weshalb er sich nach 1934 für die Erhaltung der ehemals „roten" Konsumgenossenschaft einsetzte. Auch die Gründung der Bundesforste fiel in seine Zeit.

Die zweite, mit einem riesigen Bart auch optisch markante Persönlichkeit war Andreas Thaler, ehemaliger Tiroler Holzknecht, schließlich Reichsbauernbundführer. Bis 1930 wurde ihm die Landwirtschaftspolitik übertragen. Danach verabschiedete er sich vom Leben als Berufspolitiker und emigrierte nach Brasilien, wo er das Dorf Dreizehnlinden gründete und bis zu seinem Tod führte. Nach ihm nutzte ein junger Mann das Ressort als Sprungbrett für eine höhere politische Karriere, Engelbert Dollfuß, der 1931 als Landwirtschaftsminister noch in der Hofkanzlei begann und das Ressort auch in seiner Zeit als Kanzler nicht abgab. Allerdings verlegte er seine Landwirtschaftsbeamten in das große Haus am Stubenring.

Neben dem Handels- und dem Agrarressort war das Heeresministerium im Haus am Stubenring die ganzen Jahre der Ersten Republik verblieben. Seine Ressortgeschichte wurde an anderer Stelle bereits beschrieben.

Die Besetzung Österreichs machte 1938 allen diesen Ministerien und der Funktion ihres Gebäudes ein Ende. Wieder wurde es zur Gänze militärischen Zwecken, dem XVII. Armeekorps des Deutschen Reichs, gewidmet. In dieser Zeit diente Karl Szokoll als Offizier im Haus, der im Geheimen im Widerstand führend tätig war. Schon 1944 war er in die Planung für das Attentat auf Hitler eingeweiht gewesen, blieb aber unentdeckt und konnte daher von hier aus wagemutig am 2. April 1945 Kontakt mit der Roten Armee aufnehmen. Ziel der „Operation Radetzky" war es, durch Übergabe wichtiger Informationen möglichst Blutvergießen und Zerstörungen in Wien zu verhindern. Szokolls Leute trafen die Sowjets in Hochwolkersdorf, die Operation flog aber auf, er selbst konnte in letzter Minute fliehen. Auch der spätere BKA-Sektionschef Chaloupka übte am Stubenring Widerstand, indem er Wehrdienstbefreiungen für Gesinnungsgenossen ausstellte; auch er konnte sich in diesen letzten Kriegstagen nur durch den Sprung aus einem Fenster der Festnahme entziehen.

In der Endphase des Kriegs schlug eine Fliegerbombe in einen der Höfe ein und ein mehrtägiger Großbrand verwüstete das Haus. Stahlbetondecken zerrissen, Rohrleitungen schmolzen, die im Hof gelagerte Munition vollendete die Zerstörung. Damit endete jegliche Amtstätigkeit. Daher erwog man zunächst, das Gebäude abzureißen, doch dann entschied sich der Ministerrat für die Instandsetzung und die Unterbringung mehrerer Ministerien. 1952 war der – jetzt teilweise aufgestockte – Riesenbau wieder benutzbar, den größten Teil der Innendekoration und die pompösen Kuppeln gab es aber nicht mehr. Ins Haus zogen wiederum die früheren Ressorts ein, vertikal voneinander abgegrenzt: das zum Donaukanal schauende Landwirtschafts- und das mittige Handelsministerium. Zu ihnen kam das Sozialressort dazu, ein Verteidigungsministerium gab es vorerst nicht mehr.

Sieben Jahre lang führte ab 1945 der Bauer Josef Kraus, der bereits im Ständestaat Staatsratsmitglied gewesen war, das Landwirtschaftsministerium am Stubenring – aber kaum irgendein Bericht ist über seine Leistungen aufzufinden. Er war gleichzeitig Minister, Obmann des Milchwirtschaftsfonds, Bauernbundpräsident und Vize-Generalanwalt von Raiffeisen und eine Linie zieht sich durch alle seine Reden: Der Kampf gegen die Besteuerung der Bauern, gegen den „bauernfeindlichen" ÖGB, für höhere Agrarpreise und Subventionen. Auch der zweite Langzeitminister Franz Thoma blieb sieben Jahre im Amt und setzte diese Standespolitik unverändert fort. Das zeigt, wie eindimensional das Ressort in der Zweiten Republik als politische Vollzugsagentur des ÖVP-Bauernbundes geführt wurde. Man hatte sich auf die Wahrung der Interessen der Bauern zu konzentrieren, deren Macht und Einfluss weit über ihre zahlenmäßige und wirtschaftliche Bedeutung hinausging, man hatte eine Struktur zu sichern, die in die Länder und Bezirke hinaus verästelt war – und man hatte viel Geld in die richtigen Hände zu verteilen: im Wasserbau, durch Subventionen, für Infrastruktur. So wirkte der Stubenring abseits der öffentlichen Diskussion im Hintergrund mächtig und entscheidend, wann immer es um die Interessen eines Standes ging.

Danach war der ehemalige Bauernbunddirektor Eduard Hartmann bis 1964 Minister, auch er wie schon einige Vorgänger „nebenher" Generalanwalt von Raiffeisen – er leitete die erfolgreiche Interessenvertretung der österreichischen Bauern in der EWG ein. 1961 machte die Landwirtschaft auch anders international Furore: Chruschtschow besuchte Leopold Figls Bauernhof und konstatierte, dass hier der Kukuruz so niedrig war. Prompt wurde um eine Sau gewettet, dass der sowjetische Mais zehnmal ertragreicher sei. Verlässlich sandten die Russen Saatgut und Figls Bruder säte zum Test streifenweise österreichisch und sowjetisch. Im Oktober wurde geprüft – beide hatten allerdings ähnlichen Ertrag. Chruschtschow hatte die Wette verloren, doch eine Sau kam nie an in Rust im Tullnerfeld.

Nach sechs Jahren einer unspektakulären, den Interessen seiner Klientel verpflichteten Ressortführung durch den Kärntner Agrarier Karl Schleinzer, der später ÖVP-Obmann werden sollte, brachten die sozialdemokratischen Alleinregierungen in den Siebzigern einen deutlichen Rollenwechsel in der Ressortführung. Die Minister waren jetzt weder Bauern- noch Raiffeisenfunktionäre und auch nicht in eine große Parteiorganisation der Bauern so eng eingebunden wie bisher. Oskar Weihs war ein ausgewiesener Agrarfachmann, Günter Haiden Direktor der Bundesforste gewesen, sie brachten also durchaus Fachwissen ins Haus – aber auch eine öffentliche Diskussion über ihre „braune" Vergangenheit.

Erst die große Koalition führte 1986 wieder die ÖVP zurück ins Ressort – und einen Minister, der sich darin für größere Aufgaben qualifizierte, welche er auch erfolgreich meisterte: Franz Fischler, zuvor Chef der Tiroler Landwirtschaftskammer, setzte vor allem nach seiner fünfjährigen Ministerschaft ab 1995 als Agrarkommissär der EU viele Jahre deutliche politische Akzente weit über Österreich hinaus. Er beschränkte sich aber nicht auf sein Fachgebiet, sondern war umtriebig in vielen politischen Initiativen – auch beim Europäischen Forum Alpbach und im Institut für Höhere Studien. An eine kurze Parteileine ließ er sich nie nehmen, sondern baute sich erfolgreich ein Image als Elder Statesman der Republik auf. Zu Kanzlerehren kam er nicht, obwohl er nach dem Sturz der Regierung Kurz als Chef der Übergangsregierung erwogen wurde – doch dafür war seine ÖVP-Bindung zu eng.

Aus der Reihe der folgenden Minister ragen zwei heraus, die auch – wenngleich für nicht lange Zeit – wie schon Schleinzer vor ihnen die Führung der ÖVP übernahmen: Wilhelm Molterer und Josef Pröll. Für beide aber gilt, dass nicht ihre Macht als Landwirtschaftschef, sondern eine Verkettung anderer Umstände sie zum Parteiführer und Vizekanzler gemacht hatte. Seit der EU-Integration war dieses Ressort ja nicht mehr so stark wie vorher, die wahren Entscheidungsträger sitzen in Brüssel und innerstaatlich in den Landesregierungen – und wohl auch weiterhin bei Raiffeisen. Die ihnen folgenden Minister haben daher keine markanten politischen Spuren hinterlassen – charakteristisch die Frage eines Landesrates nach einer Sitzung bei der Ministerin der Übergangsregierung Bierlein an seinen Sitznachbarn: „Wer war denn die Dame neben dem Generalsekretär?"

Trotz seines Bedeutungsschwundes soll man aber auch heute noch die Macht des Agrarressorts nicht unterschätzen. Immerhin werden von seinen knapp 40 Abteilungen jährlich drei Milliarden Euro an 100.000 Betriebe verteilt und laufen hier viele Fäden der

Regierungsgebäude am Stubenring in seiner heutigen Gestalt

Standesvertretung, der Industrie, des Lebensmittelhandels und des nationalen wie europäischen Lobbyismus zusammen. Es sind also bei Weitem nicht nur die zum Ressort gehörenden Lipizzaner, die es für das Land bedeutsam machen.

AUCH EIN ZWEITES RESSORT im Stubenringkomplex war nach 1945 weitgehend außengesteuert; „ferngesteuert" wäre hier der falsche Ausdruck, lag doch die Wirtschaftskammer genau gegenüber diesem Handels- oder Wirtschaftsministerium, das unter einem guten Dutzend variierter Bezeichnungen und Zuständigkeiten vom Beginn der Republik an bis heute die Mitte des Gebäudes nutzt. Es befand sich die meiste Zeit in der Hand und in direktem Kontakt mit der gewerblichen Wirtschaft und ihrer Interessenvertretung. Die Industrie war nicht so eng angebunden, sondern hatte so wie die Finanzwirtschaft auch recht stabile Beziehungen zu Finanzressort und Kanzleramt, und nicht nur zur konservativen, sondern auch zur sozialdemokratischen Reichshälfte.

Die ersten zehn Nachkriegsjahre erlebten insgesamt sieben Handelsminister der ÖVP – da blieb keinem Einzelnen genügend Zeit, sich gründlich in die Wirtschaftspolitik einzuarbeiten, geschweige denn sie nach seinen Vorstellungen zu prägen. Ein katholischer Vorarlberger Jurist, ein Industrieller aus adeligem Stamm und ein steirischer Kammeramtsdirektor versahen bloß das Amt – Männer aus der zweiten Reihe, denn der eigentlich starke Wirtschaftspolitiker war der Kammerpräsident und spätere Kanzler Raab.

Erst Fritz Bock, 1956–68 der bisher längstdienende Handelsminister, konnte sich da emanzipieren. Er war typischer Vertreter einer Sozialpartnerschaft, die konstruktiv zusammenarbeiten wollte und jeweils auch der anderen Seite Erfolge gönnte, wenn diese dasselbe tat. Seine persönliche Geschichte im KZ und im Widerstand machte es ihm wohl auch leichter, solche Brücken zu schlagen. Nachhaltig setzte er zwar die Positionen der Arbeitgeberseite durch, soweit dies möglich war, wurde aber dennoch allseits hoch geachtet und verblieb nach seiner Ministerzeit als Aufsichtsratschef der CA in der Wirtschaftspolitik.

Noch ein Jahr länger als er diente Josef Staribacher 1970–83. Der frühere AK-Direktor und Gewerkschaftschef kam in ein Ministerium, dessen Belegschaft monocolor und aufs Engste mit ÖVP und Wirtschaftskammer verwoben war. Er musste sich daher von Beginn an um ein funktionierendes Arbeitsverhältnis zu diesen Beamten bemühen, was ihm aufgrund seines offenen Naturells vor allem über die Personalvertretung auch gelang. Ganz große wirtschaftspolitische Veränderungen konnte er nicht setzen, seine Hauptaufgabe war eher, das Haus aus der Gängelung durch die Kammer zu befreien, und so blieb sein Ressort im großen Reformkonzert der Siebzigerjahre eher im Schatten – vielleicht auch deshalb, weil Kreisky selbst regelmäßige Konsultationen mit Wirtschaftsexperten führte und selbst Initiativen präsentierte. Offensichtlich war auch der große Apparat des Ministeriums nicht besonders leistungsfähig: So prognostizierte er in der Ölkrise 1974 ein Wachstum von 4,5 Prozent – tatsächlich gab es ein Minus. In der Wirtschaftskrise 1980 setzte der Minister dann auch eher auf Ökonomen von AK und ÖGB als auf die seines Ressorts. Viel Anekdotisches blieb vom „Pickerl Pepi" im Gedächtnis: dass die Türen im Ministerbüroflügel immer offen standen, dass er im VW-Käfer zum Amtsantritt kam und später auch ein Dienstmoped benutzte, dass er den nur für ihn reservierten Schlüssel zur exklusiven Nutzung des Lifts nicht nutzte und dass er scherzhaft meinte, in einem Ministerium sei ein guter Portier das Wichtigste.

Wie eng das Wirtschaftsressort mit der Wirtschaftskammer verbunden war, zeigte sich aber auch unter ihm: Eine der ersten Anordnungen des Sozialdemokraten war, die direkte Telefonleitung aus seinem Büro zum Wirtschaftskammerpräsidenten zu reaktivieren, und jeden Dienstag hielt er einen Vier-Augen-Jour-fixe mit Sallinger. Nach ihm haben bisher elf Ministerinnen und Minister in der Beletage des alten Kriegsministeriums die sozialpartnerschaftliche Linie weitergeführt, die Hälfte davon allerdings für kürzer als zwei Jahre. Länger amtierten nur sein Nachfolger Steger – der das Ministerbüro von vier auf mehr als ein Dutzend Referenten aufblähte – und dann Schüssel und Mitterlehner, die aber allesamt darüber hinaus auch sehr mit Parteiangelegenheiten belastet waren, sodass sie sich nicht uneingeschränkt ihrem Ressort widmen konnten. Die Erbpacht der Wirtschaftskammer freilich ging in dieser Zeit verloren, denn die Mehrheit der Ressortchefs kam nicht mehr aus ihrem Biotop.

Aus dieser Gruppe stechen nur einige wenige Persönlichkeiten deutlich heraus: Einer davon ist wohl Wolfgang Schüssel, der das Haus 1989 bis 1995 führte. Er prägte ihm jedenfalls die politische Priorität „weniger Staat, mehr privat" auf und damit ein klares wirtschaftspolitisches Konzept, eine gesellschaftspolitische Vision, die er auch in einigen Bereichen durchzusetzen vermochte. Das Ressort bewirkte damit einen Paradigmenwechsel der Gesellschaftspolitik. Die zweite markante Persönlichkeit war Martin Bartenstein, der – nach zwei früheren Jahren als Staatssekretär – acht Jahre lang regierte. Er setzte die Zusammenlegung der Arbeitsmarkts- und Arbeitsrechtsagenden in seinem Haus durch und entmachtete damit das Sozialressort beträchtlich. So breite Kompetenzen und eine so starke Position im sozialen Konfliktfeld zwischen Arbeitgebern und Arbeitnehmern hatte vor ihm noch niemand gehabt.

Und schließlich lebte nach ihm für neun Jahre mit dem Wirtschaftskammerfunktionär Reinhold Mitterlehner noch einmal die alte Sozialpartnerschaftsstruktur auf. Er fand dafür auch ein ideales Gegenüber im Sozialminister. Die letzten Jahre seiner politischen

Arbeit gestalteten sich zunehmend schwieriger, als er 2014 das Amt des ÖVP-Obmanns übernehmen musste und von Anfang an keinen völligen Rückhalt in seiner eigenen Partei hatte. Aufgrund seines Festhaltens an einer großen Koalition verlor er letztlich einen veritablen Fraktionskampf gegen Sebastian Kurz, der ihn ohne Rücksicht auf Persönliches im Jahr 2017 stürzte.

Kurz suchte sich eine Wirtschaftsministerin ohne jegliche Hausmacht und politische Vorkenntnis – eine Mobilfunk-Managerin, die gerade eben von ihrem Konzern aufs Abstellgleis geschoben wurde, doch das wusste der Jungkanzler nicht. Ihre Performance war dann auch wenig erfolgreich. Sie übte zwar volle Loyalität und absoluten Gehorsam, scheiterte aber spektakulär mit Projekten wie dem „Kaufhaus Österreich" und im e-Government just in den Bereichen, in denen sie beruflich aufgestiegen war. Als sie ihr Amt aufgeben musste, war es geradezu logisch, dass diese Agenden wieder wanderten – diesmal zum mächtigen Finanzressort. Dennoch erfuhr das Wirtschaftsministerium wieder eine Stärkung, da die Arbeitsmarktpolitik erneut ins Haus genommen wurde.

WEIT MEHR ALS 100 MINISTER und Ministerinnen hat das Haus am Stubenring insgesamt in seiner republikanischen Geschichte erlebt – weniger als zehn davon waren die Frauen in den Sozialressorts. Sie waren meist nicht die bedeutendsten und prägendsten Figuren der österreichischen Politik, und das hängt vor allem auch damit zusammen, dass viele von ihnen nur als Stellvertreter mächtiger nichtstaatlicher Institutionen fungierten, dass sie als Gehilfen der wirklichen Entscheider lediglich eine formale Rolle im Staatsapparat für diese zu erfüllen hatten. Das gilt für die Landwirtschaft ebenso wie für die Kammerinteressen, für die Sozialpartnerschaft genauso wie für die Gewerbewünsche. Und wir werden noch sehen, dass auch das Sozialressort so funktionierte. Nur wenige Personen konnten sich daraus emanzipieren und ein nachwirkendes Profil entwickeln. Nur wenige hatten eigene, nicht bloß geborgte Macht oder erkämpften sich eine solche ausgehend von ihrer Funktion am Stubenring. Die wahre Macht der Wirtschaftsminister schien – so ein Bonmot von Staribacher – aber mitunter nur darin zu bestehen, dass sie zum Amtsantritt feierlich einen Liftschlüssel ausgehändigt erhielten.

Es ist ein analytisch schwer zu erfassender Cluster von Wirtschaftsmaterien, die hier am Stubenring administriert wurden. Dass die Landwirtschaft aus Gründen der Bündestruktur der ÖVP niemals Teil der Wirtschaft war, ist primär österreichische Politikfolklore; seit der Übernahme der Agrarpolitik in die EU könnte man auch die Frage stellen, ob nicht eine Fusion sinnvoll wäre. Aber es ist auch bezeichnend, dass das Wirtschaftsressort in diesem Land keine eigene Adresse hat, sondern neben anderen im großen Stubenringkomplex aufging: Hier war nie der zentrale Steuerstand der Wirtschaft der Republik, das waren eher Himmelpfortgasse, Wirtschaftskammer und Industriellenvereinigung und ein wenig auch das Bundeskanzleramt. Das Handelsressort hatte nur die sekundäre Rolle der administrativen Umsetzung anderswo gefasster politischer Beschlüsse. Ordnung des Überbaus und der Rahmenbedingungen, nicht dynamische ökonomische Impulse; Wahrung von Besitzständen und nicht die Behauptung im internationalen Wettbewerb. Und deutlich ist, was auch ein Minister festhielt: Bei der ÖVP „bestimmt sicherlich nicht der Parteiobmann, sondern ausschließlich die Handelskammer, wer am Stubenring einzieht“. Und den Agrarminister bestimmte zumeist der Bauernbund im Konsens mit der Landwirtschaftsindustrie.

Auch wenn manchmal bis zu fünf Minister am Stubenring regierten, ein gemeinsames Machtzentrum bildeten sie nie. In diesbezüglich aufschlussreichen Ministermemoiren finden sich als Themen ihrer Besprechungen auf höchster Ebene nämlich nur der Kantinenbetrieb, die einheitliche Dienstzeitregelung zu Weihnachten und die Gesamtzahl der Dienstautos. Staatspolitische strategische Kooperationen wurden hier nie geschmiedet.

Obrigkeit und Obsorge

„In der Jugend hungern, betteln und frieren, das ganze Leben Arbeit und Kampf, eine kurze Zeit Glücks, nur so viel, dass man es ahnen, aber nicht ermessen kann und dann elend dahinsiechen, weil dem frühzeitig überanstrengten Körper die nötige Widerstandskraft fehlt: das ist Proletarierlos!"
„Was ich tue, ist die Beseitigung von Kriegsfolgen. Ich habe den Krieg nicht gemacht, aber die Folgen muss ich wegbringen."

(STATEMENTS VON SOZIALMINISTER FERDINAND HANUSCH IN DEN ZWANZIGERJAHREN)

ZU BEGINN DER REPUBLIK war das für das Leben der Menschen bedeutsamste Amt in dieser Zeit extremer sozialer Not und explosiver gesellschaftlicher Konflikte wohl das Sozialministerium. Es war eine junge Institution, denn in der Monarchie gab es die längste Zeit kein solches Ressort; es wurde erst zu Beginn des Jahres 1918 gegründet und sein Chef, der habilitierte Ökonom Viktor Mataja, war damals der erste Sozialminister weltweit. Ein repräsentatives Haus stand ihm noch nicht zur Verfügung; auch nicht seinem Nachfolger in den letzten acht Tagen der Monarchie, dem Prälaten und späteren Kanzler Ignaz Seipel. Er saß noch in seinem Büro, als am 30. Oktober der republikanische Minister Hanusch eintraf, und amtierte als liquidierender k. u. k. Minister bis zum 11. November weiter.

Das Ressort hatte noch eine zweite organisatorische Wurzel: Da Kriegsheimkehrer, Kriegsinvalide, Soldatenwitwen und -waisen in besonderer Weise der staatlichen Hilfe bedurften, wurde das im pompösen Palais Festetics und daneben in einem unscheinbaren Zweckbau in der Berggasse arbeitende Kriegs-Fürsorgeamt des Heeresressorts in jenen Tagen ein wesentlicher Teil der Sozialverwaltung. Seine Ressourcen waren beträchtlich – es zählte mit allen Außenstellen 2000 Mitarbeiter – und diese waren für die Bewältigung der Aufgaben der neuen Sozialverwaltung essenziell.

Dann gab es noch eine dritte Basis. Bereits 1916 musste man die mit der Bewirtschaftung von Nahrungsmitteln befassten Abteilungen des Innen-, Handels- und Ackerbauministeriums zum k. k. Amt für Volksernährung zusammenlegen, damit man der Not wirksam entgegentreten konnte, und unterstellte dieses dem Ministerpräsidenten. Es wurde dann als Staatsamt für Volksernährung ebenfalls dem Sozialressort eingegliedert.

Dieses zusammengewürfelte Sozialministerium residierte am Beginn der Ersten Republik in der damaligen Hofgartengasse 3, dem heutigen Hanuschhof in der Goethegasse, nahe der Staatsoper mit Blick auf Hofburg und Burggarten. Das fünfgeschossige, weitläufige Büro- und Wohngebäude, ein typischer riesiger Gründerzeitbau der Ringstraßenepoche, war 1862–63 als Nebengebäude des Palais von Erzherzog Albrecht mit Reitschule und Stall im großen Innenhof errichtet worden. Jetzt diente es Hanusch und seinem Unterstaatssekretär Tandler als Ministerium bzw. Volksgesundheitsamt, beherbergte aber auch Wohnungen und andere Büros. Nach dem Zweiten Weltkrieg wurde in einem Teil des Komplexes die Bundestheaterverwaltung untergebracht, darüber blicken heute Luxuswohnungen über die City und die Reitschule im Innenhof wurde jüngst ein Museum.

Der erste republikanische Ressortchef in dem schmucklosen Bau wurde der 52-jährige Ferdinand Hanusch, aufgewachsen in ärmlichsten Verhältnissen schlesischer Weber – er konnte mit elf Jahren kaum lesen und schreiben, weil er statt der Schule arbeiten musste. Trotz zahlloser Verhaftungen wegen Landstreicherei und Agitation hatte er es in langen Jahren unermüdlichen Engagements noch in der Monarchie zu einem weithin bekannten Gewerkschaftsführer und Abgeordneten gebracht.

In den nur zwei Jahren seiner Ministerschaft erwies er sich als ein wahrer Gigant der Sozialpolitik. Er nutzte die Gunst der Stunde und

Sozialminister Hanusch bei einer Parteikundgebung, 1920

brachte die Regelung der Sozialversicherung, Urlaubsanspruch, Mindestlohn, Kollektivvertragsgesetz, Acht-Stunden-Tag, 48-Stunden-Woche, Verbot der Kinderarbeit, Betriebsrätegesetz, Arbeitslosenunterstützung, Arbeiterkammergesetz zustande. Daneben fand er noch Zeit für theoretische Schriften und Belletristik. Und all das, obwohl er beim Amtsantritt sofort einen bremsenden „Aufpasser" der Christlichsozialen, den späteren Minister Resch zur Seite gestellt bekam. Er erkannte sein „window of opportunity" und die Macht der sozialrevolutionären Demonstranten, die Druck hinter seine Pläne setzten: „Es wäre kein guter Sozialpolitiker, der es nicht verstünde, Machtverhältnisse zum Vorteil der Arbeiterklasse auszunützen", meinte er, und verleibte sich gleich einmal das Personal aus dem Fürsorgeamt des Kriegsministeriums zur Verstärkung seiner Beamtenschaft ein.

Sein rasch ausgebautes Ministerium realisierte so etwas wie eine „Österreichische Revolution" und wurde insbesondere zum Exekutivorgan der Gewerkschaften, dennoch billigte ihm sogar der politische Gegner eine gewisse Besonnenheit bei der Umsetzung zu. In kleinen, sozialpartnerschaftlich zusammengesetzten Teams ließ Hanusch fast im Wochentakt insgesamt 83 Gesetzestexte erstellen, sein starkes Argument für die gesellschaftsändernden Initiativen war, dass man nur so ein Räteregime vermeiden könne. „Hätte das Ministerium für soziale Verwaltung seine Arbeit nicht so vorausblickend organisiert, ich wüsste nicht, wie wir durch die Klippen hätten steuern können, als es in Budapest und München eine Diktatur gab. Nur unsere soziale Gesetzgebung war es, die den Arbeitern Vertrauen in diesen Staat und diese Regierung gab“. Obwohl er schon krebskank war, schien seine Energie unerschöpflich: Mitunter mussten Verordnungen in wenigen Stunden fertig vorliegen – und sie waren von besserer Qualität als viele Jahre später etwa die Corona-Verordnungen. In seinen zwei Jahren war Hanusch einer der mächtigsten Männer im Staate. Danach wirkte er noch bis zu seinem Tod 1923 als Arbeiterkammerdirektor und Abgeordneter.

Auch wenn die 1920 folgende Regierung zunächst mit der Ankündigung antrat, „den revolutionären Schutt wegräumen“ zu wollen, war das nicht mehr möglich, zu sehr war der Sozialstaat schon gefestigt. Nur zwei weitere Minister prägten dann bis 1938 noch erkennbar die Ressortpolitik – alle anderen waren bloß kurzzeitig und erfolglos im Amt: Der erste war Richard Schmitz, der 1920–22 und nochmals 1930 und 1933 das Haus leitete. Sehr katholisch gebildet und engagiert, Antisemit, suchte und fand er doch eine Gesprächsbasis mit den Sozialdemokraten und hielt auch an den wesentlichsten Errungenschaften der ersten Sozialgesetze fest. Weitere Initiativen setzte er da allerdings nicht mehr. Er engagierte sich leidlich im Kampf gegen die wachsende Arbeitslosigkeit, ohne sie wirklich in den Griff zu bekommen. Zeitweise war er auch zusätzlich Unterrichtsminister und legte das Schwergewicht seines Engagements eher in dieses Ressort. Nach seiner Ministerzeit wurde er 1934 vom autoritären Regime als Bürgermeister Wiens eingesetzt und veranlasste als solcher den Bau der Höhenstraße. Die Nazis warfen ihn ins KZ, nach 1945 war er noch journalistisch tätig.

Der zweite, weit bedeutendere christlichsoziale Sozialminister war Josef Resch, Hanuschs Kontroll-Staatssekretär, der 1924–29 und nach 1930 noch dreimal, also insgesamt zehn Jahre amtierte. Er war Sozialversicherungsexperte und setzte nachhaltige Schwerpunkte in der Organisation der Krankenkassen sowie in der Versicherung der Angestellten und Arbeiter. Bei der Bekämpfung der Arbeitslosigkeit versagte er jedoch ebenso wie sein Vorgänger. Der bullige Christgewerkschafter mit dem markanten Bärtchen und der randlosen Brille war aber immerhin ein nimmermüder Verteidiger der errungenen Sozialleistungen und zeigte auch einen starken Charakter, als er 1933 die Ausschaltung des Parlaments nicht mittrug und am 11. März vom Ministeramt zurücktrat. Danach wirkte er als Dozent für Sozialpolitik, kehrte aber unter Schuschnigg nochmals 1936 in den Hanuschhof zurück, bis ihn die Nazis verhafteten. Er starb, noch nicht 60-jährig, 1939.

NACH 1945 setzte das Sozialministerium noch kurz seine Tätigkeit in der Hanuschgasse fort, übersiedelte aber bald an den Stubenring, als das Regierungsgebäude wieder benutzbar wurde. War der Nordflügel des dortigen großen Amtshauses gewissermaßen die Filiale des Bauernbundes und der zentrale Bauteil die Außenstelle der Handelskammer, so wurde jetzt der Südflügel spiegelgleich die staatliche Machtposition der Gewerkschaften. Vor allem drei Persönlichkeiten belegen dies, die hier in die riesige ehemalige Wohnung des k. u. k. Kriegsministers einzogen und jeweils ein ganzes Jahrzehnt Sozialpolitik zu verantworten hatten: die Gewerkschafter Maisel, Proksch und Dallinger.

Unmittelbar nach Kriegsende hatte noch kurz der legendäre Gewerkschaftspräsident Johann Böhm das Sozialressort geführt und begründete den Anspruch der Gewerkschaften auf dieses Politikfeld. Ihm folgte daher ab Dezember 1945 bis 1956 der Metallarbeiterchef Karl Maisel als Minister. Er hatte Maschinenschlosser gelernt, war ab frühester Jugend in der Gewerkschaft aktiv, als revolutionärer Sozialist im Widerstand und im KZ, wurde jetzt als Metallarbeiterchef ins Sozialressort geschickt, um dort die Sozialpolitik wieder in Schwung zu bringen, die lange Jahre der Stagnation, ja des Rückschritts erlitten hatte. Er ging gar nicht gern „in die Bürokratie“, wie er damals sagte. Auch wenn er die Nachkriegsjahre bei Weitem nicht so dynamisch nutzte wie sein legendärer Vorgänger nach 1918, konnte er doch weitere feste Pflöcke für die Interessen der von ihm Vertretenen einschlagen. Arbeiterurlaubsgesetz, Opferfürsorgegesetz und speziell das ASVG mit seiner flächendeckenden Pflichtversicherung sind die

Junge Bergarbeiter besuchen Minister Maisel im Büro

Leuchtturmprojekte aus dem mehr als 50 Gesetze umfassenden Werk seiner Experten. Natürlich achtete er auch darauf, loyale Mitarbeiter im Haus um sich zu scharen, sodass sein Ministerium bald den Ruf einer roten Hochburg hatte. Das entsprach teils wohl der Realität, nicht so sehr aber galt das für den Gesundheitsteil, der bis in das folgende Jahrtausend eher von Freimaurerseilschaften als von der Löwelstraße oder vom ÖGB aus gesteuert wurde.

Als Maisel 1956 aus eigenem Antrieb in die Arbeiterkammer als Präsident wechselte, weil ihn mit 66 Jahren nach der Verabschiedung des ASVG das Ministerium „einfach nicht mehr interessierte", folgte ihm der Generalsekretär des ÖGB Anton Proksch für weitere zehn Jahre nach. Der – wie er formulierte – „Ausbau des Sozialrechts vom Almosenempfänger zum anspruchsberechtigten Bürger" war sein Anliegen, ganz große Schritte gab es aber nicht mehr zu tun oder hatte er nicht im Plan. Er konzentrierte sich vielmehr auf die Sicherung des Erreichten, auf das Pensionsrecht und die Sozialversicherung der Selbstständigen und machte, wie seine beiden Kollegen links und rechts im Haus am Stubenring, ruhige, starke und nachhaltige Klientelpolitik. Möglicherweise hätte man in den Jahren des Wirtschaftswunders mehr für die Arbeiter und Angestellten herausholen können, aber Proksch nutzte die Möglichkeiten der Wachstumsphase stetig und hielt am Konsensprinzip der Sozialpartnerschaft fest, weil es auch so kontinuierlich ausreichend viel zu verteilen gab.

Ein vergleichsweise kurzes Intermezzo gab dann in der ÖVP-Alleinregierung von 1966 bis 1970 die erste Ministerin Österreichs, die seit ihrer Jugend als Christgewerkschafterin engagierte Grete Rehor. „Es ist wichtig und richtig, wenn Frauen auch in höchste Positionen vordringen", meinte sie in ihrem ersten Interview, und setzte am Stubenring nahtlos die Linie ihrer Vorgänger fort – nicht nur zur Freude ihrer Partei, in der sie manchen viel zu gewerkschaftlich agierte. „Den Sozialisten gegenüber hatte sie eine Schwäche", sagte später eine ihrer Kabinettsmitarbeiterinnen. Geradezu ein Treppenwitz der Innenpolitik ist es, dass sich die Wirtschaftskammer für sie stark gemacht hatte, um den vermeintlich „linken" Sozialexperten Kummer zu verhindern.

Die Kreisky-Zeit brachte wieder Gewerkschaftsobmänner in die wohnlichen Ministerzimmer am Stubenring. Und einen – heute im Vergleich zu anderen Reformfeldern fast vergessenen – Schub solider sozialpolitischer Fortschritte: 1973 Arbeitsverfassungsgesetz und Mitwirkung der Betriebsräte im Aufsichtsrat von Kapitalgesellschaften, 1975 die 40-Stunden-Woche und Mindesturlaubserhöhung, neue Sozialhilfegesetze, Karenzgeld – man war wieder recht fleißig am Stubenring. Dass dieses Paket in der Rückschau vielen kaum mehr präsent ist, mag daran liegen, dass Sozialminister Häuser, Gewerkschafter von Jugend an und jahrelang in Dachau in Haft – eine sehr zurückhaltende Persönlichkeit war und sich in diesen Jahren nicht um besondere Präsenz in der medialen Öffentlichkeit bemühte. Sein lesenswertes Büchlein über die letzten Tage des Krieges und seine Flucht aus dem KZ zeigt aber einen unerschrockenen Charakter und den konsequenten Optimismus einer kraftvollen Persönlichkeit.

Zurückhaltend war auch sein Nachfolger, der Sozialversicherungschef Weißenberg, der nur einmal, als er sich scharf und erfolgreich gegen Pensionssparpläne des Finanzministers Androsch wandte, seine Ruhe aufgab. Im Hintergrund arbeitete er bis zu seinem Tod im Amt konsequent und mit fester Hand an einem Programm für den Ausbau des Sozialstaates, das aber erst sein Nachfolger umsetzen konnte. Dieser hinterließ daher die medial markanteren Spuren. Alfred Dallinger, Obmann der Privatangestellten, kam 1980 relativ spät in der Reformära Kreiskys ins Amt, doch realisierte er dann sozialpolitische Initiativen, die weit über seinen Ressortbereich hinausgriffen. Er propagierte die Notwendigkeit der Arbeitszeitverkürzung auf 35 Stunden, gründete das BFI, entwickelte das Modell der Wertschöpfungsabgabe, forcierte Selbsthilfeprojekte neben den großen Strukturen des Sozialstaats und bereitete die Ausgliederung des AMS vor. Er war ein Visionär, der zwar viele seiner Ideen nicht durchbrachte – dazu hätte er wohl früher, in der dynamischeren Phase, im Amt sein müssen. Einflussreich war er aber allemal – vor ihm hatte auch die andere Seite der Sozialpartner großen Respekt und im öffentlichen Diskurs mobilisierte er Kräfte nicht nur am linken Flügel seiner Partei. Es ging also durchaus wieder Macht aus vom Sozialressort, prägend für die gesamte Gesellschaft.

Nachdem er im neunten Jahr seiner Ministerschaft im Feber 1989 bei einem Flugzeugabsturz im Bodensee ums Leben kam, konnten seine vier sozialdemokratischen Nachfolgerinnen und Nachfolger eine derartige Ausstrahlung nicht mehr erreichen, obwohl unter ihnen der polternde „Jolly" Hesoun mit einer Bilanz von 136 Gesetzen, der Einführung des Pflegegeldes und der Gründung des AMS durchaus markante Beiträge in der Sozialpolitik hinterlassen hat.

Ganz wenig Impulse kamen danach von zwei freiheitlichen Sozialministern, die 2000 in das Haus einzogen. Herbert Haupt blieb überhaupt nur kurz am Stubenring, denn er zog es vor, da er auch Vizekanzler war, sein Büro im Palais Dietrichstein am Minoritenplatz in Kanzlernähe aufzuschlagen. Starke Initiativen konnte er schon deshalb nicht entwickeln, weil er sogar in seiner eigenen Partei umstritten war, und weil er es auch nicht schaffte, mit der von ihm als „sozialistisches Feindesland" empfundenen Beamtenschaft im Ressort kooperativ umzugehen. In diese Zeit fällt auch eine bedeutende Schwächung des Sozialressorts, das Arbeitsrecht und Arbeitnehmerschutz an das Wirtschaftsministerium abgeben musste.

Noch einmal übernahm dann ein paar Jahre später ein SP-Gewerkschaftsobmann als Langzeitminister. Rudolf Hundstorfer, der das Haus von 2008 bis 2016 führte, kehrte zu den fast schon vergessenen Traditionen sozialpartnerschaftlichen Konsenses und nachhaltiger Interessenpolitik für die Arbeitnehmer zurück. Sein Stil erinnerte wieder an den von Maisel und Proksch. Umgänglich und persönlich nahbar zeigte er sich im Haus, politisch verhandelte er viele kleine Schritte mit seinem Widerpart in der Wirtschaftskammer und im Wirtschaftsministerium. Dass er das Amt des Sozialministers auf Wunsch der Partei aufgeben musste, als sie ihn in einen Präsidentschaftswahlkampf schickte, war allerdings weder klug für diese, noch sinnvoll für das Ressort, noch fair seiner Person gegenüber.

Mit dem Ende der großen Koalition wurde es 2018 turbulent im Südflügel des Stubenrings mit raschen Ministerwechseln – auf eine sehr umstrittene und wenig erfolgreiche Ministerin folgte ein Beamter, der nur elf Tage, das aber gleich in zwei Bundesregierungen, amtierte, und eine Sektionschefin in der Übergangsregierung. Danach entwickelte sich eine paradoxe Situation: Die Sozialminister der Grünen, die ab 2019 ebenfalls in kurzer Folge wechselten, waren objektiv eigentlich weit mächtiger als viele ihrer Vorgänger, weil ihnen im Rahmen der Corona-Gesetzgebung ein bislang undenkbares Maß an Eingriffsrechten in die Wirtschaft und das gesellschaftliche Leben eingeräumt wurde. Das Ressort war allerdings in der Zwischenzeit durch die vielen Ministerwechsel im Gesundheitsbereich mit daraus resultierenden Umfärbungen in der Führungsmannschaft in einen derart schlechten qualitativen Zustand manövriert worden, dass sich der Vollzug dieser Macht alles andere als überzeugend darstellte. Schwere Organisationsfehler wie die mehrjährige Vakanz von gleich drei Sektionsleitern, die faktische Suspendierung des Obersten Sanitätsrates, die sträfliche Vernachlässigung der Kommunikation mit den Ländern und den vollziehenden Bezirksbehörden im Sanitätswesen trugen ebenso dazu bei wie die offensichtliche Kuratel des Bundeskanzlers über die Minister und deren mangelnde Politikerfahrung, Stressresistenz und Managementfähigkeit. Somit schlug die stärkste Papierform des Gesundheits- und Sozialministeriums binnen kürzester Zeit in die historisch schwächste Performance des Ressorts und seiner Führungen um. Der Stubenring kam aus der Defensive nicht mehr heraus und büßte jede Gestaltungskraft ein.

Der Sitz des Umwelt- und Verkehrsministeriums in der Radetzkystraße

WIE BEREITS ANGEDEUTET, hatte sich aus dem Sozialministerium schon in den Siebzigerjahren ein institutioneller „Ableger" entwickelt, ein selbstständiges Gesundheitsministerium. 1972 wurde es gegründet, um dem „Sterben vor der Zeit" konzentriert und sichtbar entgegenzuwirken, und sieben Jahre lang wurde es danach von der Ärztin Ingrid Leodolter geleitet. Es war nur ein kleines Ressort, dessen Verwaltungsagenden zudem vom großen Sozialministerium mitgeführt wurden, bei dem auch die Sozialversicherung und damit die wesentliche Steuerung der Geldflüsse verblieb. Der Mutter-Kind-Pass und eine Reihe von Präventivmaßnahmen blieben von ihrer Ära, das undurchschaubare Geflecht von Geld- und Einflussströmen im Gesundheitssektor konnte sie aber nicht auflösen und transparenter machen.

Das neue Ressort übersiedelte kurz danach in ein neues Regierungsgebäude neben dem Stubenring, in dem auch das Verkehrs- und das Umweltressort ihre Bleibe fanden. Die Radetzkystraße 2, das achteckige „Oktoneum", ist nach dem Urteil von Architekten und Benutzern wohl die unzweckmäßigste und hässlichste Unterkunft aller österreichischen Ministerien. Die Fahnenskulptur am Dach musste abgenommen werden, weil die sich an ihr im Winter bildenden Eiszapfen die Besucher zu erschlagen drohten; im Foyer beeinträchtigt ein kopfloser kastrierter Goliath das Vertrauen der Allgemeinheit in die Qualität des dortigen Regierens; die eiserne Verkleidung der Fassade zieht sich in die Räume hinein und heizt diese im Sommer unerträglich auf; unzählige Lifte und eine wabenförmige Anordnung der Büros lassen Besucher wie Neu-Minister rasch verirren. Hier assoziiert man keinen Schauplatz der Macht, sondern eher Management by Chaos.

Seit seiner Gründung gab es insgesamt 26 Ministerinnen und Minister im Gesundheitsressort, von denen 13 nur dieses allein führten, die anderen besorgten die Agenden insbesondere als Sozialminister mit – eine beachtliche Fluktuation, die auch darauf zurückzuführen ist, dass „die Gesundheit" oft auch bloß als Verschubmasse bei der Zusammenstellung von neuen Ressorts gesehen wurde. Der Durchbruch zur Konsolidierung der zersplitterten Gesundheitskompetenzen, eine Bündelung der Finanzströme und eine nachhaltige Entwicklung parallel zu den Herausforderungen der älter werdenden Gesellschaft gelangen allen diesen Ministern nicht. Bereits in den Reaktionen auf die Nuklearkatastrophe von Tschernobyl, ganz besonders aber in der Corona-Pandemie zeigte sich, dass auch keine stabilen, resilienten Strukturen geschaffen werden konnten.

Neunmal und für zwölf Jahre war in den letzten Dekaden das Gesundheitsressort Teil des Sozialministeriums, 15 Jahre gleichzeitig auch Umweltschutzressort, vier Jahre betreute es nebenher den Sport, ebenso lang enthielt es auch die Frauenagenden und drei Jahre lang war es zugleich sogar Beamtenministerium. Oftmals saßen die Minister daher gar nicht bei ihren Beamten im grün-gläsernen Haus, sondern beispielsweise am Ballhausplatz. Nur vier Gesundheitsressortchefs brachten es auf eine Amtszeit von zumindest drei Jahren, ein einziger – Alois Stöger – auf sechs Jahre. Acht von ihnen konnten nur wenige Monate lang hier ihre politische Fortüne versuchen. Wirkliche Macht hat man diesem Ministerium nie gegeben – sie lag im Gesundheitswesen immer primär beim Sozialminister, bei den Sozialversicherungen, bei den Ländern sowie bei der Ärztekammer.

Und ein nicht zu unterschätzender Einfluss kam dort informellen Seilschaften und Strukturen, darunter den Logen der Freimaurer zu, die ihr Netze im Gesundheitssektor so fein spinnen konnten, wie kaum anderswo. Bereits Ferdinand Hanusch gehörte der Loge „Lessing“ an, der Wiener legendäre Sozialpolitiker Julius Tandler war Mitglied, und wesentliche Entscheidungen der Sozialpartner für den Gesundheitsbereich wurden in den Zirkeln getroffen, denen die Exponenten beider Seiten angehörten. So eng war die Integration von Ärzten in die Organisation, dass jemand sogar ein ganzes Buch über diese „Verschwörung zum Guten“ geschrieben hat. Und im Alltag des Gesundheitswesens konnte man sich oft – mir selbst ging es in meinen zwei Jahren als Mitarbeiter des Gesundheitsministers nicht anders – die Vergabe von wichtigen Primariaten ebenso wie die von Obermedizinalratstiteln und diverse Koalitionen in Entscheidungsgremien nur auf der Basis guter Kenntnis einschlägiger Organisationsverzeichnisse erklären.

Die Amtsstuben des Sozialministeriums und der Sitz des Gesundheitsressorts traten ebenso wenig als Schauplätze der Macht nach außen in Erscheinung wie die Ministerinnen und Minister als mächtige Gewerkschaftschefs. Aber obwohl das Sozial- und Gesundheitsressort nie im Rampenlicht der Republik stand, wenngleich die meisten Menschen nicht einmal wissen, wo das Sozialministerium untergebracht war, bevor es sich relativ bescheiden in den Stubenring einordnete, gelang es hier dennoch, Österreich zu einem der höchstentwickelten Sozialstaaten auszubauen. Zwei große Reformschübe waren dafür entscheidend – die Sozialgesetzgebung unmittelbar nach 1918 und die Stabilisierung des Sozialversicherungswesens in den Fünfzigerjahren. Dazwischen und daneben geschah wenig Spektakuläres, aber man folgte konsequent einem Pfad der Absicherung des Erreichten und des Ausbaues in vielen jeweils als unzulänglich erkannten Teilbereichen. Dafür bedurfte es keines Palais, keiner riesigen Tintenburg und keines repräsentativen Rahmens, sondern der Einbettung in ein festes und stabiles Netzwerk aus Gewerkschaft, Arbeiterkammern und Sozialdemokratie.

Krisen und Korruption

Am 6.3.2009 berichtet die „Presse" über den Krauland-Prozess 1954:
Ein Ministersekretär, der zufällig auch im Organisationsreferat der ÖVP tätig war, bestätigte den Empfang von 700.000 Schilling für die Partei durch den neuen Pächter der Papierfabrik. Und der wieder sagte aus, er habe sich dabei nichts gedacht: „Ich habe gehört, die Guggenbacher gehört der VP und die Steyrermühl der SP." – Der Richter: „Was heißt ‚gehört'? Sie gehörten der Republik." – „Ich hab' mir gedacht, die Regierung ist die SP, und die VP … also gehört, was der Republik gehört, der VP und der SP … Ich mein', die VP und die SP haben die Republik …"
Ein anderer Zeuge berichtete, es habe eine fixe Parteienvereinbarung über die Aufteilung der lukrativen Betriebe gegeben. Der Richter: „Haben Sie die Vereinbarung selbst gesehen?" – Der Zeuge: „Aber nein, Herr Vorsitzender, solche Dinge hat man doch nicht herumgehen lassen!"

BESONDERE ZEITEN erfordern besondere Organisationen. Das gilt vorrangig für das Verhältnis von Wirtschaft und Staat, und daher fanden sich zweimal in den unmittelbaren Nachkriegsjahren spezielle Ressorts zur Bewältigung der akuten wirtschaftlichen Krisenlage. Nach Kriegsende 1918 gab es gleich drei derartige Institutionen: das Staatsamt für öffentliche Arbeiten, das Staatsamt für Volksernährung und die Sozialisierungskommission. Aufgrund ihres kurzfristigen Bestandes hatten sie allesamt eher bescheidene Wirkungsstätten. Nach 1945 war die Situation ähnlich.

Das erstgenannte Amt für öffentliche Arbeiten wurde in der Regierung Renner als Nachfolger des gleichnamigen Ministeriums der Monarchie bis März 1919 beibehalten, ehe es ins Handelsministerium übergeleitet wurde. Der Amtssitz des nicht besonders großen und mächtigen Ressorts lag in der Liechtensteinstraße 46/Fürstengasse, wo auch das Handelsministerium untergebracht war. Es waren dies die einzigen Ministerien, die im 9. Bezirk arbeiteten. Ressortleiter war dort der christlichsoziale Techniker Johann Zerdik, der den Hochbau des Staates, Wasserbau, Technikagenden, Straßenbau, Bergwesen, Normung und Gewerbeförderung verantwortete.

Teilweise überschnitt sich sein Wirkungsbereich mit dem kleinen Verkehrsministerium, das nur viereinhalb Jahre bestand und dessen sechs Ressortchefs fast alle kürzer als ein Jahr amtierten – einer verstarb nach 15 Monaten im Amt. Das Haus wurde fest am Gängelband der mächtigen Bundesbahn geführt, bevor es 1923 ebenfalls in das Handelsressort integriert wurde.

Das weitaus wichtigste der drei Krisenmanagementressorts war 1918 aber zweifellos ein anderes, nämlich das Staatsamt für Volksernährung, herrschte doch in der ehemals österreichischen Reichshälfte, vor allem in den Städten und im Umland von Wien, seit dem letzten Kriegsjahr blanke Hungersnot. Die Materie war schon während des Krieges so bedeutend gewOrden, dass ihr eine eigene Organisationseinheit der Staatsverwaltung gewidmet wurde. 1916 hatte man daher das Amt für Volksernährung geschaffen, das direkt dem Ministerpräsidenten unterstand und Kompetenzen mehrerer Ministerien übernahm. 1917, als die Ungarn die Nahrungsmittellieferungen nach Westen verknappten, wurde der Leiter des Amtes zum Minister ohne Portefeuille ernannt, jedoch ohne formal ein Ministerium zu kreieren. Nach Kriegsende wertete man es auf.

In der Ersten Republik wurde das Ressort in der Mariahilfer Straße 85 – an dieser Adresse logiert heute noch immer die Sozialversicherung – untergebracht und zunächst als Staatsamt für Volksernährung weitergeführt. Zum Staatssekretär wurde der frühere Sektionschef Johann Löwenfeld-Russ berufen, ein begabter und erfahrener Finanzmann. Zwei Jahre lang focht er einen aufreibenden Kampf dafür, die Lebensmittelversorgung zu zentralisieren, sodass künftig nicht mehr allein die Landwirte und die Organisatoren des Schleichhandels, sondern die Regierungen in Bund und Land die Kontrolle über die Agrarproduktion und deren Verteilung ausüben konnten. Bei den Alliierten erreichte er auch Lebensmittellieferungen zu günstigen Zahlungskonditionen. Aus der Kriegserfahrung, als man in Ungarn und Böhmen alles Essbare zu kaufen bekam, aber in Wien hungerte, wusste er, wie dringend eine strenge zentralisierte staatliche Verteilungspolitik nötig war.

Nach der Überwindung der ersten Not folgte Alfred Grünberger, der das Ressort für Volksernährung dann ab Juni 1921 gemeinsam mit dem Handelsministerium führte. Er war zuvor ein enger Mitarbeiter von Löwenfeld-Russ gewesen, Berufsbeamter, allerdings mit einer so guten Vernetzung in die Politik, dass er seinen parteilosen Chef verdrängen konnte: Er war in der Christlichsozialen Partei organisiert und hatte einen direkten Draht zum späteren Kanzler Seipel, der ihn ein Jahr später an den Ballhausplatz holte und dort zum Außenminister machte. In dieser Zeit wurde er zum vertrautesten Assistenten Seipels. Nach dem Ende seiner Ministerschaft blieb er zunächst als Erster Sektionschef im Außenministerium und wurde dann Botschafter in Paris. Dort blieb er auch nach seiner diplomatischen Karriere als Direktor einer französischen Industriefirma.

Nach seinem Avancement wurde kurz Rudolf Buchinger mit dem Bundesministerium für Volksernährung betraut. Er war als niederösterreichischer Bauer und Gastwirt in die Politik gegangen und hängte das Ressort ebenfalls an sein eigentliches Ministerium, das Landwirtschaftsressort, an. Damit war schlussendlich das ursprüngliche Konzept von Löwenfeld-Russ ins Gegenteil verkehrt. 1922 löste man das Ministerium endgültig auf und verteilte seine Agenden auf Landwirtschaft, Handel und Soziales.

Schließlich sollte noch eine dritte Einrichtung eine wichtige wirtschaftliche Rolle in der Nachkriegszeit spielen, die Sozialisierungskommission – kein Ministerium, sondern ein parteienübergreifendes Kollegium, das man sich von Deutschland abgeschaut hatte. Die Sozialdemokraten forderten die Übernahme wichtiger Produktionsmittel in Gemeineigentum, doch selbst der prominenteste Exponent dieser Idee, Karl Kautsky, stellte angesichts des Fehlens einer absoluten Parlamentsmehrheit der Linken fest, dass sich das wohl „nicht im Handumdrehen durchführen lässt“. Also wurde vom Parlament eine hochrangige Expertenrunde eingesetzt, deren Vorsitzender Otto Bauer und deren Stellvertreter Ignaz Seipel war. Die Angelegenheit war augenscheinlich Chefsache und hervorragende Ökonomen wie Käthe Leichter und Josef Schumpeter arbeiteten mit.

Bauer investierte auch seine ganze Überzeugungskraft und sehr viel theoretisches Wissen in das Projekt. „Wer soll die vergesellschaftete Industrie verwalten? Durchaus nicht die Regierung. Wenn die Regierung alle möglichen Betriebe beherrschte, dann würde sie dem Volk gegenüber allzu mächtig; solche Steigerung der Macht der Regierung wäre der Demokratie gefährlich“, meinte er. Erster Erfolg der Kommission war das Betriebsrätegesetz 1919. Doch dann konnte man in der Koalition weder über die Verstaatlichung von Privatunternehmen noch über die Einbindung der Konsumenten in Entscheidungsgremien einen Konsens herstellen, und der Druck aus den Betrieben ging ebenfalls nicht sehr stark in diese Richtung. Nach einigen parlamentarischen Geplänkeln stellte die Kommission ihre Tätigkeit daher bald ein. Einen Amtssitz hatte sie für ihre Arbeit nie gebraucht.

Es ist frappierend, dass man 1945 in allen diesen drei Bereichen noch einmal zu vergleichbaren Ministerienkonstruktionen wie nach dem Ersten Weltkrieg griff. Ihre Amtssitze waren allerdings ganz andere.

Wieder wurde in der Provisorischen Staatsregierung Renner ein Staatsamt für Volksernährung geschaffen, das auch unter Figl als Bundesministerium für Volksernährung bis 1949 weiterbestand. Das Ressort wurde nacheinander den sozialdemokratischen Ministern Korp, Frenzel und Sagmeister anvertraut, die die keineswegs leichte Aufgabe zu lösen hatten, unter direkter Aufsicht der vier Besatzungsmächte die Verteilung der in viel zu geringer Menge verfügbaren Nahrungsmittel sicherzustellen. Korp und Sagmeister wurden später erbitterte Rivalen in der Konsumorganisation, in der beide hohe Managerfunktionen ausübten. Im Ministerium amtierte übrigens mit der Kommunistin Helene Postranecky als Unterstaatssekretärin die allererste Frau in einer österreichischen Regierung.

Man arbeitete in der Übergangswirtschaft primär mit dem Landwirtschaftsministerium zusammen, das für die Produktion zuständig war, und stützte sich auf die Bezirksbürgermeister und internationale humanitäre Organisationen, denn die eigene Struktur war mit nur sechs Abteilungen sehr klein. Untergebracht wurde das Ministerium in einem sehr respektablen ursprünglichen Bankgebäude Am Hof 4, wo davor die Zentrale der als Einheitspartei konzipierten „Vaterländischen Front" und ab März 1938 die provisorische Gauleitung Wien der NSDAP untergebracht gewesen waren.

In der ab November 1949 amtierenden Bundesregierung Figl II gab es kein Bundesministerium für Volksernährung mehr. Die Ernährung war soweit gesichert, dass es aufgelöst werden konnte. Die Kompetenzen wurden auf Innen-, Sozial- sowie Land- und Forstwirtschaftsministerium aufgeteilt, das schöne Haus fiel ans Innenministerium und wurde von diesem unter anderem mit der Fremdenpolizei besiedelt.

DAS ZWEITE KRISENRESSORT der Nachkriegszeit war das Sozialisierungsressort mit dem Namen „Bundesministerium für Vermögenssicherung und Wirtschaftsplanung". Zwar war die in der Ersten Republik so engagiert geforderte Sozialisierung von Schlüsselunternehmen nach 1945 kein politisches Thema mehr – es gab im Gegensatz zu 1919 keine sozialrevolutionäre Bewegung. Hingegen stand nun die eigentlich viel radikalere Verstaatlichung von Banken, Industrie- und Versorgungsunternehmen auf der Tagesordnung. Der Grund für den erstaunlichen Konsens zwischen ÖVP und SPÖ in dieser gesellschaftspolitisch so brisanten Frage war der eklatante Mangel an privatem Kapital, das es hätte ermöglichen können, die bisher in deutschem Eigentum stehende Grundstoffindustrie fortzuführen. Ein weiteres Motiv lag darin, dass man so dieses Vermögen gegen allfällige sowjetische Zugriffe sichern wollte.

Das erste Verstaatlichungsgesetz erfasste die großen Banken, die Eisen- und Stahlindustrie sowie Chemieunternehmen, das zweite Gesetz die Elektrizitätswirtschaft. Beide Gesetze konnten zunächst in der sowjetisch besetzten Zone nicht realisiert werden, das geschah endgültig erst mit dem Staatsvertrag 1955. Hier spielte jetzt das von der ÖVP geführte Bundesministerium für Vermögenssicherung und Wirtschaftsplanung eine machtvolle Rolle, daneben nahmen auch das Finanzministerium und das Bundeskanzleramt Aufgaben wahr – dort vornehmlich die dem sozialdemokratischen Vizekanzler unterstehende Sektion.

Die Geschichte dieses 1946 geschaffenen Ressorts, das als wichtigste Behörde zur Aufarbeitung des wirtschaftlichen Desasters der Nationalsozialisten im Industriebereich gedacht war, entwickelte sich in der Folge spektakulär. Konkreteste Aufgabe des an Mitarbeitern kleinen, aber wirtschaftlich und politisch immens mächtigen Ressorts, dessen Leiter Krauland im Amalientrakt der Hofburg und dessen Apparat in der Hohenstaufengasse saß, war die Umsetzung der genannten Verstaatlichungsgesetze sowie die Rückstellung „arisierter“ Unternehmen und die Abwicklung ehemaligen NS-Vermögens. Zusätzlich verteilte man hier auch noch die Gelder des Marshall-Plans. Beide Schauplätze, in denen in diesen Jahren die mächtigen Stäbe der Vermögens- und Geldverteiler ihren Amtsgeschäften nachgingen, waren geschichtsträchtige Palais, die den Ansprüchen der Herren der neuen Wirtschaftsordnung entsprachen, nämlich ein sehr alter Teil der Hofburg und das schönste Jugendstil-Bankgebäude Wiens.

Die Amalienburg, die als Postadresse des Ministers fungierte, wurde im 16. Jh. als eher bescheidenes Nebengebäude der Hofburg zunächst mit einem Stadel errichtet und dann in mehreren Phasen ausgebaut. Nachdem – wie nicht selten bei öffentlichen Bauten – wegen Geldmangels der Bau stockte, gelang es 1589 dem kaiserlichen Salzamtmann Peter Jordan, 30.000 Gulden bereitzustellen, die dann aber sofort zum Ausbau der ungarischen Grenzbefestigungen gegen die Türken verwendet wurden. Erst 1611 scheint der Gebäudetrakt in seinem derzeitigen Zustand fertiggestellt worden zu sein.

Zunächst wohnte hier Erzherzog Ernst, dann die dritte Gemahlin Ferdinands III., Eleonore, und schließlich wurde der Flügel Witwensitz der Kaiserin Wilhemine Amalie, Gemahlin Josephs I. Viel später verbrachte Kaiser Leopold II. seine kurze Regierungszeit hier. Während des Wiener Kongresses (1814/15) wurde Zar Alexander dort einquartiert, 50 Jahre danach hatte Kaiserin Elisabeth da eine Gästewohnung und Privaträume, schließlich wohnten hier der letzte österreichische Kaiser Karl und Zita. Im Mezzanin lagen die Wohnräume der Prinzessin Gisela, der Tochter Franz Josephs.

Betritt man die Amalienburg vom Ballhausplatz, so blickt man in den Innenhof mit seinem alten Brunnen. Links gelangt man über die Alexanderstiege in die im ersten Stock liegenden Kaiserappartements. Hier befanden sich in den Jahren der Zweiten Republik die Arbeitsräume jener Minister, die dem Bundeskanzleramt zugeordnet waren. Diese Räume sind mit einer weißen Holzvertäfelung ausgestattet und mit goldenen Blatt- und Blumenornamenten versehen. Teilweise sind in die Vertäfelung große Spiegel mit goldenen Rahmen eingearbeitet und es finden sich noch reich mit Gold verzierte Steingutkamine.

In der Wohnung von Prinzessin Gisela gibt es Seidentapeten, einen rötlichen Steingutkamin und das durch eine Tapetentür erreichbare Badezimmer der Prinzessin. Hier wurden zur Regierungszeit Kurz jene Beamten untergebracht, die man aus ihren Funktionen entfernt hatte – es war das „Reich der weißen Elefanten“.

Das zweite Amtsgebäude der Verwalter der Wirtschaftslenkung und -restrukturierung lag in der Hohenstaufengasse 3 – ein ganz anderes architektonisches Juwel als der alte Vierkanter in der Hofburg: 1882 erhielt Otto Wagner den Auftrag, das Amtsgebäude der k. k. privilegierten österreichischen Länderbank zu errichten. Sie zog am 2. April 1884 ein, nachdem sie vorher nur Schalterräume in der Löwelstraße 18, dem heutigen Sitz der SPÖ-Zentrale, hatte. Nach 1938 ging die Liegenschaft in das Eigentum des „Reichsfiskus Heer“ über. Nach Kriegsende wurde es Eigentum der Republik Österreich.

Der Bau ist ein typisches Bankgebäude. Die Fassade vermittelt Solidität, im Zentrum das schön gearbeitete schmiedeeiserne Tor, links und rechts von jeweils drei schmiedeeisernen Gitterkörben flankiert. Im Entree dominiert eine aus Marmor und Bronze hergestellte Figur der „Felix Austria“. In allen Details dominiert der frühe, klare Jugendstil des Architekten. Das Eingangsrondeau wirkt durch die Glaskuppel großzügig, von hier betritt man den ehemaligen Kassensaal. Der sehr hohe Raum ist aufgrund seiner Glasdecke von Licht durchflutet. Sein vorderer Teil stellt eine Einheit für sich dar, da er

Kassensaal im Wagner-Bankgebäude, Sitz des Ministeriums für Wiederaufbau

nicht nur beidseitig von Säulen, sondern auch durch den Glasfußboden und die Decke mit drei großen Lustern vom Rest des Raumes abgegrenzt wirkt. Der Kassensaal ist der zentrale Raum des Gebäudes und wurde besonders repräsentativ ausgestattet.

Hinter dem Kassensaal befindet sich die ehemalige Kassenaufsicht, die man über eine Holztreppe erreicht. Vom Saal ausgehend wurde die zentrale Anlage der Hauptstiege errichtet, die freitragend eine zur Errichtungszeit unglaubliche Breite von 2,77 Metern aufweist.

Vom Mezzanin aus ist die Konstruktionsweise des Gebäudes besonders gut erkennbar. Die Büroräume sind rund um den Kassensaal angeordnet und man blickt daher von einem Gang, der zu diesen Büros führt, durch Rundbögen mit einem schmiedeeisernen Geländer direkt in jenen Saal hinunter, womit beide auf eine architektonisch genial gelöste Weise verbunden sind. Der erste Stock weist das gleiche Prinzip auf. Hier befindet sich auch der große holzvertäfelte Sitzungssaal. Im Souterrain liegen noch die ursprünglichen Saferäume, deren alte Depots ebenso wie die Sicherheitseinrichtungen alle noch erhalten sind.

Zum Hausherrn in der Amalienburg und in der Otto-Wagner-Bank wurde also 1946 von der ÖVP Peter Krauland als Minister berufen, ein knapp 40-jähriger Anwalt, rhetorisch brillant, hochfahrend, vielen seiner Ministerkollegen intellektuell überlegen, und er ließ sie das auch spüren. Er organisierte nicht nur rasch und effizient, sondern er sorgte auch mit krimineller Energie und Machenschaften im Ressort für „seine" ÖVP – und ließ daneben für die anderen politischen Lager dann auch noch Brosamen abfallen. Krauland steuerte die Geldflüsse in Millionenhöhe mit einer eigenen „politischen Abteilung" und teilte bedeutende Vermögenswerte und Unternehmen im Proporz auf ÖVP und SPÖ, Kammern und Gewerkschaften auf, die dafür nichts oder nur geringe Preise zu zahlen hatten. Fabriken und Liegenschaften, Druckereien und Verlage, Bankanteile, 646 Häuser und Grundstücke, 314 bäuerliche sowie 413 Handels- und Gewerbebetriebe wechselten so die Besitzer – insgesamt 10.000 Einzelvermögen, die zum Teil auch wieder in den Besitz der NS-Straftäter gelangten. Für sich selbst erwarb Krauland ein Viertel einer Fabrik mit einer Million Jahresgewinn um 12.500 Schilling.

Die Restituierung der jüdischen Industrieunternehmen legte er ausgerechnet in die Hände eines Mitarbeiters und Beraters, der 1938 der führende NS-Jurist bei der „Arisierung" dieser Unternehmen gewesen war – Walther Kastner, den er persönlich aus dem Vollzug der Strafarbeit herausholte, zu der ihn die Besatzungsmächte wegen seiner NS-Übeltaten verdonnert hatten. Kastner stellte somit genau jene Unternehmen wieder zurück oder behielt sie ein, die er selbst ein paar Jahre vorher weggenommen hatte. Diese Arbeit dürfte sein Schaden nicht gewesen sein, konnte er sich doch in dieser Zeit eine bedeutende Kunstsammlung schaffen, die er nach seinem Tod, jetzt hochgeachteter Professor, seinem Heimatland Oberösterreich vermachte.

Die Verpachtung der Papierfabrik Guggenbach brachte den Minister schließlich zu Fall. Die Medien entdeckten, dass die ÖVP für den Pachtvertrag 700.000 Schilling kassierte, deren Empfang sogar ein Ministersekretär Kraulands, der auch im Organisationsreferat der

ÖVP tätig war, bestätigte. Als man allenthalben auch über darüber hinausgehende Fälle von Korruption und Parteienfinanzierung munkelte, schied der Minister im Zuge der Regierungsbildung 1949 aus dem Amt, das Ministerium wurde aufgelöst, seine Agenden auf das Finanz- und das Verstaatlichten-Ressort aufgeteilt.

AB AUGUST 1950 erschienen im „Kurier" Artikel über weitere Unregelmäßigkeiten im Krauland-Ministerium, woraufhin die Zeitung mehrmals beschlagnahmt wurde. Sie warf ihm vor, zu Parteispenden genötigt zu haben, illegal an Firmen beteiligt zu sein und den Staat um Milliardenbeträge geschädigt zu haben. Auch soll Krauland angeboten haben, nachteilige Aktenvermerke zu entfernen, wenn im Gegenzug eine Parteispende geleistet würde. Am 24. November 1951 wurde er verhaftet, 1954 stand der Ex-Minister schließlich vor Gericht, wurde aber nach elf Monaten U-Haft und 91 Verhandlungstagen freigesprochen: Die Sache fiel nämlich jetzt unter das Amnestiegesetz 1950, das bestimmte Verbrechen, die vor 1947 begangen wurden, straffrei stellte. Ein weiteres Verfahren im Jahr 1958 wurde aus Mangel an Beweisen eingestellt. Im Zuge der Verfahren wurde auch Bundeskanzler Figl der Falschaussage überführt, er habe von Parteispenden über 2,5 Millionen Schilling durch Firmenprovisionen nichts gewusst.

Welche Rolle Krauland beim Verschwinden seiner exponiertesten Mitarbeiterin Margarethe Ottilinger spielte, wurde nie geklärt. Sie war am 5. November 1948 von Sowjetsoldaten aus Kraulands Auto heraus verhaftet worden, wurde von den Russen wegen Spionage verurteilt und verbrachte sieben Jahre in Gefängnissen der UdSSR. 1955 wurde sie schwerkrank wieder nach Österreich gebracht und machte in den Folgejahren – übrigens sogar von den Sowjets 1956 rehabilitiert – eine steile Karriere in der OMV.

Als 1949 das Krauland-Ministerium aufgelöst wurde, trat in die Eigentümerrolle das Ministerium für Verkehr und verstaatlichte Betriebe, das der SPÖ zugeordnet wurde. Unter Waldbrunner als Ressortleiter bis 1962 sowie Schärf und Pittermann als Vizekanzler im Kanzleramt mit dem Aufgabenbereich der wirtschaftlichen Koordinierung entstand hier eine bedeutende Machtbasis der Sozialdemokraten, vielleicht ihre stärkste in den ersten 20 Jahren der Zweiten Republik. Nicht zufällig bezeichneten es manche Medien als „Königreich Waldbrunner". Die strukturellen und wirtschaftlichen Probleme des Ressorts jedoch wuchsen, auch wenn es 30 Jahre lang keine Malversationen und Korruptionsskandale mehr in der Verstaatlichten gab.

Das Verkehrsressort war davor noch ein eigenes Ministerium gewesen, geführt vom Sozialdemokraten Vinzenz Übleis, bis es auch die Verstaatlichten- und Energie-Agenden übernahm. In den Sechzigerjahren wurde es jeweils ein paar Jahre von Otto Probst und von Pittermann geführt, es konnte sich da aber ebenso wenig wie danach in der sozialistischen Alleinregierung ab 1970 von einer gewissen Dominanz der ÖBB emanzipieren, in deren Zentrale im 1870 errichteten „Schillerhof" in der Elisabethstraße es untergebracht war. Bis zuletzt lagen hier die Amtsräume der Minister im Stuckwerk unter denen der Eisenbahngeneraldirektion.

In den Siebzigerjahren wurden die wirtschaftlichen Probleme des Industriesektors akut und Verluste häuften sich. Schlüsselereignis auf diesem Schauplatz war wohl die Vorstandssitzung der VÖEST am 18. November 1985, bei der Generaldirektor Apfalter zugeben musste, dass das Tochterunternehmen Intertrading bei Spekulationsgeschäften 5,7 Milliarden Schilling Verlust gemacht hatte. Der davon bisher uninformierte Aufsichtsratschef setzte sofort den Verstaatlichtenminister Lacina in Kenntnis, der den Rücktritt des Vorstands erwirkte. Dies war der Wendepunkt in der Verstaatlichtenpolitik, denn nun wurde mit Zustimmung, ja auf Initiative der Sozialdemokratie das Imperium schrittweise privatisiert und die Restvermögen in einer Holding zusammengefasst. Der Vorwurf von Machtmissbrauch sowie mangelnder Kontrolle durch die Politik und inkompetente Funktionäre hatte wesentlich zu jener Entwicklung beigetragen.

Die Liste der Verkehrsminister, die oft auch Eigentümerrollen in dieser Verstaatlichten ausübten, ist lang – von 1970 bis heute wechselten die Minister 21-mal. Mehrere von ihnen, wie Lanc, Klima, Scholten, Einem und Faymann, kamen aus anderen Ressorts und/oder wechselten nach recht kurzer Ministerschaft wieder in andere Aufgaben und prägten kein starkes Bild dieses Ressorts in der öffentlichen Wahrnehmung; vier freiheitliche Minister scheiterten an diesem Schauplatz in den frühen 2000er-Jahren; Rudolf Streicher – mit sechs Jahren der Längstdienende – wurde von seiner Partei in einem Präsidentschaftswahlkampf verheizt und ist vor allem in diesem Kontext in Erinnerung; und Doris Bures, die ebenfalls sechs Jahre an der Spitze des Verkehrsressorts stand, stieg zur Nationalratspräsidentin auf – den umgekehrten Weg war zuvor der Freiheitliche Norbert Hofer gegangen. Sie alle verfügten zwar über eine gut organisierte und finanzstarke Hausmacht durch die großen Unternehmungen im Ressortbereich, ein nachhaltiger Einfluss des Ressorts auf den Gang der politischen Entwicklung des Landes lässt sich aber nur in wenigen Bereichen nachvollziehen. Energielenkungsmaßnahmen waren und sind wohl die spürbarsten davon. Die Unterbringung als Untermieter im Schillerhof und danach in der Radetzkystraße war und ist in gleicher Weise so wenig glamourös wie das Ressort insgesamt.

Die großen Skandalgeschichten rund um Krauland und Intertrading waren allerdings keine Einzelfälle für Machenschaften an der Schnittstelle zwischen Ministerien und Wirtschaft. Eine lange Liste von Skandalen und Affären reicht bis in die Gegenwart: Noricum, die WBO-Involvierung Niederösterreichs und des Burgenlandes, die endlosen Unzukömmlichkeiten bei den Eurofighter-Ausschreibungen, das Aufsichtsversagen bei der Hypo Alpe Adria, der Klagenfurter Stadionbau, die Telekom-Affäre und die Geschäfte rund um Blaulichtfunk und Tetron, der BUWOG-Verkauf, die Ibiza-Pläne, die Casinos-Affäre, merkwürdige Corona-Masken-Ankäufe, Inseraten-Missbrauch … sind die aus den Medien, Untersuchungsausschüssen und Gerichtsakten bekannten Schlagworte. Die Liste ist nicht vollständig und sie erfasst nicht nur das Verstaatlichten- und Verkehrsressort.

All das zeigt, dass es gerade hier, im Schnittstellenbereich zwischen Ministerien und ausgegliederten staatlichen Unternehmen, ein besonderes Risiko für Machtmissbrauch gibt. Dem kommt man auch durch ziselierte Compliance-Richtlinien nicht bei, sondern nur dadurch, dass es untadelige Spitzenpolitiker und -manager gibt, und dass effiziente Kontrolle ausgeübt wird.

Rot und realistisch

Wie eine Welle drängt die Menschenmenge am 18. September 1964 gegen das Tor des Gründerzeithauses Löwelstraße 18. Fäuste. Schreie. Wut. In der Gegend um das Burgtheater riecht es fast nach Revolution, sogar die Straßenbahn wird für drei Stunden von der Gewerkschaft bestreikt. Da klettert ein 54-jähriger Mann mit Anzug und Krawatte auf ein rasch errichtetes Podest. Seine Hände sind zu Fäusten geballt, doch er presst sie friedlich wie ein Betender zusammen. Dem Ruf „holts den Dicken aussa" – gemeint war der SPÖ-Vorsitzende Pittermann – setzt er einen Appell zur Mäßigung entgegen – „denkt an unsere Partei". Der Mann ist Franz Olah, Reformer, Gewerkschaftschef, enfant terrible der Partei, soeben entlassener Innenminister. Letztlich kommt es nicht zum Sturm des Hauses, sondern ein paar Tage später zum Ausschluss Olahs aus der Partei – wegen eines Interviews in der „Presse", in dem er sich kein Blatt vor den Mund nimmt. 18 Monate später verliert die SPÖ die Wahl dramatisch und muss in die Opposition.

NICHT ZUFÄLLIG hat ein kluger Mensch die Zeit, von der dieses Buch handelt, als „das sozialdemokratische Jahrhundert" bezeichnet. Um 1900 wuchs die Sozialdemokratie in Wien zu einer derart breiten Bewegung an, dass man ihr einen entscheidenden Einfluss auf Staat und Gesellschaft nicht mehr verwehren konnte. Das allgemeine Wahlrecht machte sie 1911 im Reichsrat und 1919 im Parlament des neuen Deutsch-Österreich zur stärksten Partei, und Hunderttausende Mitglieder artikulierten mit ihr wirksam ihre Interessen. In dieser Zeit entstand das erste große Haus der Partei in Wien.

In der Rechten Wienzeile 97 sticht noch heute seine markante Fassade aus dem Mischmasch von Hotel-, Wohn- und Bürobauten heraus: Das „Vorwärts"-Haus des Wagner-Schülers Hubert Gessner, das der mächtigen österreichischen Sozialdemokratie über viele Jahrzehnte als Zentrale und Informationshauptquartier diente. Der planende Architekt war der Partei eng verbunden und mit Victor Adler befreundet – von ihm stammen auch der Reumann-Hof, die Hammerbrotwerke und das Arbeiterheim Favoriten, das aktuell als Zentrale der Wiener SPÖ reaktiviert wird.

Der vorherige Sitz in der Mariahilfer Straße war zu eng geworden für eine Partei, die so rasch gewachsen war. So beschloss man nach dem ersten Wahlsieg 1907 im Zuge der Organisationsreform auch den Bau eines zentralen Hauses der Bewegung, dessen Finanzierung maßgeblich von der Gewerkschaft getragen wurde. 1910 wurde es fertiggestellt und neben der Parteizentrale zogen auch der „Vorwärts"-Verlag und die Redaktion der „Arbeiter-Zeitung" ein. Die Medien der Partei wurden im Hintertrakt produziert, der bereits vorher eine Druckerei beherbergt hatte. Das von Georg Emmerling geleitete Planungskomitee hatte in den Augen der Zeitgenossen einen „Zeitungspalast" gestaltet, dessen perfekte Funktionalität noch Jahre später Friedrich Austerlitz zu Lobeshymnen mitriss. Erfolgreich war man dort jedenfalls in den kommenden Jahrzehnten.

Was bis heute bestehen blieb, ist der zentrale Trakt des Gebäudes mit der teilweise rot verfliesten Straßenfront und dem schwer metallbeschlagenen Tor unter dem Schriftzug „Arbeiter-Zeitung". Unverwechselbar sind der markante Treppengiebel mit der riesigen Uhr, der von einer Krone überhöht und neben hohen Fahnenmasten von zwei steinernen Arbeiterfiguren des Bildhauers Anton Hanak flankiert wird. Hier zeigt sich das Pathos einer jungen, aufstrebenden und selbstbewussten Arbeiterpartei, hier wollte man die „neue Burg des Proletariats" (so die „AZ" am 21. Juli 1910) architektonisch vom Bürgerlichen, Althergebrachten abheben.

Im Inneren finden wir eine für die damalige Zeit moderne Industriearchitektur, Dekor in den Verkleidungen, große, helle Redakti-

Sitzungszimmer des Parteivorstands im „Vorwärts“-Haus

onsräume und funktionale Parteivorstandszimmer. Im Parterre lagen die Büroräume der „AZ“, des Parteianwalts und des Parteisekretärs Jakob Reumann. Der erste Stock war „AZ“-Redaktion und Parteisekretariat – mit kleinen Kammern der Parteigrößen und dem sorgfältig vertäfelten Sitzungszimmer. Der zweite Stock gehörte wieder der „AZ“ samt dem Büro ihres Herausgebers Victor Adler an der linken Vorderfront. Darüber war die Gewerkschaftskommission untergebracht, deren Sitzungssaal eine große Marx-Büste dominierte. Die große Redaktion befand sich im heute nicht mehr existierenden hinteren Druckereitrakt. Unter dem Dach lag das Archiv.

Das Haus war nicht nur Organisationssitz der SDAP, sondern auch ein Zentrum der Politik, des Diskurses, des Parteilebens, der sozialistischen Internationale sowie Anlaufstelle für Linke aus ganz Europa. Revolutionäre Emigranten wie Trotzki, Bucharin und Lenin suchten dort Victor Adler auf. So auch am 3. August 1914, als sich Trotzki und einige Mitstreiter mit Adler im „Vorwärts“-Haus berieten. Der internationale Sekretär Fritz Adler war zwar nicht recht bei der Sache, aber sein Vater nahm sofort mit der Polizei Kontakt auf, um zu erfahren, was man nun im Krieg mit russischen Staatsbürgern plane; als man ihm sagte, sie würden interniert, reiste Trotzki noch am selben Abend nach Zürich. Im September schaute Lenin vorbei, um sich dafür zu bedanken, dass Adler seine Freilassung aus der Polizeihaft erwirkt hatte.

Am 21. Oktober 1916 kam Parteisekretär Fritz Adler ungewohnt früh ins Parteihaus. Seit Wochen führte er einen offenen Konflikt mit seinem Vater über die Haltung der Partei im Krieg. Nachdem er noch ein Protokoll diktiert hatte, fuhr er zu Mittag ins Hotel Meißl und Schadn am Neuen Markt, setzte sich in den Speisesaal und bestellte einen Tafelspitz. Einige Tische weiter dinierte wie jeden Tag der Ministerpräsident Stürgkh in kleinem Kreis. Adler ließ sich vom Kellner zeigen, welcher der Herren der Ministerpräsident ist. Als dieser um halb drei Anstalten zum Aufbruch machte, zog Adler eine Pistole und feuerte mehrere Schüsse auf Stürgkh ab, der sofort tot war. Danach ließ sich Adler widerstandslos festnehmen. Nach zwei Jahren Haft in Stein wurde er 1918 noch von Kaiser Karl amnestiert. Der Chefredakteur im „Vorwärts"-Haus hatte allerdings am Tag nach dem Mord geschrieben, die Tat sei „der ganzen sozialistischen Ideenwelt fremd und unbegreiflich" und Adler sei ein Mensch, „der einem Wahne folgt" und sich in einer „unseligen Tat ... im Fanatismus der Selbstzerstörung ... dahingibt und grausam vernichtet, was noch ein reiches Blühen versprach."

Dieser Chefredakteur Austerlitz war dann einer der wichtigsten Hausherren an der Wienzeile. Klug, fleißig, unbeherrscht, ein Gigant des geschriebenen und gesprochenen Wortes, führte er nicht nur straff die „Arbeiter-Zeitung", sondern brachte es ohne Studium zum Mitglied des Verfassungsgerichtshofes und prägte als Abgeordneter maßgeblich die Entwicklung des Presserechts in der Ersten Republik. Er verbrachte praktisch sein ganzes Leben im „Vorwärts"-Haus, jeden Tag bis nach Mitternacht, bis wenige Tage vor seinem Tod im Juli 1931. Auf Austerlitz folgte Oscar Pollak, der dann viele Jahre im Exil verbringen musste, zurückkehrte und erst 1961 den Posten des Chefredakteurs verließ.

In den Zwanzigerjahren, nachdem die Gewerkschaft ausgezogen war, dominierte lange Zeit Robert Danneberg als Zentralsekretär das Alltagsgeschehen im Haus und führte die rund 50 Parteiangestellten und 150 Redaktionsmitarbeiter der Zeitungen; die Druckerei im Hintertrakt zählte bis zu 467 Angestellte. Die Verbindung zwischen Zeitung und Partei war eng und funktional – der Chefredakteur gehörte dem Parteivorstand an, politische Initiativen konnten daher unmittelbar publizistisch umgesetzt werden, das Abonnement der Parteizeitung war eine Zeit lang gleichzeitig der Mitgliedsausweis.

Parteivorsitzender war der Wiener Bürgermeister Seitz, der wahre Chef aber hieß – obgleich er nie formell die oberste Führungsfunktion innehatte – Otto Bauer. Er war nicht Chefredakteur, obwohl er zahllose Leitartikel schrieb, er war nicht Parteiobmann, aber er führte politisch die Sozialdemokratie. Nach einer relativ kurzen Zeit als Außenminister (Staatssekretär) in der Regierung Renner von November 1918 bis Juli 1919 widmete er sich gänzlich der Parteiarbeit, entwickelte Theorien und Taktiken und setzte sie zumeist auch durch. Wie er neben der Tagespolitik und der Zeitung noch die Zeit für sein umfangreiches theoretisches Werk, die Entwicklung des Austromarxismus, fand, bleibt ein Rätsel.

Adolf Schärf beschreibt viele Jahre später den Arbeitsstil der Partei in dieser Zeit: Sie wurde vom alljährlich gewählten Vorstand „nicht nur verwaltet, sondern geführt. Er pflegte wöchentlich eine Sitzung zu halten. Dort wurden die politischen Entscheidungen oft nach langer Beratung gefällt." Zu den Klub- und Vorstandssitzungen im holzvertäfelten Sitzungszimmer, in dem etwa 20 Stühle um den großen Tisch standen, kamen die Spitzenfunktionäre mit fertig ausgearbeiteten Vorschlägen. Das Führungsteam wurde zwar allseits akzeptiert, aber es war sehr klein und mit wenig direktem Kontakt zur Basis, sodass dort getroffene Fehlentscheidungen auch kaum durch die Partei korrigiert werden konnten.

EINE WICHTIGE MACHTBASIS der Sozialdemokratie war schon damals das Rote Wien. Die Steuer- und Investitionspolitik der Stadt hatte eine starke Basis auf dem Wohnungssektor geschaffen, die Unternehmen der öffentlichen Hand bildeten einen erfolgreichen Konzern, im Handel dominierte der Konsum, die Wiener Versicherung lag in kommunaler Hand, und aus den Hilfskassen der Gewerkschaften wurde die Arbeiterbank AG. Nicht zufällig wohnte in ihrem Haus in der Praterstraße 8 Karl Renner, der „im Nebenberuf" an der

Die markante Fassade der Parteizentrale in der Wienzeile

Spitze der GÖC-Einkaufsgenossenschaft stand. Rechtlich lag jene Macht in den Händen der Wiener SPÖ, nicht beim Bund, aber diese Unterscheidung war damals noch nicht so klar wie heute.

Im „Vorwärts"-Haus an der Wienzeile trafen Bauer und die Parteiführung Ende 1920 die Entscheidung, die Koalition mit den Christlichsozialen aufzulösen, hier erarbeiteten sie die Grundlagen des Linzer Programms von 1926. Hier verließ angeblich Bauer heimlich mit dem Lift das Haus, als am 14. Juli 1927, dem Vorabend des Sturms auf den Justizpalast, eine Arbeiterdelegation die Treppe heraufkam, um Instruktionen einzuholen, und zögerte tags darauf stundenlang, Entscheidungen zu treffen. Hier scheiterte er letztlich tragisch 1933 in der Abwehr der schrittweisen autoritären bürgerlichen Machtübernahme im Staat, und von hier aus musste er im Februar 1934 nach Brünn fliehen.

In 16 Jahren war die große Macht, die ursprünglich von diesem Haus aus – durch Renner, Bauer, Seitz, Danneberg, Hanusch, Tandler, Glöckel und viele andere – gesteuert worden war, immer mehr geschrumpft, waren die politischen Kräfte und Klassen, für die das Haus in der Wienzeile stand, gegenüber den rechten Kräften zunehmend in die Defensive geraten. Bereits am 8. Feber 1934, also vier Tage vor der brutalen militärischen Niederwerfung der Arbeiterorganisationen, wurde das „Vorwärts"-Haus von der Polizei besetzt. Die

Alarmabteilung fuhr mit drei Autos vor, Kriminalbeamte drangen ein und stürmten die Räume. Sie behaupteten, es gäbe hier ein Waffenlager des Republikanischen Schutzbundes – was nicht zutraf und daher nicht gefunden wurde, obwohl die Exekutive lang stöberte, um schließlich nur das Archiv mitzunehmen. Dann fiel das Haus ohnehin an das Regime, wurde beschlagnahmt und für die Produktion von Propagandamaterial der autoritären Regierung genutzt.

Die mächtigen Wirtschaftsunternehmen der Bewegung hingegen wurden nicht so dramatisch zerschlagen, sondern zum Teil von den neuen Machthabern in der Stadt Wien einfach übernommen oder – wie der Konsum – in ihrer Handlungsfreiheit an die Kandare gelegt. Im Jahr 1938 wurden dann Bank, Versicherung und Konsumgenossenschaft mit deutschen Pendants quasi zwangsfusioniert.

Im April 1945 bemühten sich daher die Parteiführung und der vom KZ gezeichnete Seitz persönlich, den „Vorwärts“ und die „Arbeiter-Zeitung“ raschestmöglich wieder zu starten. In der Folge erhielt die Partei viele ihrer Vermögenswerte zurück und ihre Unternehmen erlangten wieder die Selbstständigkeit – auch wenn im Einzelnen die Restitution recht lange dauerte: Das von den Nazis beschlagnahmte Haus wurde erst 1947 rechtsverbindlich zurückgestellt. Hier zog die SPÖ als Partei aber nicht mehr ein, sondern überließ es zur Gänze dem Verlag und der „AZ“. Diese erschien bereits am 5. August 1945 wieder in dem vom Krieg verschonten Gebäude, bald wieder von Oscar Pollak geleitet, der am 18. September aus London direkt an seinen Schreibtisch zurückkehrte; „seither sitzt er dort und hat diesen Platz nur selten verlassen“, schrieb später ein Kollege. Die erste Auflage von 100.000 war binnen Stunden vergriffen und bald war die „AZ“ die größte Zeitung im Land. Sie blieb in der Wienzeile bis 1986, dann wurde der Druckereitrakt verkauft. Heute dient das Haus, in dem Österreichs Geschichte so intensiv mitgeschrieben wurde wie nur in wenigen anderen, Archivzwecken.

NACH ENDE DES WELTKRIEGES und der Nazi-Diktatur wurde am 14. April 1945 die „Sozialistische Partei Österreichs (Sozialdemokraten und Revolutionäre Sozialisten)“ im Wiener Rathaus wiedergegründet. Dabei verlagerte sie auch den Sitz des Zentralsekretariats in das einstige Gewerkschaftshaus in der Ebendorferstraße 7. Aber schon im Juni mietete die SPÖ das Gründerzeit-Bürohaus Löwelstraße 18. Dieses gehörte seit den Zwanzigerjahren dem Land Wien und war für die Partei deshalb besonders attraktiv, weil es in unmittelbarer Nähe zu Rathaus, Parlament und Ballhausplatz lag. Das Gebäude war 1880 im Auftrag der Wiener Baugesellschaft als Teil des neuen Ensembles hinter dem Burgtheater vom Architekten Carl Schumann errichtet worden, der auch den Tempel in der Leopoldstadt und den Ostbahnhof baute. Hier fand zunächst die Länderbank ihren ersten Firmensitz, danach wurde es für Büros von Anwälten, Gewerkschaften, einer Krankenkasse und Firmen genutzt, bis es 1940 von der NS-Verwaltung okkupiert wurde und die Eigentümerin Stadt Wien aus den Registern verschwand. Man brachte dort die „Obere Siedlungsbehörde" unter – eine Einrichtung, die sich primär mit der Arisierung landwirtschaftlicher Güter befasste. Daher wurde mit dem Zusammenbruch des NS-Systems 1945 das Haus sofort leer und die Gemeinde Wien konnte wieder darüber disponieren. Eine besondere architektonische Qualität, eine Symbolkraft wie in der Wienzeile, einen mythischen Fokus wie das mit dunklen hölzernen Bücherschränken vertäfelte Parteivorstandszimmer hatte dieses nüchterne Haus aber nicht und konnte sie auch später nicht entwickeln.

Zur gleichen Zeit übernahm übrigens ein ehemaliger „AZ"-Redakteur aus dem alten „Vorwärts"-Haus, Ernst Fischer, als Repräsentant der Kommunistischen Partei das Unterrichtsressort der Provisorischen Regierung. Viele andere Schlüsselpositionen im Staat wurden aber von einigen führenden Sozialdemokraten der Ersten Republik wie Renner, Böhm, Helmer, Körner besetzt, und von deren neuen Leuten wie Schärf, Gerö, Korp, Maisel, die die Mehrzahl der roten Minister stellten. Einige der ganz Großen – Danneberg, Seitz, Bauer – waren von den Nazis umgebracht, physisch gebrochen worden oder im Exil verstorben. Insgesamt gab es damit in der Führungsriege der Sozialdemokratie weit weniger Kontinuität zur Ersten Republik als in der ÖVP, und als Entscheidungszentrum spielte auch das Haus in der Löwelstraße weit weniger eine Rolle als sein konservatives Pendant bei der Oper.

1945 bezog Adolf Schärf als Parteivorsitzender hier sein Büro, neben seinem Amtssitz als Vizekanzler im Bundeskanzleramt oder dem Parlamentsklub war es aber eher seine zweitrangige Arbeitsstätte. Im zweiten Stock und im anschließenden recht unpersönlichen Sitzungssaal fielen in den folgenden acht Jahrzehnten zweifellos wichtige Entscheidungen für die Republik. Hier wurden aber vor allem die Organisation und die Wahlkämpfe geleitet, Wahlsiege gefeiert, Niederlagen analysiert und Routinesitzungen abgehalten. Die großen Entscheidungen der realen Politik trafen die Mächtigen der Sozialdemokratie zumeist anderswo – im Wiener Rathaus, in der ÖGB-Zentrale, im Parlament und in ihren Ministerien. Vom ersten Stock der Löwelstraße aus steuerte auch die Wiener Landesorganisation formell ihr Parteigeschehen sowie die Unternehmen und entwickelte Strategien für deren Führung. Ein Büro des Wiener Parteivorsitzenden gab es im Haus – im Gegensatz zur Bundespartei – freilich nie: Dies ist erklärbar, hatten die Vorsitzenden doch immer ihre weitaus effizientere Büroinfrastruktur im vis-à-vis gelegenen Rathaus, wo wirklich die Politik für die Stadt gemacht wurde und auch die wichtigen Parteisitzungen stattfanden.

Das rote Haus an der Wienzeile war dann nur mehr eine Filiale für die Öffentlichkeitsarbeit neben der Sozialistischen Korrespondenz im Hochparterre der Löwelstraße und gelegentlich Gedächtnisort: Zwei große Trauerfeiern fanden im Hof des „Vorwärts"-Hauses statt: 1948 wurde die Urne Otto Bauers aus Paris nach Wien überführt, hier in „seinem" Haus feierlich in Empfang genommen und zum Zentralfriedhof weitergeleitet. Und am 4. September 1963 nahm das Haus in ergreifender Weise von Oscar Pollak und seiner Frau Marianne Abschied.

In der Löwelstraße war von 1946 bis 1956 Karl Waldbrunner gleichzeitig der für die Verstaatlichte Industrie zuständige Minister und Zentralsekretär der SPÖ – eine Konstellation, die heute nicht denkbar ist, aber in den Fünfzigern durchaus üblich war, war ja auch der Bundeskanzler zugleich Wirtschaftskammer-Präsident und der Unterrichtsminister Generalsekretär der ÖVP. Damals kritisierte die ÖVP Waldbrunner, dessen effizientes Netzwerk von der VÖEST über die Energiewirtschaft bis zum BSA reichte. Mit ihm gemeinsam und nach ihm führte Otto Propst im Haus die innere Organisation bis 1967. Kontinuität war also großgeschrieben in der Löwelstraße und gelegentliche Fraktionskämpfe wurden rasch beendet. So etwa die erste große Parteikrise zwischen der Linken und den Großkoalitionären, als 1948 der dritte Zentralsekretär Scharf schonungslos Parteiinterna in die Öffentlichkeit trug und sich Hilde Krones wegen der gegen sie gerichteten Diffamierungen das Leben nahm. Die Dynamik in dem knappen Dutzend Zimmern des zweiten Stocks kann man nur erahnen, Berichte darüber gibt es nicht.

In den ersten beiden Jahrzehnten der Zweiten Republik wurde die Löwelstraße nicht mehr so sehr als politische Zentrale, als pulsierendes Herz der Bewegung gesehen wie vor dem Krieg das „Vorwärts"-Haus. Hier war die Organisation, die Administration, der Vollzug zu Hause, nicht so sehr die ganz große Politik. In seinen detailreichen Memoiren erwähnt etwa der Parteivorsitzende Schärf kein einziges Mal das Haus oder das Zentralsekretariat. Dennoch war er regelmäßig in seinem Eckzimmer im zweiten Stock, gab es wöchentliche Sekretariatsbesprechungen, vorberatende Kommissionen des Parteivorstands zu politischen Themen – der Parteivorstand selbst und längere Klubtagungen fanden anderswo statt.

Die Zentrale der Organisation blieb auch nach der Übernahme des Parteivorsitzes durch Bruno Pittermann 1957 die Löwelstraße – weiterhin aber nur neben Ballhausplatz und Parlament. Ihre Bedeutung stützte sich vor allem auf eine breite, durchorganisierte Mitgliederbasis, die in den Siebzigerjahren bis auf 721.000 wuchs, dann allerdings ging sie dramatisch zurück – 1990 auf 600.000, 2000 auf 340.000 und aktuell auf etwa 150.000. Die zweite organisatorische Machtbasis der Bundes-SPÖ waren die Gewerkschaften bzw. die Mehrheitsfraktionen in diesen, eine dritte waren ihre Regierungsfunktionen, insbesondere die Führung der Verstaatlichten, des Verkehrs- und des Sozialressorts. Und schließlich hatten auch die Landesorganisationen immer mehr zu bestimmen – nicht nur die starke Wiener Partei, sondern auch die großen Apparate in Nieder- und Oberösterreich sowie der Steiermark, die – man möchte das heute kaum mehr glauben – in ihren Bundesländern immer wieder in die Nähe von Mehrheiten herankamen.

Pittermanns Zentralsekretäre, Propst und Piperger, traten kaum in dieser ihrer Funktion in der Öffentlichkeit in Erscheinung, sondern mit ihren anderen Positionen: So bezog etwa Propst seine Macht daraus, dass er Bezirksobmann der größten SPÖ-Organisation, Favoriten, war.

Bei ihnen und bei den Parteivorsitzenden gab es weiterhin große Kontinuität: Schärf hatte die SPÖ zwölf Jahre lang von der Position des Vizekanzlers aus geführt und übergab sie dann für zehn Jahre in derselben Konstellation an Pittermann. Erst gegen Ende seiner Vorsitzzeit gab es wieder eine Parteikrise, als Olah und der rechte Parteiflügel nach der Macht in Partei und Staat griffen. Als Pittermann 1966 die Wahl verlor, kulminierte das in einem offenen Fraktionskampf beim Parteitag: Der rechte Parteiflügel, dessen früherer Exponent Olah Bruno Kreisky schon früh in die SPÖ Hernals geholt und 1956 in einer Überrumpelungsaktion in den Parteivorstand gehievt hatte, schaffte 1967 in einer Kampfabstimmung einen Sieg über Hans Czettel. Die Partei zerbrach aber nicht an diesem Konflikt und der „rechte" Kreisky wurde bekanntlich zum erfolgreichen Exponenten „linker" Politik, mit der er die Sozialdemokratie zu einer bis dahin nie gesehenen Stärke führte.

UNTER SEINER PARTEIFÜHRUNG änderte sich allerdings manches in der Löwelstraße, da zwischen 1966 und 1970 keine Regierungsbüros zur Verfügung standen. Kreisky war zunächst mit seinem Sekretariat in die niederösterreichische Partei in der Grillparzerstraße übersiedelt, hatte aber nach dem Parteitag 1967 seinen Hauptarbeitsplatz in der Löwelstraße, wo sein Sekretariat jetzt zahlreiche Initiativen koordinierte, wo die von ihm geschaffenen Expertengruppen tagten, ein ganzes Konvolut sektoraler Regierungsprogramme entstand und der Außenauftritt erstmals professionell organisiert wurde. Die Löwelstraße war wieder deutlicher ein politisches Zentrum neben dem Klub im Parlament, Gewerkschaft und Wien.

Neben dem Kreisky-Büro im Parteihaus war auch sein Wohnhaus die zweite „Zentrale", wo vor allem am Abend und an den Wochenenden Programmatisches erarbeitet und mit einem – zeitweise internationalen – Netzwerk von Freunden Strategisches festgelegt wurde.

Bruno Kreisky und Gerd Bacher – kongeniale Gegner im Dialog

Die Villa in der Armbrustergasse 15, in der Kreisky seit seiner Rückkehr aus dem schwedischen Exil 1951 wohnte, hat auch eine bemerkenswerte Historie: Sie gehörte vorher der Familie Redlich, und hier hatte 1905–36 der Staatsrechtsprofessor und Politiker Josef Redlich gewohnt. Dieser aus einer reichen Industriellenfamilie stammende, gemäßigt deutschnationale Intellektuelle war Reichsratsabgeordneter und für zwei Wochen letzter Finanzminister der Monarchie gewesen, hatte zehn Jahre lang in Harvard gelehrt und wurde nochmals 1931 als Kurzzeitfinanzminister berufen.

Von besonderer Bedeutung war ein Gespräch in der Löwelstraße, das Kreisky am 2. März 1970, unmittelbar nach dem Gewinn der Mehrheit bei der Nationalratswahl, mit Friedrich Peter, dem Vorsitzenden der Freiheitlichen, führte. Sein Sekretär Jankowitsch hatte jenen noch am Wahlabend gesucht, bei den „Drei Husaren" gefunden und eingeladen. Hier wurden die Weichen gestellt: Unterstützung einer sozialdemokratischen Minderheitsregierung für eine Wahlrechtsänderung zugunsten der FPÖ. Der vom Wahlergebnis enttäuschte Peter brauchte dringend einen derartigen Erfolg und Kreisky nutzte das, um bereits mit einer starken Position in die Verhandlungen mit der ÖVP zu gehen und sie scheitern zu lassen. Der

Lagebesprechung bei den Zentralsekretären Marsch und Blecha in der SPÖ-Zentrale

Wechsel von Jahrzehnten schwarzer zu Jahrzehnten roter Kanzlerschaft war besiegelt.

Ab 1970 diente 17 Jahre lang Fritz Marsch in der Löwelstraße als bürokratischer, grauer Manager, der die Rolle des Exekutiv-Sekretärs geradezu vorbildlich ausfüllte. Parallel zu ihm wurde 1975 Karl Blecha für die politischen Aufgaben bestellt, der dann sogar geschäftsführender Parteivorsitzender wurde. Nach ihm wurden die Geschäftsführer in der Löwelstraße dann bunter und jünger: Peter Schieder, Josef Cap, Andreas Rudas – alle jeweils etwa ein halbes Jahrzehnt in Funktion, galten als Talente mit höheren Ambitionen. Unter ihnen wurde besonders die Öffentlichkeitsarbeit weiter professionalisiert. Sie waren auch noch relativ stark innerhalb der Partei, waren doch alle Landes- und Bezirkssekretäre Angestellte der Bundespartei und damit ihre Untergebenen.

Insider beschreiben den „Chefposten" des Zentralsekretärs oder Geschäftsführers als einen der schwierigsten Berufe in der Politik: einerseits mächtig, solange Parteichef und Vorstand klar hinter der Person stehen und solange die Mitgliedsbeiträge und sonstigen Einnahmen sprudeln; andererseits auch in ständigem Disput mit den höheren Funktionären und dem Parlamentsklub, die immer gerne alles besser wissen und ebenso gerne den Sekretär kritisieren, wenn sie eigentlich den Chef meinen.

In der Zeit der SPÖ-Alleinregierung und in den folgenden fünf Jahren Sinowatz erfolgte aber im Hintergrund ein erster große Schub organisatorischer und inhaltlicher Erosion der Partei und damit ihres Verlustes an Macht und Gestaltungskraft. Darin nahm auch die Rolle des Zentralsekretärs in ihrer Bedeutung ab. Der Chef der Partei und der Regierung saß ja jetzt einige Häuser weiter am Ballhausplatz und dort fanden auch die entscheidenden Treffen statt. Von dort kamen die Befehle, das Parteihaus wurde zu so etwas wie einer nachgeordneten Dienststelle für Kommunikation und Mehrheitssicherung. So trat das paradoxe Phänomen ein, dass in 13 Jahren der größten Stärke der SPÖ im Staat ihre organisatorische Kraft, ihre Macht als autonome soziale Bewegung zurückging.

Die stärksten und talentiertesten Persönlichkeiten saßen nun in Ministerämtern, die jungen aufstrebenden Talente versuchten dort ihre Karriere, Impulse gingen von der Regierung und vom Parlament aus, die Löwelstraße wurde wieder und mehr denn je interne Verwaltungszentrale eines politischen Dienstleistungsbetriebs.

Das setzte sich in der Ära der SPÖ-Vorsitzenden Vranitzky und Klima weiter fort. Schon ihre Kür war nicht von der gesamten Partei entschieden worden, sondern de facto vom jeweiligen Vorgänger, dessen Beschluss in den Gremien abgesegnet wurde. Vranitzky bemühte sich, Schwung in den Apparat zu bringen, als er das junge Polittalent Brigitte Ederer zur Geschäftsführerin machte und das Kreisky-Forum als Thinktank gründete. Er nutzte auch hin und wieder sein Büro im Haus, und Präsidiumssitzungen, Landesparteisekretäre-Treffen, kleine Runden fanden hier ebenso statt wie die vielen Sitzungen der Nebenorganisationen. Doch so stark Vranitzky in der Regierung und im politischen Prozess des EU-Beitritts war, so wenig erfolgreich war er im Ausbau oder in der Sicherung der Kraft seiner politischen Parteiorganisation. Das galt noch mehr in der Funktionsperiode Klima, der sich kaum in der Löwelstraße zeigte, und seines Geschäftsführers Rudas. Für das Verhältnis des Parteihauses zu den staatlichen Amtssitzen der Vorsitzenden ist auch bezeichnend, dass alle Präsidiumssitzungen der Wiener Partei stets im Rathaus stattfanden – und niemals eine Präsidiumssitzung der Bundespartei im Kanzleramt, sondern im Parlamentsklub oder im Renner-Institut.

In der Finanzierungsbasis wurde die staatliche Parteienförderung wichtiger, deren Volumen bald die Mitgliedsbeiträge übertraf. Aktuell erhält die SPÖ daraus insgesamt mehr als das Fünffache der Mitgliedszahlungen. Dazu kommt, dass die Förderung des Bundes für Parteiarbeit, Klub und Akademie relativ gering ist, der weitaus größere Teil aber in den Ländern anfällt, deren Macht somit immer mehr zunahm. Sie sind heute entscheidend in der Partei – so wie das in der ÖVP schon früher der Fall war; die Bundesorganisation ist, insbesondere in Zeiten der Opposition, recht schwach. Parallel zu dieser Entwicklung brachen auch wichtige Wirtschaftsbetriebe und Finanzförderer der Partei weg oder entwickelten sich hinaus aus der engen politischen Bindung. Symbolträchtig ist hier die Aufgabe der „AZ" und des „Vorwärts" sowie der Konsum-Zusammenbruch.

Ab den Neunzigerjahren wurden die Funktionsperioden der Geschäftsführer noch kürzer und die Bedeutung der Leiter in der Löwelstraße immer schwächer – mit Ausnahme von Doris Bures, die immerhin in den sieben Jahren der Opposition nach 2000 die Geschäfte so führte, dass die Partei und Alfred Gusenbauer danach das Kanzleramt zurückerobern konnten. Doch kann man wohl einiges daraus ableiten, dass in den letzten 30 Jahren 20 Geschäftsführerinnen und Geschäftsführer im zweiten Stock des Parteihauses tätig waren.

2000 musste die SPÖ in die Opposition und wieder bedeutete das eine gewisse Aufwertung der Löwelstraße, die es schaffte, mit dem hier arbeitenden Apparat eine Serie regionaler Wahlen zu gewinnen und schließlich die Mehrheit zurückzuerobern. Doch in der Ära Faymann erfolgte erneut ein nachhaltiger Einbruch an diesem Schauplatz. Er konzentrierte seine Strategien und Präsenz auf das Kanzleramt, die Partei wurde wieder nur „nebenher" geführt – de facto vom Ballhausplatz aus durch Minister Ostermayer und nicht durch die junge Geschäftsführerin Laura Rudas. Wann immer in der engsten Umgebung des Kanzlers von „der Partei" die Rede war, dann nicht im Kontext wichtiger strategischer und politischer Initiativen, sondern unter dem Aspekt der Kosten. Auf zunehmende finanzielle Schwierigkeiten reagierte man aber nicht offensiv mit der Ausweitung erfolgreicher Zweige der Tätigkeit, sondern mit Einsparungsschritten. Der Verkauf des BSA-Hauses am Alsergrund und des Renner-Instituts in Altmannsdorf sind die Symbole dieser Entwicklung. Und auch die Verlegung der emotionsgeladenen Wahlabende mit ihrem atemberaubenden Gedränge im Parteihaus in ein Zelt am Vorplatz ist ein Statement zum Funktionswandel des Hauses. Die einst so mächtige SPÖ büßte in jener Entwicklung nachhaltig politische Schlagkraft und die Führung im politischen Diskurs des Landes ein – dies in noch höherem Ausmaß, als es der allgemeinen Erosion politischer Parteien in Österreich und dem Niedergang sozialdemokratischer Parteien entspricht.

Nach dem abermaligen Gang in die Opposition 2018 ist die Bedeutung der Löwelstraße klein geworden. Sitzungen untergeordneter Gremien, eine Medienredaktion ohne erkennbare Ausstrahlung nach außen, erfolglos geführte wirtschaftliche Aktivitäten kennzeichnen diese Phase, in der mehr und mehr Zimmer leer standen und lange wenig Bereitschaft zu bestehen schien, engagiertes politisches Leben dort hineinzuziehen. Die Parteivorsitzende selbst bezog hier keinen Arbeitsplatz mehr. Die Parteiorganisation hat sich auf einen kleinen, wie ein Ministerbüro arbeitenden Kreis um die Klub- und Parteiführung im Parlament verengt – die Folge war ein Akzeptanzverlust in der Gesamtpartei. Im wachsenden Machtvakuum bildeten sich innere Oppositionsströmungen heraus, die schließlich in die dritte großen Parteikrise, die erzwungene Basisentscheidung über eine neue Parteiführung, mündeten. Auf ihrer Agenda steht aktuell die Aufgabe des Hauses in der Löwelstraße.

Was heute an diesem Schauplatz entschieden, geplant und organisiert wird, entspricht nicht mehr den großen Anforderungen an eine erfolgreiche und dominante staatstragende Partei, die in der Zweiten Republik immerhin in 16 von 32 Regierungen den Kanzler gestellt hat. Parteizentralen sind heute ohnedies kaum mehr „Schauplätze der Macht" – und das gilt nicht nur, aber ganz besonders für das rote Haus hinterm Burgtheater. Insofern ist es nachvollziehbar, wenn sich die SPÖ jetzt ohne großen Schmerz davon trennt.

Schwarz und stark

„Für das Verhältnis der Apparate zu den zentralen Parteileitungen gilt, was Kurt Tucholsky geschrieben hat: ‚Die Zentrale weiß alles besser. Die Zentrale hat die Übersicht und den Glauben an die Übersicht. In der Zentrale sitzen nicht die Klugen, sondern die Schlauen. Der Zentrale fällt nichts ein, und die anderen müssen es ausführen.‘ Diese Haltung gegenüber der Zentrale wird solange eingenommen, bis man selbst durch Avancement dort sitzt und zu regieren beginnt, ‚als durchaus gotteingesetzte Zentrale, voll tiefer Verachtung für die einfachen Männer der Praxis.‘ Hier entstehen – je nach Parteiführer mit mehr oder weniger privaten Beratern – die wichtigsten Erklärungen der Partei. ‚Ghostwriter‘ schreiben Reden und Artikel, Kampagnen werden entworfen und durchgeführt, Plakate, Postwurfsendungen, Broschüren in Auftrag gegeben, Parteitage und Wahlreisen organisiert."

(WILLI SAUBERER, LANGJÄHRIGER ÖVP-CHEFREDAKTEUR)

WENN ES UM DIE FRAGE GEHT, welche politische Partei in den letzten 100 Jahren die mächtigste in der Regierung Österreichs war, dann ist die Antwort einfach: die „Schwarzen" – zunächst als Christlichsoziale, dann als Österreichische (zeitweise „neue") Volkspartei. Sie stellte ab 1920 de facto alle Kanzler der Ersten und gehörte mit Ausnahme der Jahre 1970–86 allen Regierungen der Zweiten Republik an. Zusätzlich bestimmte sie die Politik auf wichtigen Schauplätzen außerhalb der Ministerien, vor allem dominant in den Ländern, den kleinen Gemeinden, der Sozialpartnerschaft, in Banken, Medien und der Kirche. Umso erstaunlicher, dass diese Partei lange Zeit keine architektonisch imposante Zentrale hatte.

In den letzten drei Jahrzehnten des 19. Jh. hatte sich, ausgehend vom Katholischen Volksverein in Oberösterreich und inhaltlich geleitet vom Publizisten Karl von Vogelsang, eine Partei geformt, die ab 1891 unter Führung Karl Luegers rasch als stärkste Kraft aus den Wahlen hervorging. Sie war kleinbürgerlich, stützte sich auf Organisationen der Kirche und zeigte antisemitische Tendenzen. Ihre zunächst lose Struktur aus vielen Vereinen wurde ab 1919 gestrafft und zentralisiert, die Christlichsozialen Vereine bildeten zwar das historische Rückgrat, wurden nun aber zum Vorfeld, parallel dazu entwickelte sich eine Parteiorganisation aus den Klubs der Mandatare. Bis 1919 war Wiens Verwaltung ihr Zentrum, aber das Rathaus fiel nach der Republikgründung an die Sozialisten und die Christlichsozialen mussten eine neue Machtplattform im Bund und in den Ländern suchen.

Am 16. Februar 1919 wurde die Partei trotz Unterstützung durch die Bischöfe nur Zweite knapp hinter den Sozialdemokraten. Man ging in eine Koalitionsregierung, die aber schon im Juni 1920 zerbrach. Danach wurden die Christlichsozialen Nummer eins und regierten fortan in der gesamten Ersten Republik nur mehr in Bündnissen mit Deutschnationalen oder anderen Konservativen, in Minderheitsregierungen oder autoritär. Es war erklärtes Dogma der Bewegung, die „Roten“ ja nicht mehr in die Bundesregierung zu lassen. So wie bei den Sozialdemokraten waren auch ihre Parteiobmänner – der oberösterreichische Landeshauptmann Johann Nepomuk Hauser und der Abgeordnete Leopold Kunschak – nicht Bundeskanzler. 1920 reorganisierte sich die „Reichsparteileitung“ auf einem Parteitag und berief Heinrich Mataja zum Organisationschef. In dieser Phase bis 1924 war der Sitz der Parteiführung das Haus „Zum großen Jordan“ gegenüber der Böhmischen Hofkanzlei, das älteste Gebäude am Judenplatz mit einer sagen- und tragödienreichen Geschichte.

1924 brachte die Partei ihre Zentrale dann wesentlich repräsentativer im Mezzanin des Palais am Schwarzenbergplatz 1 unter, dem ehemaligen Militärkasino, vom Volksmund despektierlich „Palais Luziwuzi“ genannt. Das war ein besonders prominentes Ringstraßen-

Entree des Palais Ludwig Viktor

palais, vormals das Privathaus für Ludwig Viktor, den Bruder des Kaisers, und das erste Bauwerk am neuen Platz. Der Erzherzog war allerdings wegen seines Hanges zum Außergewöhnlichen und seiner Eskapaden gleichermaßen populär wie schwierig für den Hof und wurde daher vom Kaiser sogar nach Salzburg ins „Exil" verbannt.

1866 war dieser Bau vollendet worden und offensichtlich hatte sich sein Architekt Ferstel bei der Fassade und der Innenraumgestaltung von der italienischen Renaissance inspirieren lassen. Die Front wird von einem fünfachsigen Vorbau dominiert, den die riesigen Fenster der Beletage und eine Skulpturenreihe prägen. Im Eingang beeindrucken das großzügige Vestibül und die Prunkstiege. Im Hauptgeschoss waren die Festräume und ein großer Ballsaal untergebracht, der noch heute als Spielstätte des Burgtheaters genutzt wird. Der Rest des Palais sind teils repräsentative Salons, teils eher dustere Amtsstuben und verwinkelte Flure. 1910 verkaufte der Erzherzog das Palais dem Militärkasinoverein um zwei Millionen Kronen. Nach dem Ende der Monarchie entstand aus dieser Konstruktion ein weit ausufernder Rechtsstreit zwischen dem Verein und der Republik über die Weiternutzung des Gebäudes, das schließlich der Rechtsnachfolger des Vereins räumen musste. Dann wurde vermietet, unter anderem eben an die Christlichsoziale Reichsparteileitung.

Die von ihr nominierten Bundeskanzler der Ersten Republik wechselten in rascher Folge, dahinter aber stand von 1921 bis 1930 ein starker Parteiobmann, Prälat Ignaz Seipel, der auch selbst von 1922 bis 1924 drei und später nochmals zwei Regierungen als Kanzler führte. Sein erster großer Erfolg war 1923 die Sanierung der Staatsfinanzen durch den Völkerbund; in jener Phase legte er in der Regierungserklärung noch ein klares Bekenntnis zur parlamentarischen Demokratie ab, das sollte sich später ändern. Die Sozialdemokraten geißelte er aber von Anfang an scharf als „Klassenpartei". Dass er viel Zeit am Schwarzenbergplatz verbracht hätte, ist nicht dokumentiert.

Am 1. Juni 1924 wurde Seipel bei einem Attentat schwer verletzt. Dies und ein innerparteilicher Widerstand gegen seine Sparpolitik ließen ihn Ende des Jahres als Kanzler resignieren, als Parteichef aber blieb er am Schwarzenbergplatz und im Oktober 1926 wurde er erneut Bundeskanzler. Die Partei hatte jedoch infolge mehrerer Wirtschaftsskandale ein schweres Imageproblem, überdies konnte sich die Zentrale oft nicht gegen die Länder und Bezirke durchsetzen. Auch die autoritäre Art Seipels, etwa bei der Zusammenstellung der Kandidatenlisten, traf auf immer offenere Kritik. Dagegen trat er die Flucht nach vorne mit dem Aufbau einer „antimarxistischen Einheitsfront" an. „Alle Gegensätze innerhalb der besitzenden Klassen sind für ihn bedeutungslos. Für ihn gibt es nur eine Front: gegen die Sozialdemokratie", charakterisierte ihn Otto Bauer. Mit dieser Strategie machte man aber vor allem die Heimwehren stärker, die die Partei immer mehr auf einen autoritären Kurs trieben. Als Seipel 1929 endgültig zurücktrat, war bereits im Juli 1927 der Bürgerkrieg beim Justizpalast geprobt und die ersten gewaltsamen Schläge gegen die Sozialdemokraten geführt worden. Im Staatsapparat am Ballhausplatz hatte sich durch den Christlichsozialen Miklas, der Bundespräsident wurde, die Parteimacht zusätzlich gefestigt.

Nachfolger Seipels als Parteiobmann am Schwarzenbergplatz wurde 1930 Carl Vaugoin, der zuvor ausgehend von dem von ihm geleiteten Verteidigungsressort brutal, aber erfolgreich die Umfärbung der Beamtenschaft vorangetrieben hatte: Wo immer es ging, wurden eigene Parteigänger aufgenommen und in Schlüsselpositionen gebracht. Rekrutierungsorganisation für die Ministerien war der Cartellverband, der die politische Elite der Christlichsozialen Partei stellte: Acht der zwölf Bundeskanzler der Ersten Republik sowie Bundespräsident Miklas waren Mitglieder des CV.

Als Seipel 1932 starb, wurde er am 3. August im Haus seiner Parteiorganisation, im Casino am Schwarzenbergplatz aufgebahrt. Das Parteisekretariat dort blieb weiterhin schwach und relativ klein. Eine wichtige Rolle spielte eher ein anderes Haus: das der christlichen Gewerkschafter in der Laudongasse 16, das vor allem Leopold Kunschak für politische Treffen bevorzugte.

In die sich radikalisierende Entwicklung der Innenpolitik passte nun in besonderer Weise der junge Landwirtschaftsminister Dollfuß, Führer der Vaterländischen Front, in der nach seinen Vorstellungen die Christlichsozialen aufgehen sollten. Im März 1933 nutzte er eine chaotische Parlamentsabstimmung, um den Nationalrat auszuschalten. Wie irrelevant dabei die Parteizentrale am Schwarzenbergplatz war, zeigt der Umstand, dass die christlichsozialen Granden am nächsten Tag das weitere Vorgehen nicht dort, sondern in einem Privathaus in Purkersdorf besprachen. Allen war klar, dass Dollfuß die Partei auflösen wollte, wogegen sich zunächst noch Widerstand in der Wiener Partei regte, doch schließlich erkannte Parteiobmann Vaugoin die Zeichen der Zeit und trat am 1. November 1933 zurück. Zu seinem Nachfolger bestellte Dollfuß, bei dem bereits alle Fäden zusammenliefen, die Marionettenfigur Czermak, der aber nur mehr die Integration der Partei in die Front durchzuführen hatte. Nun hebelte Dollfuß Schritt für Schritt die Demokratie und die Verfassung aus und beseitigte 1934 militärisch die Organisationen der Arbeiterbewegung. Der nach ihm kommende Kanzler Schuschnigg führte sein Vermächtnis fort, die Partei wurde 1934 formell aufgelöst, Ludwig Viktors Casino verlor seine Funktion.

In den Jahren davor spielte auch das kleine Palais Fürstenberg in der Grünangergasse, das heute noch so aussieht wie in den Dreißigerjahren, eine Rolle: Hier hatte nämlich Dollfuß von 1929 bis 1931 sein Büro als Präsident der Landarbeiter-Versicherungsanstalt. Gut vorstellbar, dass bereits hier in sicherer und unverdächtiger Umgebung vorbereitet und beraten wurde, was er danach in die politische Praxis umsetzte. Die in dunklem Holz reichgeschnitzte und zur

Gänze vertäfelte Bibliothek sowie die behäbigen Salons konnten jedenfalls einen passenden Hintergrund für eine bürgerliche Verschwörung abgeben.

Nachdem die Partei de jure 1934 aufgelöst wurde, herrschte die Nachfolgeorganisation Vaterländische Front von der Adresse Am Hof 4 aus. Das Netzwerk der Gesinnungsgemeinschaft blieb aber dasselbe und bewies eine feste Kontinuität. Indiz dafür ist, wie viele Spitzenfunktionäre der ab 1945 wieder regierenden ÖVP bereits Funktionen im Ständestaat hatten: Julius Raab war im Frühjahr 1938 Handelsminister gewesen, weshalb sich 1945 sogar die USA gegen eine neuerliche Ministerfunktion aussprachen; Figl war vor 1938 Führer der Ostmärkischen Sturmscharen und Obmann des Reichsbauernbunds; Leopold Kunschak stand zwar in Opposition zu Dollfuß, gehörte aber immerhin nach 1934 dem Staatsrat an; Heinrich Drimmel war im Austrofaschismus oberster Studentenvertreter; Felix Hurdes war ab 1936 Landesrat in Kärnten; Lois Weinberger gehörte der Führung der Vaterländischen Front an; drei weitere Minister der Regierungen Figl hatten hohe Funktionen zwischen 1934 und 1938 gehabt ...

Die Christlichsozialen der Ersten Republik und die Vaterländische Front setzten sich also ideologisch, personell und traditionsverbunden 1945 de facto in der neu gegründeten ÖVP fort und fanden mithilfe der nahestehenden Bundesländerversicherung auch bald eine standesgemäße Unterkunft in der Kärntner Straße 51, dem 1861 neben der Staatsoper gebauten großen Ringstraßenpalais Todesco. In dessen Beletage zogen Figl und Raab ein.

DIESES PALAIS war im Auftrag des Barons Eduard Todesco von Ludwig Förster und Theophil Hansen an der Stelle des alten Kärntner Tores errichtet worden. Die im üppigsten Ringstraßenstil gestaltete Beletage war die Wohnung des Hausherrn samt Festsaal. Der Salon zeigt in Gemälden von Carl Rahl und Gustav Gaul das Urteil des Paris, in den Ecken die vier Sibyllen und an den Seitenwänden Szenen aus seinem Leben. Am 4. Mai 1864 berichtete die Wiener Tageszeitung „Der Botschafter“: *„Gestern wurden die Salons im Palais Todesco eröffnet. Man feierte die Vollendung des neu erbauten, künstlerisch ausgeschmückten Hauses und die bevorstehende Vermählung der Tochter des Herrn*

Eduard Ritter von Todesco mit Herrn Henry Worms. Die glänzenden Appartements wurden von allen Anwesenden, deren Zahl wohl an 500 betragen hat, bewundert. Man anerkannte den Verein von Pracht und künstlerisch vollendetem Geschmacke in der Dekorierung.“

Später führte hier die Baronin Sophie Todesco einen Salon, in dem unter anderem Hugo von Hofmannsthal, Felix Oppenheimer, Ferruccio Busoni und Anton Rubinstein verkehrten. *„Man ist ganz ungénirt – so angenehm – nicht ganz Ronacher und nicht ganz Salon – und man kann über alles reden – Weißt Du, so wie ich Dir halt sagen würde, komm um die und die Stund ins Café Central, da plauschen wir, so sag ich halt komm zu Todesco“*, meinte Hofmannsthal. Auch Johann Strauß war mit dem Haus Todesco verbunden. Hier lernte er nämlich Jetty Treffz, die Lebensgefährtin des Bankiers Moritz Todesco, kennen, die er später ehelichte.

Noch bis in die 1930er-Jahre blieb das Palais im Besitz der Familie und ging dann an die Bundesländerversicherung. Der letzte Erbe aus der Familie, Felix Oppenheimer, starb tragisch am 15. November 1938 durch einen Sprung aus dem dritten Stock des Palais, nachdem er schon beim Novemberpogrom 1938 verfolgt worden war und zu Recht voraussah, welches Schicksal ihm drohte.

Im Zweiten Weltkrieg wurde das Palais durch einen Luftangriff beschädigt und nach seiner Wiederherstellung mietete die ÖVP 1947 hier für fast 50 Jahre ihre Zentrale ein. Jetzt war das Haus ein wesentliches Zentrum der Republik. Im großen Saal tagte die Bundesparteileitung unter dem schwülstigen Deckengemälde, im Ecksalon regierten die Parteiobmänner. Sie waren Bundeskanzler, hielten aber regelmäßig auch im Todesco entscheidende Sitzungen ab. Nur Raab mochte sein Zimmer nicht, sondern füllte es mit unnützen Ehrengeschenken. Im Haus lenkten wirklich mächtige Generalsekretäre im gegenüberliegenden Ecksalon den internen Betrieb, zu Beginn Felix Hurdes und dann Alfred Maleta, die beide später auch höhere Staatsämter bekleideten. Die „Kärntner Straße“ war aber auch Zentrum ständiger Machtkämpfe. „Wie oft haben sie mich stürzen wollen“, sagt Maleta einmal, „sie haben es nur nicht zusammengebracht.“ Zehn Jahre lang führte nach ihm Hermann Withalm die Geschäfte – assistiert vom mächtigen Organisationschef Gottfried Heindl. Er war es auch, der hier mit seinem neuen Obmann Klaus den Beschluss vorbereitete, 1966 eine Alleinregierung zu bilden. Zur Zeit Withalms erreichte die „Kärntner Straße" wahrscheinlich den Höhepunkt ihrer Macht, die Parteizentrale bestimmte eher den Gang der Dinge als das Kanzleramt.

Insgesamt elf Parteiobmänner hatten hier ihre Büros. Petenten und Bittsteller erkannten jedenfalls in den ersten 25 Jahren dieser Zeit wohl an der prächtigen Inneneinrichtung des Fin de Siècle: Hier wohnt die Macht. Sie kann dir Wohnung und Anstellung verschaffen, einen Direktorenposten oder ein politisches Mandat. Mehrfach – berichteten Insider aus den Jahren des Kalten Kriegs – wurden sogar Versuche enttarnt, Ostspione ins Haus einzuschleusen.

Schon das Entree mit seinen Marmorsäulen war ehrfurchtgebietend. Rechts hinauf die breite Steintreppe in die Beletage, vor deren Eingangstüre zwei goldene Mohren Kandelaber hielten. Und dann erst das Innere: Goldplafonds mit Intarsien, brokatbespannte Wände, gemalte Supraporten, Marmor überall, große Salons mit Sternparkett. Im Eckzimmer zum Ring das Büro des Parteiobmanns mit Blick von oben direkt in jenes des Staatsoperndirektors; davor das kleine Sitzungszimmer, in dem die wichtigen Postsitzungen stattfanden, und dann der große Saal für Parteileitung, Pressekonferenzen, gelegentliche Feste und Kulturabende. In den rechten Ecksalons der Generalsekretär, flankiert vom Organisationschef und höheren Chargen, und im Hintertrakt die Medienleute. Das ganze Haus, drei volle Etagen über einer Bank und einem Ballkleidergeschäft wurden von den Sekretariaten der Partei für mehr als ein Dutzend interner Referate genutzt. Die Kanzler selbst waren bis 1970 allerdings nicht sehr viel in ihrem vertäfelten dunklen Zimmer, denn sie hatten ja ein ebenso dusteres Eichenzimmer am Ballhausplatz. Ansonsten aber war das große Haus voll und betriebsam. So busy, dass der alte Drimmel in seinen Memoiren brummte, dass zum „Management der heutigen Technokraten das Haus passt, wie die Faust zum Auge."

Den glanzvollsten Moment erlebte es am Abend des 6. März 1966, als Bundeskanzler und Parteiobmann Josef Klaus vom großen Balkon aus seinen jubelnden Fans am Platz vor der Oper die Erringung der absoluten Mehrheit bei der Nationalratswahl verkünden konnte.

Letzter Ministerrat der Alleinregierung Klaus, 1970

Klaus nutzte den Parteiapparat in seiner Kanzlerzeit weiter, dreimal pro Woche gab es von neun bis zehn Uhr exakt einstündige „Postsitzungen", bei denen im Kreis von einem Dutzend Herren – darunter bereits Klestil und Mock – wesentliche Weichen gestellt wurden. Zudem entstanden gleich drei Medienreferate – ja sogar ein „Narrenreferat" für die schonende Abwehr von Querulanten. Doch auch die massive Stärkung der Medienarbeit konnte den Vertrauensverlust der ÖVP in der Bevölkerung nicht aufhalten. Die teilweise publizierten Protokolle der Postsitzungen belegen in dieser Phase einen scharfen internen Streit der Bünde, Disziplinlosigkeiten, harsche Kritik aus den Ländern und Widerstand gegen die sehr autoritäre Führung von Klaus – ebenso wie die Hilflosigkeit, ja 1969 sogar eine lähmende Angst der alleinregierenden Partei angesichts einer Serie verlorener Regionalwahlen. Der Aufruf Klaus', „mehr Einigkeit und gegenseitiges Vertrauen, mehr Gefolgschaft gegenüber der Spitze der Partei" zu zeigen, verhallte wirkungslos. Nach einem flammenden diesbezüglichen Appell im prunkvollen zentralen Salon der Beletage des Todesco registriert das Protokoll nur „müden Applaus". Mit dem Wechsel Withalms in die Bundesregierung zeigten sich Risse im Team des Todesco.

Als 1970 die SPÖ die Wahl gewann, saßen in der Wahlnacht des 1. März die Parteispitzen im Zimmer des Generalsekretärs beisammen und erfuhren dort zu ihrem Entsetzen via Fernsehen, dass ihr Obmann Klaus eine Koalition mit den Freiheitlichen ausschloss. Noch in derselben Nacht besprachen Kreisky und Peter die Duldung der SPÖ-Minderheitsregierung.

Es folgten schwierige Jahre für die Partei, die sie mit erheblichen personellen, strukturellen und programmatischen Adaptionsproblemen konfrontierten, weil sie insbesondere zunächst einmal die völlig ungewohnte Oppositionsrolle erlernen musste. Das Prachtpalais wirkte da plötzlich überdimensioniert und anachronistisch, dann aber doch auch als Verheißung baldiger Rückkehr zur Macht: Wer so residiert, ist noch nicht in Bedeutungslosigkeit versunken. Die Obmänner Schleinzer und Taus konnten als bloße Oppositionsführer naturgemäß an die frühere Bedeutung nicht anknüpfen und mehrere Generalsekretäre – Kohlmaier, Busek, Lanner – blieben nur relativ kurz im Amt. Das größte Talent dieser Gruppe, Erhard Busek, wechselte nach zwei Jahren als „General" in die Wiener Stadtpolitik und gab dort seiner Partei erfolgreich ein neues Profil.

Erst 1986 führten Obmann Mock – der seine Parteiarbeit lieber und öfter im Parlament oder am Ballhausplatz machte als im Todesco – und Generalsekretär Graff die Partei wieder in die Regierung. Noch einmal sah der zweite Stock im Palais jubelnde Parteileute, nämlich als im Mai 1986 Kurt Waldheim die Bundespräsidentenwahl gewann. Doch damit verpuffte auch schon wieder der Elan, und der Machtverlust der vorangegangenen 15 Jahre schlug sich auch auf die Parteifinanzen nieder. So trennte sich 1993 die Volkspartei von ihrem repräsentativen Palais, die Ablösesumme für den Mietvertrag – kolportiert wurden 89 Millionen Schilling – diente der Finanzierung der folgenden Wahlkämpfe. Das Todesco aber stand danach jahrelang leer, nur sporadisch für private Feste vermietet, bis ein Restaurant einzog. Heute kann man in den ehemaligen ÖVP-Sälen daher edel frühstücken und dinieren.

Die ÖVP zog in ein bescheideneres Quartier neben dem Rathaus um. Die Lichtenfelsgasse 7, in dem besonders die spektakulären Regierungsentscheidungen 2000, 2017 und 2019 getroffen wurden, war 1888 vom jüdischen Architekten und zeitweiligem Stadtrat Wilhelm Stiassny im streng historistischen Stil erbaut worden. Neorenaissance ist das Grundprinzip des Ringstraßen-Zweckbaus, der Arkadengang war für das Rathausviertel vorgeschrieben, Terrakottareliefs mit Allegorien von Musik, Handel und Gewerbe zieren die Außenansicht, innen ist es ein solides, aber keineswegs prunkvolles Bürohaus. Es beherbergte vor dem Zweiten Weltkrieg neben Büros auch einige Großbürgerwohnungen und Anwaltskanzleien. Im Jahr 1941 wurden 15 jüdische Bewohner von hier deportiert und ermordet, darunter der Arzt Dr. Hochsinger, der dort Wohnung und Ordination hatte.

IM NEUEN HAUS waren die Funktionsperioden der Generalsekretäre und Parteiobmänner noch kürzer als zuvor: In knapp 30 Jahren wechselten einander 18 Generalsekretäre und Generalsekretärinnen ab, die acht Parteiobmännern dienten. Doch trotz zahlreicher interner Fraktionskämpfe und Demontagen der Führungen konnte die Partei schließlich auch hier große Erfolge feiern. Sie kehrte zu alter Macht zurück, als sich im Jahr 2000 ihr Obmann Schüssel trotz eines mäßigen Wahlergebnisses zum Bundeskanzler hinaufverhandelte, und als 2017 und 2019 Sebastian Kurz respektable Wahlsiege einfuhr, nachdem er seinen Vorgänger als Parteiobmann vor den Augen des Publikums abmontiert hatte. Für das neue Parteihaus gilt aber dasselbe wie für die Ubikationen der Sozialdemokratie – eine besondere Symbolkraft konnte es nicht mehr entfalten.

Ein weiteres, etwas abseits liegendes Baujuwel ist mit Kurz, mit der Politik und den Mächtigen der ÖVP eng verknüpft: Die Parteiakademie im „Springer-Schlössl" nahe Schönbrunn. Die riesige Villa wurde 1887 von den Theaterbaumeistern Fellner und Helmer für Baron Springer erbaut. Später gelangte es an seine Tochter Maria Cäcilia, die den französischen Bankier Fould heiratete und 1936 nach Frankreich emigrierte. Berühmte Künstler waren hier zu Gast und traten in der prächtigen Halle auf, die ein hervorragendes Beispiel des Wiener Historismus darstellt. Der theatralische, schwungvolle Stiegenaufgang, das Glasdach, die vollständige Täfelung in reichgeschnitztem Nussholz sind einmalig. 1939 wurde das Haus von den Nationalsozialisten als jüdisches Eigentum beschlagnahmt und als Gauschulungshaus genutzt. Nach dem Krieg erhielt Maria Fould das

Obmann Taus und Generalsekretär Busek bei einer Pressekonferenz im Palais Todesco

zerstörte Anwesen zurück; eine Entschädigung wurde ihr verweigert. Die Begründung der Rückstellungskommission war zynisch: „Gerade ihre Ausreise erwies ja, daß sie die Liegenschaft nicht mehr für ihre Zwecke benötigte." Das Haus diente dann bis 1953 als Studentenheim der Stadt Wien. Dann wurde es dem Verein der Wiener Volksheime verkauft. Seither ist es die Bildungsstätte der ÖVP und agiert als solche erfolgreicher, stabiler und geschäftstüchtiger als das Renner-Institut der SPÖ. Das Karl von Vogelsang-Institut ist auch immer wieder Kulisse wichtiger bundespolitischer Ereignisse – zuletzt am 2. Dezember 2021 für den Rücktritt Sebastian Kurz' von allen seinen politischen Ämtern.

So wie bei der Sozialdemokratie konnte die neue Parteizentrale in der Lichtenfelsgasse neben dem Wiener Rathaus keine besondere Atmosphäre für die Partei entwickeln, war – im Gegensatz zum Todesco – keine erinnerungsschwangere Kultstätte, kein einzigartiger Schauplatz mehr. Aber man war flexibel genug, dem nicht nachzutrauern. Überhaupt zeigte sich die ÖVP in ihrer ganzen Geschichte als Partei, die in ihren Strategien zum Erhalt der Macht im Staat flexibler war als die SPÖ: Bald nach 1945 zog sie immer wieder eine Koalition mit VDU oder FPÖ ernsthaft in Betracht, während die SPÖ statisch am Proporz der Sozialpartnerschaft festhing. Im Jahr 2000 hatte die ÖVP kein Problem, als Dritte mit dem Zweiten die Regierung zu bilden. 2017 wechselte man leicht von der großen Koalition in eine kleine mit der FPÖ und 2019 ebenso flexibel von da zu Schwarz-Grün. Koalitionsfestlegungen wie bei der SPÖ gab es nie, was der Partei im Machtspiel zweifellos mehrmals Vorteile verschaffte. Diese strategische Ausrichtung wurde in der jeweiligen Parteizentrale festgelegt und weiterentwickelt, die trotz ihrer komplizierten Aufbaustruktur eine größere Wendigkeit, Schnelligkeit und Professionalität zeigte, als das bei der „Konkurrenz" der Fall war.

Trotz der Rückkehr in die Regierungsverantwortung nach 2000 erodierte auch in der ÖVP die Parteistruktur – so wie dies der Trend auch bei den anderen Parteien war. Die – bei der ÖVP immer etwas unklar definierten – Mitgliederzahlen sanken von 780.000 auf 500.000 im Jahr 2017, die staatlichen Förderungen wurden zum weitaus größeren Teil von den Ländern und nicht von der Bundesorganisation lukriert. Organisatorisch fällt der rasche Wechsel der Generalsekretäre und Parteiobmänner auf, der andeutet, dass das komplexe Machtgefüge der ÖVP keine längere personelle Stabilität zulässt. Die komplizierte Entscheidungsstruktur hatte oft genug zu parteiinternen Reibungen und Blockaden geführt und Veto-Spieler zulasten des strategischen Handlungsraums der Parteiführung begünstigt, die zwischen einflussstarken Landesparteien und bündischen Interessen aufgerieben wurden. Spektakuläre Obmannwechsel, wie insbesondere der Putsch von Kurz gegen Mitterlehner, belegen dies deutlich. Dabei wurde auch die traditionelle Dominanz der Bünde und der Länder nachhaltig geschwächt – Letztere konnten sich einen Teil ihrer Macht wieder zurückholen. Die Parteizentrale entwickelte sich zum Produktionsort politisch-medialer Spins, einer modernen „Message-control-Strategie", was bei anderen Parteien so nicht der Fall war. Dennoch ist heute die Lichtenfelsgasse auch nicht mehr der Schauplatz einer absoluten Macht, wie vielleicht in der ersten Republik „der Schwarzenbergplatz" und jedenfalls nach 1945 lange Zeit „das Todesco".

Die Bedeutung der ÖVP als staatstragende Partei ist in den letzten Jahrzehnten ebenso wie die ihres Konterparts zurückgegangen. Doch war ihre Kraft nach krisenhaften Einbrüchen leichter zu rekonstruieren, weil es eine starke Basis in den Ländern, Kammern, unzähligen Gemeindestuben, in einem großen Sektor politisch orientierter Unternehmen und Banken und auf dem Mediensektor gibt. Das Fangnetz, sollte es zu Parteikrisen kommen, ist aus dickeren und haltbareren Seilen geknüpft als das aller anderen Parteien. Am Palais Todesco manifestierte sich das anschaulich, in der Lichtenfelsgasse ist das vielleicht nicht mehr so deutlich zu erkennen. Wer aber eine Runde durch die Landesparteizentralen macht, lernt recht beeindruckende Schauplätze kennen: Der fünfstöckige betonierte Bürokomplex gegenüber dem Landhaus in St. Pölten, die dominante neoklassische Fassade der Oberen Donaulände 7 in Linz, das weitläufig-barocke Palais Galler am Karmeliterplatz in Graz lassen durchaus erkennen, dass hier noch Macht wohnt.

Politik und Architektur

WAS ALSO HABEN WIR GESEHEN auf unserem Rundgang durch die Schauplätze der Macht in der Bundeshauptstadt Wien, bei der Einsichtnahme hinter die Fassaden und bei der historischen Aufarbeitung des Handelns der Menschen in den Herrenhäusern?

Da beeindruckt zunächst ein optimales Recycling des architektonischen Kulturerbes altehrwürdiger Palais aus den imperialen Zeiten der Monarchie: Die Staatskanzlei am Ballhausplatz, Amalien-, Reichskanzlei- und Leopoldinischer Trakt der Hofburg, die Palais Starhemberg, Trautson, Modena, das Winterpalais des Prinzen Eugen, ein paar Dependancen in den Palais Porcia, Dietrichstein und Questenberg, die Böhmische Hofkanzlei, die Niederösterreichische Landesstatthalterei, einige Ringstraßenbauten wie die Palais Erzherzog Ludwig Viktor, Todesco und der Zubau zur Albertina haben eine optimale Verwendung im Dienst der Politik gefunden. Sie können sich und ihre jeweilige (Vor-)Geschichte ebenso sehen lassen wie das, was jetzt dort geschieht. Man beneidet uns um unsere Regierungsgebäude. Nicht nur einmal hat mich in meinen Verwaltungsjahren ein Kollege darauf angesprochen, dass ich auf 40 Quadratmetern in einem hellen fünfeinhalb Meter hohen Salon in bester Citylage in der früheren Staatskanzlei arbeiten durfte. Regierende, Minister und Beamte in anderen Ländern haben so etwas nicht.

Innen ist bei uns anscheinend alles barock. Und was nicht aus dem 18. Jh. stammt, wurde im Ringstraßenboom historisierend und übertrieben in neobarocker Üppigkeit nachgespielt. Wo das Geld für üppiges Interieur fehlte, wurde durch übergroße Kubatur kompensiert. In unserem Land wurde offenbar nie „normal", „geschäftsmäßig" regiert, also in geeigneten Zweckbauten das politisch-administrative Geschäft besorgt, sondern immer und gut sichtbar gleichzeitig auch geherrscht. Schauplatz ist hierzulande nicht nur die Stelle, wo etwas passiert, sondern auch der Platz, an dem man schauen kann und muss, an dem die Show gespielt wird.

Diese Architektur macht manches von dem erkennbar, was drinnen abläuft – hauptsächlich den Zusammenhang der Beletagen mit dem Darüber und Darunter. Minister und Parteivorsitzende amtieren in der Beletage. Sektionschefs saßen regelmäßig auf der gleichen Ebene wie der Minister, wenn sie wirklich etwas zu sagen hatten – die Präsidialchefs immer am nächsten zu ihm –, oder in höheren Geschoßen, darunter so gut wie nie. In den unteren Ebenen waren die gewöhnlichen Kanzleien für die gewöhnlichen Beamten, die Expedite, Amtswirtschaftsstellen, Garagen und Wachzimmer. Wer ein Zimmer betritt, weiß schon vorher, wie wichtig dessen Bewohner ist.

Die Schauplätze der Macht führten und sahen ein bewegtes Leben. Umzüge, viele Umzüge, prägten die gesamte republikanische Zeit. Seit der Gründung der Republik gibt es eigentlich nur zwei stabile Lokationen: die Himmelpfortgasse für die Finanz und den Minoritenplatz 5 für das Unterrichtsressort. Weitestgehend konstant – nämlich seit zumindest 100 Jahren – sind noch das Kanzleramt am Ballhausplatz, das Innenministerium in der Herrengasse und das Handelsministerium am Stubenring untergebracht. Alle anderen mächtigen Institutionen sind übersiedelt, viele davon sogar mehrfach. Ministerien wurden umbenannt, verschoben und umgegliedert, Parteien änderten Namen und Zentralen. Bei den Regierungsstellen war die Kreativität der Bezeichnungen und die Aufgabenveränderung so groß, dass man leicht den Überblick verlieren kann, denn außer dem Kanzleramt, dem Innen-, Außen- und Justizministerium blieb kaum eine Amtstafel konstant. Und selbst bei diesen Kernressorts kam es bisweilen zu Skurrilitäten, wie dem „Bundesministerium für Verfassung, Reformen, Deregulierung und Justiz", kurz BMVRDJ, was verbitterte Justizler zum „Bundesministerium für den verzweifelten Rest der Justiz" umdeuteten.

Bedeutsamer als das, was man über die Häuser und deren Bezeichnungen erfahren kann, sind aber die in der hundertjährigen Geschichte zu findenden Erkenntnisse über die Mächtigen selbst, die darin regierten, und zu deren Handlungen.

Die Unterschiede zwischen den beiden Republiken sind groß. In der Ersten sehen wir die Berufung vieler Experten, Personen aus der Zivilgesellschaft, hoher Beamter in Ministerämter, es wurden da bei Weitem nicht nur Parteigranden nach der Bedeutung ihrer Position in der jeweiligen Partei bestellt. In der Zweiten hingegen finden wir 70 Jahre lang die Zuweisung von Ministerämtern primär nach der Position in der Parteihierarchie, korrelierend mit bestimmten Unterorganisationen, definierten Lobbys und traditionellen Erbpachten. Eigentlich wurde dieses Prinzip nur einmal durchbrochen – in der Regierung Kurz I, als sich der Kanzler bewusst über Parteistrukturen hinwegsetzte, und in der nachfolgenden Expertenregierung Bierlein.

Was angesichts des festen Kanons staatstragender Sonntagsreden in diesem Land überrascht, ist die Zahl der vielen Deutschnationalen – und späteren Nazis – in den Ministerriegen der Ersten Republik. Da haben die Österreicher nicht den Anfängen gewehrt, sondern die Anfänge geehrt und salonfähig gemacht. Vor diesem Hintergrund verwundert es nicht, wie wenig Widerstandskraft dieses Land seinen Okkupanten entgegensetzen konnte. Die sich erst in der Gesamtschau über alle Ressorts herauskristallisierende strukturelle Durchdringung der Justiz, des Bildungswesens und anderer Bereiche mit Menschen, die sowohl der Demokratie wie auch der Selbstständigkeit Österreichs dezidiert ablehnend gegenüberstanden, lässt einen himmelschreienden Gegensatz zwischen der demokratischen Verfassung einerseits und der politischen Realität andererseits erkennen.

Und noch etwas überrascht aus der Vogelperspektive über die Schauplatze: die große Kontinuität der österreichischen Politik von der Ersten in die Zweite Republik. Das sind keine zwei Staaten, die jeweils ihre völlig eigenständige Entwicklung, Personalstruktur und politischen Grundkonsens haben – nein, da gibt es eine frappante Einheitlichkeit, die sich nur auf der phänomenologischen Ebene anders darstellt. Dies zeigen vor allem die vielen Fälle von VP-Ministern nach 1945, die schon in der Ersten Republik und im Austrofaschismus in der Politik an der Macht gewesen sind. Das zeigen an nicht wenigen Einzelfällen auch deren politische Aussagen und Grundhaltungen in den Fünfziger- und Sechzigerjahren. Bei der Sozialdemokratie ist diese Kontinuität nicht so groß, weil durch die

Faschismen und deren Folgen so viele Exponenten aus dem Land, der Politik oder der Partei vertrieben wurden. Es gibt, so haben wir gesehen, in Österreich viel mehr Kontinuität zwischen den beiden Republiken, als man uns in der Schule, den Geschichtsbüchern und der Politik immer erzählt hat.

Wir haben auch gesehen, dass es ganz unterschiedliche Typen von Ministern gibt. „Zufallsminister" und „logische" Minister etwa – die Ersteren werden in die Funktion berufen, weil man rasch noch einen ausgewogenen Proporz finden muss, weil man ein ganz bestimmtes Profil braucht, das in der Regierung noch nicht abgebildet ist, weil Länder-, Geschlechter-, Alters-, Bünde-, Teilorganisationsquoten noch nicht richtig abgedeckt sind, oder weil man zur Abrundung eines Koalitionsteams noch ein kleines Zusatzgewicht auf die politische Waage legen muss. Die anderen werden Minister, weil man an ihrer Hausmacht einfach nicht vorbeigehen kann: Es sind dies Landesfürsten, Kammerpräsidenten, Gewerkschaftsobleute, Bündevorsitzende, Exponenten innerparteilicher Fraktionen und starke dynamische Senkrechtstarter. Sie halten sich zumeist länger und bleiben auch Minister, wenn sie eine andere Aufgabe übernehmen, also das Ressort wechseln.

Immer wieder tauchen Multifunktionäre auf. Personen, die gleichzeitig Generalsekretär, Zentralsekretär und Minister sind, die die Aufgaben von Wirtschaftskammerpräsident und Bundeskanzler vereinbaren können, die Bauernchef und Minister, Raiffeisen-Generalanwalt und Minister sind, die eine Gewerkschaft und ein Ressort führen. Nach der Zeitlogik handelt es sich dabei offensichtlich um bloße Teilzeitjobs, von denen man annehmen müsste, dass sie nicht gar so wichtig und mächtig sein können; in der Realität hingegen erweist sich das aber als Potenzierung von Macht – wer zwei Funktionen innehat, kann mit der Kraft der einen die halbe Arbeit bei der anderen kompensieren, wer drei Positionen bekleidet, braucht für jede nur mehr ein Drittel der Kraft, denn die anderen zwei Drittel erledigt die Macht der anderen beiden Rollen.

Mehrere Geschichten wiederholen sich, wenn man die Ereignisse und Entwicklungen in den Zentren der Macht nachzeichnet. Die Rituale der Amtsantritte etwa mit der Unterwürfigkeit der Repräsentanten des Personals auf der einen und der gut kaschierten misstrauischen Ahnungslosigkeit auf der anderen Seite. Eine Geschichte zieht sich ganz besonders auffällig durch alle Schauplätze der Macht, auf die ich bei meinen Recherchen gestoßen bin: die Verbrennung von Akten am Vorabend eines Ministerwechsels. In der Herrengasse erzählt man sich über den verstopften Kamin in Olahs Ministerbüro, über seinen Vorgänger im Handelsministerium berichtet das Staribacher in anschaulichen Bildern, vor der Wende 1970 sollen mehrfach barocke Cheminées reaktiviert worden sein, im Jahr 2000 beklagten sich mehrere neue Minister über gelöschte Computer und verschmorte Kabel, die Shredder-Affäre im BKA ist noch allseits in Erinnerung. Wenn derartige Gespenster so häufig umgehen, wird schon was dran sein. Dokumentiert, aktenmäßig belegt sind solche Verluste von historischem Wissen natürlich nicht.

Umso wichtiger scheint es daher angesichts dieses Mangels an verlässlicher Dokumentation – bedauerlicherweise gibt es ja seit 25 Jahren nicht einmal mehr inhaltlich aussagekräftige Ministerratsprotokolle –, dass Bücher wie dieses ein wenig davon sichern und weitergeben.

Bildnachweis:

Wien Museum (Online-Sammlung 138031): Titelseite
bildarchiv-hamburg.com: S. 189
BMI / Gerd Pachauer: S. 134
Bundeskanzleramt / Bundespressedienst: S. 24
Bundesministerium für Landesverteidigung: S. 145
Manfred Burger: S. 153
Burgtheater: S. 222
Juerg Christandl / KURIER / picturedesk.com: S. 146 (2)
Peter Diem: S. 110
Hubert Dimko: S. 49, 199
Willfried Gredler-Oxenbauer / picturedesk.com: S. 209
Michael Gruber / EXPA / picturedesk.com: S. 45
Heeresbild- und Filmstelle: S. 75;
Lukas Hussmann / Image Industry: S. 102 (aus: Heinrich Strixner: Das neue Stadtpalais Prinz Eugen, Brandstätter Verlag, 2014)
Keystone / ÖNB-Bildarchiv / picturedesk.com: S. 141
Wolfgang Kraus: S. 113, 123
Karl Michalski: S. 170, 175
Robert Newald: S. 65
ÖNB-Bildarchiv / picturedesk.com: S. 19, 28, 32, 35, 68, 81
Barbara Pflaum / brandstaetter images / picturedesk.com: S. 231
Pilo Richter: S. 90
Roland Schlager / APA / picturedesk.com: S. 84
Verein für Geschichte der Arbeiterbewegung / AZ-Archiv: S. 8, 10, 37, 41, 98, 114, 160, 182, 185, 206, 216, 228
Votava / brandstaetter images / picturedesk.com: S. 130, 215
Anita Weiss-Gänger: S. 67

Liebe Leser*innen,

wir sagen Danke, dass wir Sie auf Ihrer Lesereise begleiten durften.
Viele weitere Abenteuer, spannende Geschichten, unverwechselbare Geschenkideen finden Sie auf
www.brandstaetterverlag.com

Bleiben wir in Verbindung!
Wir freuen uns auf Ihre Anregungen, Wünsche und Kritiken.
leserbrief@brandstaetterverlag.com

Christian Brandstätter Verlag GmbH & Co KG
Wickenburggasse 26, 1080 Wien
Tel: +43 1 512 15 43-256

#schauplaetzedermacht #geheimnissemenschenmachenschaften

*Werden Sie Brandstätter-Insider*in!*

IMPRESSUM

1. Auflage, 2023

Gestaltung und Satz: Peter Manfredini
Lektorat: Arnold Klaffenböck
Projektleitung: Judith E. Innerhofer

ISBN 978-3-7106-0736-3

Designed in Austria, printed in Europe

Der Inhalt dieses Buchs wurde auf hochwertigem, FSC©-zertifiziertem Naturpapier gedruckt.
Dieses Papier trägt darüber hinaus ein Zertifikat auf dem Cradle to Cradle Certified® Silver Level.
Das Forest Stewardship Council® ist eine internationale Nichtregierungsorganisation, die weltweit eine umweltfreundliche, sozial gerechte und wirtschaftlich tragfähige Bewirtschaftung der Wälder fördert.
Cradle to Cradle® zielt auf ein ökologisch verträgliches Wirtschaften in sich wiederholenden Rohstoff-Produkt-Kreisläufen ab.
Für die Druckproduktion und Endfertigung wurde auf umweltfreundliche, ressourcenschonende und schadstofffreie Produktionsweisen und Materialien geachtet. Die Druckerei ist FSC©- und PEFC™-zertifiziert, regelmäßige Audits erfolgen im Rahmen der internationalen Umweltmanagementnorm ISO 14001 (Nr. 35025/C/0001/UK/En).
Diese international anerkannten, unabhängigen und regelmäßig überprüften Standards gewährleisten eine umweltgerechte, sozial verträgliche, nachhaltige und ökonomisch tragfähige Nutzung entlang der gesamten Wertschöpfungskette Holz, vom Baum bis zum Buch.